ケースマネジメントによる
子育て支援コーディネート

―効果的なサービス提供のために―

平田祐子 著

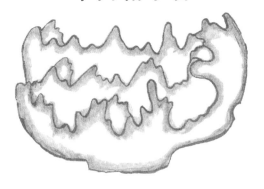

ミネルヴァ書房

刊行によせて

　昨今の社会経済的状況の中で，子どもを産み育てることに喜びを感じることが容易ではなくなっている。結婚し，子どもを産み育て，次世代の社会を支えていくことに貢献する。これは市民としての義務とまでは言わないまでも，権利であるということはできよう。しかし，結婚，出産を躊躇する人が増えているのである。晩婚化，未婚率の増加，女性の第１子出産年齢の高齢化などなど。その結果として子どもの出生数の低下が続き，少子化に歯止めがかからない。

　こうした中で，2005（平成17）年度から自治体や事業主が次世代育成支援行動計画を策定し，地域での子育て支援を包括的に推進する仕組みがスタートした。子どもの成長と子育てを社会全体で支えて，子どもを産み育てることに喜びを感じることができるようにしようとする仕組みである。その中で，仕事と生活（子育てなど）の両立，子育ての負担と不安の軽減，父親の子育て参加，子どもの居場所の確保など様々なニーズを充足するサービスが用意された。自治体により差はあるものの，200を超える地域子育て支援に関わるサービスを提供する自治体も多い。子どもの教育と保育のニーズに一体的に応える仕組みを加えながら，財政的にも持続可能な子育て支援システムとして，2015（平成27）年から子ども・子育て支援新制度がスタートした。そこにおいてもこうしたサービスは継承されるとともに，さらに新たなサービスが加わることになる。もし子どもを育てる親（保護者）が，そうした様々なサービスの存在と有用性を認識し，効率的，効果的に活用できれば，子どもを産み育て，次世代の社会に貢献することに喜びを感じることができ，結果的に少子化からの脱却が可能となると考えられていた。

　しかし現実には，こうしたサービスの存在すら知らず，たとえ知っていたとしても，どのように利用してよいのかわからない保護者が多く存在する。次世代育成支援行動計画がその実を上げるには，サービスに関する情報を集約，整理し，利用者にわかりやすく提供する。そして保護者が必要とするサービスを

彼らとともに選別し，利用に結びつける（あっせんする）仕組みが必要であった。2005（平成17）年児童福祉法の一部改正によって，市町村における子育て支援事業等の実施が明確化され，「市町村における子育て支援事業のあっせん等の実施」が児童福祉法第21条第11項に明記されることとなった。この事業の実施に先立ち2003（平成15）年度から「子育て支援総合コーディネート事業」という名称で，いくつかの自治体において国庫補助金によるモデル事業がスタートした。

市町村は，保護者が，子ども及び自身の心身の状況，そしておかれている環境や様々な状況に応じて，子どもを育てるために最も適切な支援が総合的に受けられるように，サービス提供者などと連携，調整を図り，地域の実情に応じた支援体制を整備しなければならないとされた。そして，保護者の求めに応じ，相談を受けたり，情報を提供したりし，必要に応じてサービスをあっせんする役割を果たすことが定められた。まさに，地域における子育て支援の要となる仕組みが作られたのである。

平田祐子氏は，早くからこうした仕組みの重要性を認識するとともに，こうした仕組みがしっかりとした理論に裏付けされ，確実に実施されることを見届ける必要があると感じていた。氏は，「市町村における子育て支援事業のあっせん等の実施」が，ソーシャルワークであり，なかんずくその1手法として重視されているケースマネジメントであると捉えていた。そして，その理論的枠組みから「子育て支援総合コーディネート事業」の実施実態と，実施を担う専門職の力量，さらに実施に影響する環境要因について調査，分析した。その結果，要であるはずの仕組みがケースマネジメントとしての役割を十分果たせておらず，仕組みを担う専門職の力量にも問題があることを見出している。

本書には，そうした膨大かつ有用な研究成果が凝縮されている。読者は，子ども・子育て支援新制度において「地域子育て支援事業」の要となる「利用者支援事業」へと引き継がれる「子育て支援コーディネート」が，効果のあるものとなるための極めて重要な提言を見出すことができる。

本書は，平田祐子氏の博士学位論文に加筆修正したものである。学術書としてソーシャルワークや福祉，保育，教育，保健など子ども・子育て支援に関わる領域の研究者に読んでもらいたい著書である。しかし，研究者のみならず，

刊行によせて

　これからの利用者支援事業に関心のある実践者，将来この領域で実践者や研究者をめざす学生及び院生，さらには，福祉の領域を超えた研究者，実践者，学生・院生にもお勧めしたい著書である。

　2015年4月

関西学院大学人間福祉学部
芝野松次郎

はじめに

　子育てがしにくい社会になったと言われて久しい。高度経済成長期以降，核家族化，人間関係の希薄化などが進み，親族や近隣住民から受けられる私的な子育て支援が減少した。これを補うために，今日，様々な子育て支援サービスが整えられつつある。
　しかしながら，子育てに行き詰った時や誰かの助けがほしいと思った時，どこに助けを求めればいいのかわかない，どうやって自分に必要なサービスを見つけ出せばいいのかわかないということは珍しくない。
　子育て支援コーディネートは，このように子育てにおいて何らかの援助を必要としているにも関わらず，援助の選択と利用に困難を抱える人々とともに，生活の質の向上を目指して，利用できる社会的な資源（制度やサービスなど）及び私的な資源（家族・友人・近隣住民など）の利用を手助けすることを専門としたサービスとして体系化されることが期待されているものである。
　わが国では2015（平成27）年4月から子ども・子育て支援新制度が本格的に動き始めた。これにともない子育て支援サービスがさらに多様になり，利用者はこれまで以上にサービスの選択を求められるようになってきている。選択できるというのは聞こえがよく，魅力的である。だが，自らの社会的・心理的な状態を総合的に把握し，数あるサービスの情報を入手し，生活がうまくいくようにそれらを組み合わせて利用することは容易でない。
　このような問題を解決するために，子ども・子育て支援法（平成24年法律第65号）に基づいて，子育て支援コーディネートを提供するための事業である利用者支援事業が，2014（平成26）年度から一部の自治体で実施され始めている。しかしながら，利用者支援事業に関する議論や資料は保育認定等のそれと比べて格段に少なく，本当に必要な形で実施できるのか危惧されるところである。仮に子育て支援コーディネートが体系化されないままであると，サービスの選択と利用の責任はすべて利用者である子どもをもつ家庭に降りかかってくるこ

とになる。したがって，個々のサービスの選択と利用を手助けする子育て支援コーディネート，つまり利用者支援事業の整備は喫緊の課題なのである。

この利用者支援事業は子ども・子育て支援法に基づく新規事業であるが，これまで何度も類似事業やサービスが立ち上げられていた経緯がある。わが国における子育て支援コーディネートの起源は，2003（平成15）年に立ち上げられた子育て支援総合コーディネート事業である。第1章で詳しく述べるが，はじめは「子育て支援総合コーディネート」と呼ばれていたこのサービスは機能せず，名称だけが不必要に変更されている。さらにサービスの中身も本来目指していたものから徐々に遠ざかっており，混乱を招く状態にある。

ではなぜ，子育て支援コーディネートはこれまで機能及び定着しなかったのだろうか。

2003（平成15）年に子育て支援総合コーディネート事業が立ち上げられた当初，必要性について言及されたものの，何を目的とするサービスなのか，どのようなサービスであるべきなのか，誰が子育て支援コーディネーターになるのか，実施するためのシステムはどうあるべきなのかといった具体的なことがほとんど何も示されなかった。そのため，現場は子育て支援総合コーディネート事業とは何なのか，どのように行っていくのかを1から模索することになった。それは非常に難しい問題であり，その結果，子育て支援総合コーディネート事業はうまく実施されず，普及しないまま形骸化することになった。つまり，子育て支援コーディネートとは何なのか，どうあるべきなのかという問題について明確にし，そのうえで実施を試みない限り，新しく立ち上げられた利用者支援事業はまたしても機能しないまま衰退していくと推測されるのである。

このような実態を踏まえ，本書は子育て支援コーディネートの普及に向けて，大きく2つの目的をもって執筆した。1つ目の目的は，子育て支援コーディネートとは何なのか，誰がどのような方法を用いて，どのようなシステムのもとで実施すべきなのかについて理論的枠組みを示すことである。

第1章で述べるように，これまで子育て支援コーディネートがうまく実施されてこなかった大きな理由の1つとして，理論的枠組みがきちんと示されていなかったことがある。いくら理論が示されても行政とのかねあいからすぐにそのまま実践に反映できないのも事実である。だが，理論を踏まえずに実施して

はじめに

いると,「できるところからの実施」が,気が付けば「できるところだけの実施」になり,めざすべき方向性が曖昧になっていく。事実,これまでの子育て支援コーディネートの変遷をみていくとそのような傾向が強い。

そのため,本書は子育て支援コーディネートの理論的枠組みを示し,曖昧なままとなっていた子育て支援コーディネートのあるべき姿を明確にすることで,サービスの発展に寄与することを目的として執筆した。

この理論的枠組みは,利用者とサービスをつなぐための理論として歴史のあるソーシャルワークの理論,中でもケースマネジメントをベースとして示した。なぜソーシャルワークなのか,なぜ中でもケースマネジメントなのかについては,第2章で詳しく論じている。

2つ目の目的は,先に示した理論的枠組みを用いて,子育て支援コーディネートの現状の弱い部分や問題点について検証し,今後,市区町村で子育て支援コーディネートを実施していく際の課題を示すことである。

子育て支援コーディネートに関する研究は非常に乏しい状況にあり,理論的枠組みが示されないために,実態の問題点や課題について詳細に検証できなかった。したがって,本書では子育て支援コーディネートの理論的枠組みを用いて現場の実態を分析し,子育て支援コーディネートがうまくいくための課題となっていることを明らかにすることを試みた。

現場における課題を明らかにするために,全国市区町の子育て支援担当部局の職員の方々と子育て支援コーディネーターの方々に質問紙調査を実施させていただいた。子育て支援コーディネートに関することを現状としてどの程度実施できていると感じているか,また理想としてどの程度重要であると考えるかについて非常にたくさんの質問に答えていただいた。この結果をもとに,特に理論的枠組みからみてどの部分が実践の課題となっているのかについて論じた。

なお,本書では一貫して子育て支援コーディネートはソーシャルワーク実践であると主張している。そして,子育て支援コーディネーターにはわが国のソーシャルワーカーである社会福祉士が担うべきであると述べている。

だが,第4章,第5章で示している実態調査の結果では,子育て支援コーディネーターの60%以上が保育士資格保持者であり,社会福祉士資格保持者はわずか4%にとどまっている。社会福祉士が子育て支援コーディネーターとな

るべきと主張する理由について，本書全体を通して論じることを試みているが，簡潔に述べると，理論上，子育て支援コーディネーターに求められる専門性（ソーシャルワーク）と社会福祉士の専門性（ソーシャルワーク）が一致するためである。先に述べたように，実際には保育士をはじめ様々な専門職が現場で活躍しており，実態を踏まえたうえで一番よい方法を模索していくことは重要である。しかしながら，あくまで本書の目的は子育て支援コーディネートのめざすべき方向性を明確にすることであるため，子育て支援コーディネートがソーシャルワーク実践のひとつであると考えられる以上，この点について曖昧にせずに主張したいと考えた。理論を踏まえたうえで，実際に現場でどのように実施していくのかを試行錯誤することは，今後の最も重要な課題だと考えている。

そして，今回の調査の分析では，対人援助の専門性の違いと役割分担の必要性及び重要性について，子育て支援コーディネートの問題にとどまらず，非常に興味深い結果が示された。この点について終章でに特に注力して考察しているので，ぜひご一読いただきたい。

本書は以上のような目的をもって執筆した。そのため，子ども・子育て支援新制度の実施に携わっておられる市区町村の子育て支援担当部局の職員の方々，子育て支援コーディネーターの方々，子育て支援コーディネーターをめざしておられる方々，そして子育て支援コーディネートや子育て支援について興味をもっておられるすべての方々に読んでいただきたいと考えている。

最後に，本書を書き進めていくにあたり先に述べておきたいことがある。それは，筆者が子育て支援コーディネートの研究をはじめたきっかけである。筆者が博士課程で指導を仰いだ関西学院大学人間福祉学部芝野松次郎教授が2010（平成22）年から日本学術振興会科学研究費補助金（基盤研究B）（課題番号22330178）『ソーシャルワークとしての「子育て支援総合コーディネート」実践モデルの開発的研究』を実施することが決まり，その時に筆者は研究協力者としてこの研究に携わる機会をいただいたのである。

芝野教授は子育て支援コーディネートの必要性にいち早く着目され，実践モデルの開発に着手された。筆者はその中で，子育て支援コーディネートをテーマとして博士学位論文を執筆する機会をいただいたのである。本書はこの科研の成果の一部を使用して2013（平成25）年2月に関西学院大学に提出した博士

はじめに

学位論文『ケースマネジメントとしての子育て支援総合コーディネートの推進要因と課題の検証』に加筆・修正したものである。筆者に子育て支援コーディネートの研究に携わる機会を与えてくださった芝野松次郎教授にまず感謝を述べたい。

ケースマネジメントによる子育て支援コーディネート
――効果的なサービス提供のために――

目　次

刊行によせて

はじめに

序　章　本書の概要と基本的概念の整理 …………………………… 1
　1　本書の目的と方法 ………………………………………………… 1
　2　本書の意義 ………………………………………………………… 3
　3　本書の構成 ………………………………………………………… 5
　4　用語，概念及び視点の整理 ……………………………………… 7

第1章　子育て支援コーディネートの変遷 ………………………… 13
　1　政策としての子育て支援コーディネート …………………… 14
　2　市町村における取り組み ……………………………………… 31
　3　子育て支援コーディネートの変遷からみられた課題点 …… 33

第2章　ケースマネジメントによる子育て支援
　　　　コーディネートとは ……………………………………… 39
　1　ケースマネジメント …………………………………………… 41
　2　ソーシャルワーク ……………………………………………… 57
　3　予防的社会福祉におけるケースマネジメント ……………… 62
　4　ケースマネジメント以外の利用者とサービスをつなぐ方法 … 68
　5　子育て支援コーディネートを担う専門職 …………………… 72
　6　子育て支援コーディネートの基本的要素及び定義 ………… 75

第3章　子育て支援コーディネートを円滑に推進するために … 79
　1　エキスパートらによるブレインストーミング ……………… 79
　2　要素及びカテゴリーの精緻化 ………………………………… 82
　3　子育て支援コーディネートの理論仮説 ……………………… 84

目　次

第4章　子育て支援コーディネートの実態　95
1　質問紙の作成　95
2　実態調査の実施　99
3　子育て支援コーディネートの現状　101
4　子育て支援コーディネートの推進に関する状況　117

第5章　子育て支援コーディネートの推進要因と課題　133
1　因子分析による子育て支援コーディネートの推進要因の検討　134
2　重回帰分析による推進要因の影響の検討　146
3　属性による「子育て支援コーディネーターに求められる力量」の関係　149

終　章　より効果的な支援を行うために　157
1　本書の結論　157
2　本書の研究の限界　161
3　今後の課題　162

引用・参考文献　165
おわりに　173
資料編　177
索　引　235

序　章
本書の概要と基本的概念の整理

1　本書の目的と方法

　本書の目的は，①子育て支援コーディネートの理論的枠組みを示すことで曖昧なままとなっている子育て支援コーディネートのあるべき姿を明確にし，②理論的枠組みを用いて実践の課題と問題点を明らかにすることである。
　子育て支援コーディネートは子育てにおいて何らかの援助を必要としているにも関わらず，援助の選択と利用に困難を抱える人々に，生活の質の向上をめざして援助の利用の手助けをすることを専門としたサービスとして期待されるものである。サービスの利用を必要とする人々が自ら必要とするサービスの情報を入手し，利用することは難しいことも多い。したがって，わが国を子育てしやすい国としていくためには，子育て支援サービスの質量の充実とともに，子育て支援コーディネートの整備が必要になる。
　しかしながら子育て支援コーディネートはうまく実施できているとは言い難い現状にある。平成26年版少子化社会対策白書には，現在，各市町村において様々な子育て支援サービスが展開されているが，利用者にとって，サービスの把握手段が多岐にわたり，的確な情報が得られにくい状況であると記されている。
　子育て支援コーディネートに関する動向を概観すると，わが国は2003（平成15）年に子育て支援総合コーディネート事業を立ち上げ，2005（平成17）年にはその役割を改正児童福祉法（平成15年法律第121号）によって市町村事務として責務化した（内閣府，2015：154）。次に2009（平成21）年にはこの取組をより具体的に推進するために，次世代育成支援人材養成事業を創設し，子育て支援コーディネーターの育成を図ろうとした。さらに，2014（平成26）年から利用者支

援事業を新たに創設し，子育て支援コーディネートを実施していくこととなった。一見，子育て支援コーディネートは形を変えつつ，必要な人にサービスを届けることのできるシステムの構築に向かって着実に発展しているかのようであるが，実際には機能していると言い難い現状があり，研究も始まったばかりである（中川，2011；芝野，2011a；芝野，2011b；芝野，2012a；芝野，2012b；平田，2012；平田・芝野・小野，2012；芝野・小野・平田，2013，子育て支援コーディネーター調査研究委員会，2013；伊藤・桐原，宮﨑他，2013）。

そこで，本書は「はじめに」でも述べたように，子育て支援コーディネートのめざすべき方向性にブレが生じている点に着目し，理論的枠組みに基づいた子育て支援コーディネートの方向性を示すことを目的として執筆した。さらに理論的枠組みによって現場の実態を捉えることで，子育て支援コーディネートを円滑に実施していくための課題と問題点について言及し，その発展に寄与したいと考えた。

そのために，まず理論と実践からの演繹的・帰納的方法により，実態と課題の把握をするための「子育て支援コーディネート理論仮説」を構築する。

演繹的には，利用者を必要な資源につなぐ理論として，ケースマネジメントを採用する。ケースマネジメントは，「複雑で重複した問題や障害をもつクライエントが，適時・適切な方法で必要とするすべてのサービスを利用できるよう保障することを試みるサービス提供の一方法」である（Rubin 1987＝1997：17）。ケースマネジメントは，利用者の立場に立って，利用者が確実に必要な資源（サービスなど）に辿りつけるように援助するための方法であることから（Rose & Moore, 1995），理論的に，子育て支援コーディネートはケースマネジメント実践であるべきだと考えた。

しかしながら元来，ケースマネジメントは生活上の問題が顕在化している利用者を対象としてきた（Rubin, 1987）。そのため，主に生活上の問題の「予防」を目的とする子育て支援コーディネートの場合，その方法は従来のケースマネジメントと異なる部分があると考えられる。そこで，岡村（1974）の予防的社会福祉の概念枠組みを用いて，予防段階におけるケースマネジメントの機能を整理し，子育て支援コーディネートの理論的枠組みを示す。岡村の予防的社会福祉の概念は，「予防」の段階におけるソーシャルワーク（本書では，Rose

（1992）などにならって，ソーシャルワークをケースマネジメントの上位概念と捉える）の機能や役割について整理したものである。

　帰納的には，子育て支援コーディネートの円滑な推進に欠かせない重要な要素を抽出するため，子育て支援のエキスパートを含めた実践家や研究者に協力を得てブレインストーミングを実施し，ここで得られた要素を理論仮説に組み込む。

　この理論仮説に基づいて，市区町で実施されている子育て支援コーディネートの実態調査を実施し，その結果を記述統計や多変量解析を用いて検証することで，今後の課題を示す。

2　本書の意義

　子育て支援コーディネートは，2003（平成15）年に創設された子育て支援総合コーディネート事業（厚生労働省，2002）に由来する。2005（平成17）年には事業実施如何に関わらず，子育て支援コーディネートを実施することを市町村事務として責務化しており，2015（平成27）年4月現在もこの状態が続いている（改正児童福祉法平成15年法律第121号）。さらに，2015年4月からの子ども・子育て支援新制度において利用者支援事業が法定化され（子ども・子育て支援法平成24年法律第65号第59条第1項），すべての市区町村において子育て支援コーディネートは事業として実施していく。

　このように子育て支援コーディネートは，度々法改定の際に触れられるなど重要な施策として位置づけられているにも関わらず，他の重点的に取り組まれている子育て支援施策とは異なり，実施のための情報が少ない。例えば，子育て支援コーディネートとともに，子ども・子育てビジョン（内閣府，2010a）において重点施策としてあげられている乳児家庭全戸訪問事業（通称：こんにちは赤ちゃん事業）や地域子育て支援拠点事業については，厚生労働省HPの子育て支援のページに詳しい情報が掲載されている。これにより，両事業ともに，事業の概要，ガイドライン，目的や方法が示されており，市町村が実際に事業を実施する際に必要な情報をある程度得ることができるようになっている。また，事業の実施箇所数についても掲載されており，量的に事業が拡大していること

が読み取れる。

　だが2015（平成27）年4月現在，同HPには，子育て支援コーディネートについての記載は「利用者支援事業とは（概要）」が示されているのみである。ここには簡単な概要しかなく，情報は十分とはいえない。この状況では，市町村が子育て支援コーディネートに取り組もうとした場合，すべてを一から手探りで行わなければならない。第1章で詳しく示すが，他の市町村の実践を参考にしようと調べても，実践に役立つような具体的な情報は見当たらない。

　さらに，子育て支援コーディネートに関する研究も乏しい。2015（平成27）年4月時点では，日本学術振興会科学研究費補助金（基盤研究(B)（課題番号22330178））による『ソーシャルワークとしての「子育て支援総合コーディネート」実践モデルの開発的研究』芝野松次郎（研究代表者）の一連の研究（芝野，2011a；芝野，2011b；芝野，2012a；芝野，2012b；芝野・小野・平田，2013）と，中川（2011）や子育て支援コーディネーター調査研究委員会（2013）による子育て支援コーディネートを行っている自治体への聞き取りを中心とした研究，伊藤ら（2013）による保育ソーシャルワークの視点から子育て支援コーディネーターの在り方について捉えようと試みた研究以外，子育て支援コーディネートについての研究は見当たらず，この領域における調査・研究は始まったばかりであることがわかる。

　芝野らの研究（芝野，2011a；芝野，2011b；芝野，2012a；芝野，2012b；芝野・小野・平田，2013）は，芝野自身が開発したM-D＆Dのプロセス（芝野，2002）に基づいて，子育て支援コーディネートの実践モデル開発を行うものである。芝野らの一連の研究においても，問題の把握と分析を行っているが（芝野，2011a；芝野，2012b；芝野・小野・平田，2013），実践モデルの開発を研究の主目的としているため，本書の目的である子育て支援コーディネートの理論的枠組みの明確化や，それに基づいた実態の検証までは行っていない。筆者も芝野らの研究の一員であり，この研究と本書は関連がある。しかしながら本書は別途，芝野らの研究で扱ったデータを使用して，子育て支援コーディネートの理論的枠組みを示し，これを用いて実践の課題の検証を試みたものである。

　本書は，子育て支援コーディネートに関する情報が極めて乏しい中で，子育て支援コーディネートとは何か，子育て支援コーディネート実践の課題や問題

図序-1　本書の構成

```
┌─────────────────────────┐
│ 子育て支援コーディネートに │
│ 関する資料の整理（第1章） │
└─────────────┬───────────┘
              ↓
┌─────────────────────────┐
│ 予防的社会福祉の枠組みで捉えた │
│ ケースマネジメント（第2章）  │
└─────────────┬───────────┘
理論からの演繹 ↓                    ┌──────────────────┐
┌─────────────────────────┐  検　証  │ 記述統計を用いた実態の検証 │
│ 子育て支援コーディネート理論仮 │←─────→│ （第4章）         │
│ 説の構築（第3章）        │        └──────────────────┘
└─────────────┬───────────┘  検　証  ┌──────────────────┐
              ↑                     │ 多変量解析を用いた理論仮説の │
          実践からの帰納         ←─────→│ 検証と実態の検証（第5章） │
┌─────────────────────────┐        └──────────────────┘
│ エキスパートらへの調査（第3章）│
└─────────────────────────┘
```

点とは何かといった子育て支援コーディネートの根幹を明らかにしようとするものであり，実践のための手がかりとなると考える。

3　本書の構成

　本書の構成について，図序-1に示した。
　第1節で述べたように，本書の目的は子育て支援コーディネートの理論的枠組みの明確化とこれを用いた実践の課題の検証である。
　子育て支援コーディネートは，まず2003（平成15）年に子育て支援総合コーディネート事業としてはじまった。「第1章　子育て支援コーディネートの変遷」では，①子育て支援総合コーディネート事業創設以前，利用者と子育て支援サービスをつなぐサービスはどのように実施されていたのか，②どのような経緯で子育て支援総合コーディネート事業が創設されたのか，③施策の変遷の中で，その機能や専門性はどのように捉えられてきたのか，④実際の市町村での取り組みはどのようになっていたのかについての文献を整理し，わが国における子育て支援コーディネートの変遷を明らかにした。
　「第2章　ケースマネジメントによる子育て支援コーディネートとは」では，第1章を踏まえ，ケースマネジメントによる子育て支援コーディネートの必要

性について整理し，理論的枠組みを示した。ケースマネジメントの定義は様々に試みられており，それぞれ少しずつ異なるが，Rubin (1987) によると，「複雑で重複した問題や障害をもつクライエントが，適時・適切な方法で必要とするすべてのサービスを利用できるように保障することを試みるサービス提供の一方法」(Rubin 1987＝1997：17) である。ケースマネジメントはソーシャルワークの中核的な機能であるといえるため，ソーシャルワークの理論的な価値・知識・技術に基づいて実施されるべきである (National Association of Social Workers, 1987；芝野，2002)。子育て支援コーディネートの実践は浅く，理論から学ぶべきところは大きい。一方で，ケースマネジメントは元来，精神障害者など，生活上の問題が顕在化している利用者を対象としており (Rubin, 1987；Rose, 1992)，生活上の問題の予防を中心とした子育て支援コーディネートとは異なる部分もあると推測される。そこで，岡村 (1974) の予防的社会福祉の概念枠組みを用いて，生活上の問題の予防におけるケースマネジメントの機能を整理することを試みた。最後に，子育て支援コーディネートの理論的定義を示した。

「第3章 子育て支援コーディネートを円滑に推進するために」では，子育て支援コーディネートのエキスパートを含めた実践家や研究者に協力を得てブレインストーミングを実施し，帰納的に子育て支援コーディネートに求められる要素の抽出を行ったプロセスについて述べた。また，得られた要素と，第2章で示したケースマネジメントとしての子育て支援コーディネートを統合し，理論仮説を組み立てた。

「第4章 子育て支援コーディネートの実態」では，第3章で提示した理論仮説を用いて実態の検証をするために，量的調査のツールである自記式質問紙の作成と実施について詳述した。調査は「市区町担当者対象の調査」及び「子育て支援コーディネーター対象の調査」の2つである。また，第4章では調査結果について記述統計を用いて分析し，子育て支援コーディネートの実施状況について明らかにした。そして，理論仮説に基づき，理論的に必要な実践のどの部分が「現状」において弱いのか，また「考え」として重視されていないのかについて検証した。

「第5章 子育て支援コーディネートの推進要因と課題」では，多変量解析によって，ケースマネジメントによる子育て支援コーディネートの推進要因と

課題の検証結果について述べた。まず，探索的因子分析によって，ケースマネジメントに関する因子の抽出を試みた。次に重回帰分析によって，子育て支援コーディネートがうまくいくためには，ケースマネジメントに基づいた援助が必要であることを明らかにした。

また，子育て支援コーディネーターとしての役割を果たすためには，ソーシャルワークの習得が欠かせないと考えるが，実際には様々な対人援助の専門職が子育て支援コーディネーターとして活躍しているようである。そこで，所持する資格によって「子育て支援コーディネーターに求められる力量」に差があるのかを検証した。

最後に，「終章　より効果的な支援を行うために」では，本書の研究の成果及び限界について述べ，今後の課題を記した。

4　用語，概念及び視点の整理

本論を展開するにあたり，先に整理しておくべき用語，概念及び視点について述べる。

子育て支援コーディネートと子育て支援コーディネーター

本書では子どもと家庭を必要な資源につなぐサービスを「子育て支援コーディネート」，子育て支援コーディネートを担う人材を「子育て支援コーディネーター」と表記する。

2003（平成15）年から現在まで，これらの用語とほぼ同義語として「子育て支援総合コーディネート」，「子育て支援総合コーディネーター」が併用されているが，最近では子育て支援コーディネート，子育て支援コーディネーターと表記されることが多いため（芝野・小野・平田，2013；子育て支援コーディネーター調査研究委員会，2013；伊藤・桐原・宮﨑・ほか，2013）本書ではこの用語を採用することとした。しかし，「子育て支援総合コーディネート事業」については事業名であるためそのまま記す。また，特に必要な場合はカッコがきで「子育て支援総合コーディネート」，「子育て支援総合コーディネーター」と表記する。

第3章のブレインストーミング及び第4章，第5章の実態調査を実施した時

期は,「子育て支援総合コーディネート」,「子育て支援総合コーディネーター」という名称が主流であったため,調査対象者に「子育て支援総合コーディネート」,「子育て支援総合コーディネーター」の用語を用いて調査を実施した。本来,調査箇所については当時使用した用語を用いて表記すべきである。しかし,調査時に用語の意味について十分説明しており,かつ説明した用語の意味は同一であるため,表記を「子育て支援コーディネート」,「子育て支援コーディネーター」に統一した。

また,第4章,第5章で実施した質問紙調査では便宜上,子育て支援コーディネートを「コーディネート」,子育て支援コーディネーターを「コーディネーター」と記した。そのため,第4章及び第5章で質問紙の文言をそのまま記す場合に限って「子育て支援コーディネート」を「コーディネート」,「子育て支援コーディネーター」を「コーディネーター」と記す。

子ども家庭福祉

本書では,研究領域を子ども家庭福祉とする。従来,子どもを対象とした福祉は「児童福祉」という用語が使用されていたが,近年は児童福祉に代わって「子ども家庭福祉」という用語が定着しつつある。柏女によると,「子ども家庭福祉の概念は,児童を直接のサービスの対象とする児童福祉の視点を超え,児童が生活し成長する家庭をも福祉サービスの対象として認識していこうとする考え方のもとに構成された概念」(柏女,2008：2-3)である。

また,柏女は「子ども家庭福祉」という用語の前に「児童家庭福祉」なる用語もあったが,「児童」よりも「子ども」のほうがより権利行使の主体としてのニュアンスをもつとされることから,「子ども家庭福祉」との表現におさまったと記している。つまり,子ども家庭福祉は児童福祉よりも広い概念であり,社会福祉学の1つの分野であるといえる(柏女,2008：3)。子育て支援コーディネートは,直接的な利用者が保護者であり,まさしく児童福祉の視点を超えた子ども家庭福祉のサービスである。

したがって,本書では子ども家庭福祉という用語を用いて子どもをとりまく福祉について論じる。

子育て支援コーディネートの利用者

　ここまでも何度か「利用者」という用語を使用しているが，ここで本書における「利用者」について整理する。

　本書で利用者と記す場合，親（保護者）もしくは子どもを含む家族を想定することとする。なお，本書では「家族」と「家庭」という用語を使用している。高橋（1998：15-17）によると，「家族」と「家庭」は重なり合う部分があるものの，「家族」は，少数の近親者を主要な構成員とする，成員相互の深い感情的な関わり合いで結ばれた，第一次的な「福祉集団」であり，「家庭」は家族集団に個が埋没していた前近代と決別した，個の存在を明確に意識した家族形成理念を下地とした「システム」である。本書で「家族」や「家庭」という用語を使用する際には，高橋（1998）の概念整理を踏まえて，その都度，よりふさわしいと思われる表現を使用する。

　さて，ソーシャルワーク（子育て支援コーディネートとソーシャルワークの関係については第2章参照）は利用者本人の福祉の増進をめざして提供されている。だが，子育て支援コーディネートの場合，その構造は複雑であり，子どもの福祉の増進を究極の目的としながらも，直接的な利用者は子どもではなく親（保護者）である。利用者がこのような複雑な仕組みになる理由について，山縣（2011）の言葉を借り，子どもの特性と絡めて説明しておきたい。山縣（2011）は，子どもの特性について，①子どもは保護者，地域社会あるいは社会制度に育てられる受身的存在であるという事実，②子ども自身が成長していく存在であるということ，③子どもは親権のもとに服する存在という3つの特性を示している。

　①について，山縣（2011）は，子どもは「児童の権利に関する条約」（外務省HP）において，能動的権利も保障されるべきとされているが，乳幼児期などとりわけ子どもが小さいほど，理念的にはそのような側面があったとしても，事実上，受身的存在であり，他の分野以上に家族（保護者）を通じて間接的に子どもを支援する必要性があると述べている。「児童福祉」の概念から一歩踏み出した，「子ども家庭福祉」の概念が必要になる所以である。

　②について，乳児期の子どもが接する社会は家庭であるが，成長するにつれ，保育所や幼稚園の利用などを介して，地域社会との関係も強くなる。また，子どもの発達段階によっては，①の子どもの2つの権利の側面のバランスも異

なってくる。したがって、子どもには、その時の子どもの成長・発達に見合った支援が必要である（山縣, 2011）。

③は、法制度の問題である。親権は子どもの社会生活において大きな意味をもつ。すなわち、子どもは例外的な場合を除いて、自分自身で社会契約を結ぶことができない（才村, 2005：11-12；山縣, 2011）。法的に子どもの意向は参酌すべきものの、児童福祉法第28条の適用など法的例外規定が設けられていない限り、民法上、契約は最終的に保護者の意向が尊重されるという事実がある（山縣, 2011）。

したがって、本書においては、子どもの福祉を念頭に置きつつ、子育て支援コーディネートの利用者を親（保護者）とする。

子どもの福祉と親（家族）の福祉の関係性

子育て支援について論じる際に、その真の目的が「子どもの福祉に資することなのか」、「親（保護者）の福祉に資することなのか」が問題になることがある。当然、目的は「子どもの福祉に資すること」であるべきである。しかし、子育て支援コーディネートの直接の利用者が親（保護者）であるがゆえに、その支援が真に子どもの福祉につながるのかという疑点が生じる。そこで、親（保護者）を支援することの意義について整理する。

本来、社会福祉は、個人を主体として捉え、その個人を直接援助対象とすることが基本である（岡村, 1983）。ただし、全体的にみて、社会が子どもの福祉のために直接子どもに援助することは少ない。先に示した子どもの特性を加味すると、親（家族）と子どもの福祉は切り離せない部分があり、親子関係がある程度うまくいっている場合には、子どもを主体と捉えるのではなく、親（家族）を主体と捉えるという考え方が成り立つ（岡村, 1974；山縣, 2011）のである（図序-2）。この観点でみると、親（家族）の福祉の増進は、子どもの福祉の増進につながると解釈できる。大日向（2005）は、親が子育てに"ゆとり"をもつことの重要性の観点から、子育て支援を実施するうえで、親を支援することが子どもの福祉の増進につながるという視点を積極的にもつことが重要であると述べている。社会が子どもに直接介入するのは、子どもからみて直接的な社会関係をもつ家族との基本的な関係性がうまくいっていない場合（才村, 2005：

図序-2　子どもと家族を巡る社会関係の二重構造

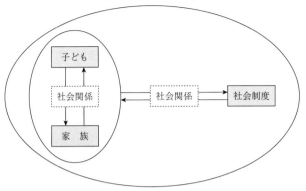

出所：山縣文治（2011）「子ども家庭福祉とソーシャルワーク」『ソーシャルワーク学会誌』21，4。

11-12；前橋，2009a；山縣，2011）などに限られるともいえる。

　上記の理由により，本書では子育て支援コーディネートを提供するうえでの重要な視点として，直接的な子育て支援コーディネートの利用者である親または保護者の福祉に資することが，子どもの福祉につながるとの視点をもって論を進めていきたい。しかしながら，先にも述べたように，これは子どもの福祉を第一とする視点を妨げるものではなく，子どもの福祉と親の福祉が拮抗する場合は，子どもの福祉を第一に援助を行う必要がある。

第1章
子育て支援コーディネートの変遷

　第1章では，まず子育て支援コーディネートの変遷について整理する。
　子育て支援総合コーディネート事業が創設されたのは，2003（平成15）年のことである。2003（平成15）年の改正児童福祉法（平成15年法律第121号）により，地域子育て支援事業が法定化され，子育て支援関連サービスを必要とする子どもと家庭に，それらを「つなぐ」機能の必要性が生じたのである。
　しかし，2003（平成15）年から現在に至るまで，わが国において子育て支援コーディネートは機能しているとはいえず，『平成26年版少子化社会対策白書』（内閣府，2014a：109）には「現在，各市町村において様々な子育てを支援する事業が展開されているが，利用者にとっては，どこに相談したらよいのか，具体的な事業内容がどのようなものかなど，情報を把握する手段が多岐にわたり的確な情報を得られにくい状況にある」と記されている。この文言は『平成16年版少子化社会白書』（少子化社会白書は平成22年版から『子ども・子育て白書』、平成25年版から『少子化社会対策白書』に改名）から継続して記述されており（内閣府，2004；内閣府，2005；内閣府，2006；内閣府，2007a；内閣府，2008a；内閣府，2009；内閣府，2010b；内閣府，2011；内閣府，2012；内閣府，2013a；内閣府，2014a），子育て支援コーディネートはその目的を十分に果たせていないと解釈できる。
　先述したように子育て支援コーディネートは，子どもと家庭を子育て支援サービスにつなぐサービスであるという点に異論はないであろうが，どのような専門職が，どのような方法で提供するサービスなのかといった理論的な枠組みが曖昧である。
　そこで，子育て支援コーディネートの変遷において，専門職とその方法がどのように捉えられてきたのかを中心に資料を整理したい。
　子育て支援コーディネートの理論的枠組みに基づいた方法については第2章

で詳しく論じるが，資料を検証するために，先に「利用者をサービス（資源）につなぐ」3つの方法について簡単に説明する。1つ目は情報提供である。情報提供は，サービスなどの情報を提供さえすれば，自ら必要なサービスを選び取って利用できる人に対して有効な方法である。直接人を介さず，情報誌やインターネット等で情報を発信・提供する方法がこれにあたる。また，援助者を介する場合であっても，利用者の個別性に基づいたサービスの紹介をするのではなく，一般的な情報を提示するに留まる場合，情報提供という。2つ目はコーディネーションである。コーディネーションは，利用者のニーズをアセスメントするなどして，利用者が必要とするサービスを利用できるように働きかける方法である。しかし，あくまで既存のサービスの都合に合わせてつなぐという域を出ない方法であると捉えられている。最後に3つ目はケースマネジメントである。ケースマネジメントは，利用者が必要とする資源に確実につなぐ方法である。利用者の主体な視点に立って援助するため，既存のフォーマルなサービスだけでなく，家族，友人，ボランティアなどのインフォーマルな資源も活用できるように援助する。もし利用者にとって必要な資源がなければサービス提供者に必要なサービスの開発を促すなどして，利用者の生活上の問題が解決することに責任をもつ。

「序章　第1節　本書の目的と方法」でも述べたように，子育て支援コーディネートは，ケースマネジメントに基づく実践であるべきと考える。また，そのためには社会福祉士をはじめ，ケースマネジメントを実施していく力量をもつ専門職がその職に就くべきである。このような理論的に重要であると考えられるポイントが，その変遷においてどのように変化していくのか，また，市町村の「子育て支援総合コーディネート事業」の実際の取り組みはどのようになっていたのかについて資料を整理し，明らかにする。

1　政策としての子育て支援コーディネート

子育て支援総合コーディネート事業が実施されるまで
　子育て支援総合コーディネート事業は，子育て支援サービスを必要とする子どもと家庭がサービスに辿りつけないという問題を解決するために創設された

事業である（厚生労働省，2002）。だがこの機能は，既に子育て支援総合コーディネート事業創設以前に，他の事業の中に組み込まれていた。

例えば，1993（平成5）年の保育所地域子育てモデル事業の機能に関する記述の中に「各種子育てに係る情報の提供，援助の調整を行う」という文言があり，人的資源である保育士に子育て支援コーディネーターに近い役割を期待していたことがわかる（橋本，2009）。

また，1995（平成7）年から実施された地域子育て支援センター事業でも，選択的ではあるものの保育所で働く保育士に地域子育て支援の一環として，「コーディネート」（ここでの，「コーディネート」は，子育て支援コーディネートではなく，単なる「コーディネート」（コーディネーション））の役割を期待していた（柏女ほか，1999；山縣，2002；橋本，2009）。しかし，その役割は保育士の専門性を超えることもあり，地域子育て支援センター事業での積極的なコーディネート業務の実施には至らなかったようである。柏女ほか（1999）は，保育士がコーディネーターとしての役割を担うのであれば，別途，保育士資格の見直しや，研修が必要であると述べている。

このような実情を踏まえ，地域子育て支援センター事業の政策の流れを見ていくと，地域子育て支援における保育所や保育士の役割は，利用者を子育て支援サービスにつなぐといったコーディネート業務よりも，地域子育て支援サービスの1つとしてその充実を図ることに重きを置く方向に転換していったようである（橋本，2009）。

この転換を機に，利用者を子育て支援サービスにつなぐことを専門とした子育て支援総合コーディネート事業の創設に至ったと考えられる。

子育て支援総合コーディネート事業創設案

子育て支援総合コーディネート事業に関する最も古い資料は，「厚生労働省2002（平成14）年に実施した評価の結果，市町村少子化対策推進強化特別事業，主管課：雇用均等・児童家庭局総務課」の次年度に向けた新規事業に関する記述である。この後，様々な子育て支援総合コーディネート事業に関する資料等でその目的と内容が記述されているが，初めに作成された本資料が最も子育て支援コーディネートの在り方について明確に示していると思われるため資料

資料1-1　子育て支援総合コーディネート事業の創設案

> 新規事業　（1）子育て支援総合コーディネート事業
> （1）必要性
> 　公益性の有無　有
> 　（理由）子育て支援総合コーディネート事業は，行政及び民間が提供する子育て支援サービスを公平に利用しやすくするためには，行政による均質化したサービス提供が必要である。
> 社会福祉法人等への委託可
> 緊要性の有無　有
> （2）有効性
> 　子育て支援総合コーディネート事業は，<u>社会福祉士等のケースワーク技能を有する子育て支援総合コーディネーターを配置</u>して，関係機関の協力のもと，地域における多様な子育て資源情報の一元化及び収集した情報のデータベースを構築する。また，これを活用して，子育て支援総合コーディネーターが，さまざまなサービスから利用者の状況やニーズに合わせて，<u>ケースマネジメントや利用援助</u>をすることにより，具体的なサービス利用につなげていく。これにより，サービス利用者の子育ての不安，負担の軽減，地域の子育て情報提供体制の確立及び子育てしやすい社会を実現する。

出所：厚生労働省（2002）「2002（平成14）年に実施した評価の結果」資料。

1-1に示した。なお，ポイントとなる部分について下線を付記した。

　厚生労働省（2002）の資料をもとに子育て支援総合コーディネート事業創設案のポイントを整理する。

　まず，厚生労働省（2002）の資料では子育て支援総合コーディネート事業を担う専門職を「子育て支援総合コーディネーター」と命名している。「子育て支援総合コーディネーター」は「社会福祉士等のケースワーク技能を有する」者であり，わが国のソーシャルワークの国家資格である社会福祉士資格をもつ人材がその役割を担う必要性があると記されている。後に詳しく述べるが，子育て支援コーディネーターの採用基準や，実際に子育て支援コーディネーターとして活躍する人材の所持する資格や技能は，当初のこの条件とは大きく異なる。

　次に，利用者が子育て支援サービスをうまく活用できない原因の1つに子育て支援サービスに関する情報が一元化されていないという問題があると指摘している。そこで，「子育て資源情報の一元化及び収集した情報のデータベース

を構築」することがめざされた。具体的には，地域の子育て支援サービスの内容が網羅された冊子の作成・配布や，子育て支援に関する情報を一元化したHPの作成等がめざされた。

　そして方法についてであるが，子育て支援コーディネーターは，情報を一元化したデータベースを活用し，「利用者の状況やニーズに合わせて，ケースマネジメントや利用援助」をすると記されている。重要なのは，情報を一元化するだけでは，利用者が必ずしも必要なサービスに辿りつけないと認識されていたということである。つまり，自身で必要なサービスを把握し，利用することが難しい利用者に，子育て支援コーディネーターがデータベースを利用して，ケースマネジメントを行うことが期待されていたのである。

　なお，「子育て支援総合コーディネート」という名称からは「コーディネーション」がイメージされる。しかし，子育て支援総合コーディネート事業は，利用者の視点に立ってあらゆる方法を用いて社会関係のニーズを満たすケースマネジメント（Rose & Moore, 1995）を想定していたのである。それではなぜ「子育て支援ケースマネジメント」（ケースマネジメントには「総合」の意味が含まれるので，「総合」は省く）ではなく，「子育て支援総合コーディネート」という名称を採択したのであろうか。その経緯に関する資料は見当たらなかったが，子育て支援総合コーディネート事業創設案の主旨を捉えるならば，「子育て支援ケースマネジメント」という用語がふさわしいと考える。しかしながら，本書で新しく「子育て支援ケースマネジメント」という用語を採択するとさらに用語が増えて内容が複雑になる。そこで本書ではあえて一般的に使用されている用語「子育て支援コーディネート」を使用することとしたのである。

　少し話が脱線したが上記の内容を整理すると，子育て支援総合コーディネート事業創設案でめざされていた子育て支援総合コーディネート事業実施の方向性は次のようになる。まず，子育て支援サービスに関する情報の一元化を行い，子育て支援コーディネーターが活動するための基盤（環境・システム）を作る。次に，社会福祉士等のソーシャルワークに関する専門的知識をもった子育て支援コーディネーターが，情報の一元化に基づき作成されたデータベース等を駆使し，利用者に対してケースマネジメントや利用援助（コーディネーション）を行う。

子育て支援総合コーディネート事業創設案では，子育て支援コーディネーターを介さない単なる情報提供については，子育て支援コーディネートの機能に含んでいない。情報提供のみであれば，地域子育て支援拠点事業など，他の事業にもその機能は位置づけられている（厚生労働省雇用均等・児童家庭局総務課少子化対策企画室，2010）。子育て支援総合コーディネート事業は，高度なソーシャルワークの援助技術によって，利用者を子育て支援サービスにつなぐための事業として，他の子育て支援事業の「つなぐ」機能との違いを明確化していたのである。

　以上が，子育て支援総合コーディネート事業創設案である。次に，子育て支援総合コーディネート事業の実施展開をみていく。

子育て支援総合コーディネート事業の実施

　2003（平成15）年，2004（平成16）年の子育て支援総合コーディネート事業の実施について示す。この2年間は，改正児童福祉法（平成15年法律第121号）の実施（2005（平成17）年～）に先駆けて，モデル的に国庫補助事業として子育て支援総合コーディネート事業を実施していた期間である。2004（平成16）年度には，「子育て支援総合推進モデル市町村事業」が実施され，全国49市町村がモデル市町村とされた（厚生労働省雇用均等・児童家庭局総務課少子化対策企画室，2004a）。子育て支援総合推進モデル市町村事業の必須事業の中に，子育て支援総合コーディネート事業が組み込まれており（その他の必須事業は子育て短期預かり支援事業，居宅子育て支援事業，子育て相談支援事業），少なくとも2004（平成16）年度にこの49市町村は子育て支援総合コーディネート事業を実施していたと言える（厚生労働省雇用均等・児童家庭局総務課少子化対策企画室，2004b）。

　それでは，この時期の子育て支援総合コーディネート事業の実施についてポイントを整理する。

　まず，子育て支援総合コーディネート事業は事業創設案にもあったようにバラバラになっている子育て支援に関する情報を一元化し，情報提供をめざすと記されている（内閣府，2003）。

　次に，人的資源である子育て支援コーディネーターについてであるが，子育て支援総合コーディネート事業が実施されはじめた2003（平成15）年以降，子

育て支援コーディネーターの配置基準，資格要件について何も示されなくなった（内閣府，2003）。したがって，子育て支援コーディネーターとして，どのような専門性をもった人材を採用するかは，子育て支援総合コーディネート事業を実施する市町村の判断に委ねられることとなった。子育て支援総合コーディネート事業創設案では，社会福祉士がその役割を担う専門職として明記されていたが（厚生労働省，2002），事業が実際に実施されるようになってからは，専門職に関して特に言及しておらず，社会福祉士についても触れられていない。

そして子育て支援コーディネートの方法であるが，2003（平成15）年の第10回社会保障審議会児童部会議事録によると，子育て支援コーディネートは情報提供が中心であり，「ケースマネジメントやコーディネーション（利用援助と記されている）もする」と述べられている（内閣府，2003）。つまり，実際に子育て支援総合コーディネート事業が実施される段階になって，他の子育て支援事業との「つなぐ」方法の違いが曖昧にされたのである。

以上から2003（平成15）年度からの子育て支援総合コーディネート事業実施の方向性をまとめると次にようになる。

市町村は，まず子育て支援サービスに関する情報の一元化を図る。次にインターネット等による情報提供（厚生労働省雇用均等・児童家庭局，2003）によって，サービスの選択・利用ができる利用者には，自らそれらにアクセスするなどして，サービスを利用してもらう。情報が集約，公開されただけではサービスにつながることが困難な利用者には，ケースマネジメントもしくはコーディネーションを行うこととする。

子育て支援総合コーディネート事業創設案の中には，情報提供の機能について明確に記されていなかったが（厚生労働省，2002），事業が実施される段階になってからは，子育て支援総合コーディネート事業の中心的機能であると記されている（厚生労働省雇用均等・児童家庭局，2003）。また，子育て支援総合コーディネート事業の目下の目標は，分断されている地域子育て支援サービスの情報を一元化することとされ，子育て支援総合コーディネート事業は，事実上，情報の一元化のための事業として出発した。

2004（平成16）年度厚生労働省雇用均等・児童家庭局予算（案）によると，2003（平成15）年度の子育て支援総合コーディネート事業の実施箇所は250市町

村であり、次年度には500市町村の大幅増を目標としていた（厚生労働省雇用均等・児童家庭局，2004）。このように具体的に事業実施市町村の数や数値目標を掲げたのは、この2004（平成16）年度案のみである。2005（平成17）年度からは、改正児童福祉法（平成15年法律第121号）による子育て支援コーディネート業務の責務化によって、全市町村で実施されているものとみなされている可能性が高い。なお、2003（平成15）年4月1日現在の市町村数は3,190件であったことから、この時約8％の市町村で子育て支援総合コーディネート事業が実施されていたことになる。

改正児童福祉法施行による子育て支援コーディネートの実施

『平成17年版少子化社会白書』（内閣府，2005）によると、子育て支援コーディネートの実施については、2005（平成17）年から改正児童福祉法（平成15年法律第121号）により、市町村の責務として位置付けられることとなった（資料1-2）。この改正児童福祉法では、子どもと家庭に関する相談支援、様々な子育て支援が市町村を中心に展開されることになっており（前橋，2009b）、市町村で子育て支援コーディネートが発展したはずの時期である。

それでは、2005（平成17）年から改正児童福祉法（平成15年法律第121号）で位置付けられた子育て支援コーディネートのポイントについて整理する。

まず、改正児童福祉法（平成15年法律第121号）の中に情報の一元化に関する記述はないが、「子育て支援事業に関し必要な情報の提供を行う」とあるため、前提条件として、情報の一元化が求められていると読み取れる（資料1-2）。

次に子育て支援コーディネーターについてであるが、改正児童福祉法（平成15年法律第121号）の中にも、他の資料の中にも、子育て支援コーディネーターの専門性や資格に関する記述は見当たらない（各市町村の個別資料を除く）。そればかりか2008（平成20）年10月29日に開かれた第16回社会保障審議会少子化対策特別部会の議事録をみると、「子育て支援総合コーディネーターの役割が必要だということは何年も前から言われているが、いまだに誰がどのように果たしていく仕組みにするかの案がない」との言及があり（内閣府，2008b）、改正児童福祉法（平成15年法律第121号）施行から5年を経過した時点でも、子育て支援コーディネーターの専門性は曖昧なままとなっていたことがわかる。

第 1 章　子育て支援コーディネートの変遷

資料 1-2　改正児童福祉法（平成15年法律第121号）

[市町村の情報提供等]

第二一条の二九
市町村は，子育て支援事業に関し必要な情報の提供を行うとともに，保護者から求めがあつたときは，当該保護者の希望，その児童の養育の状況，当該児童に必要な支援の内容その他の事情を勘案し，当該保護者が最も適切な子育て支援事業の利用ができるよう，相談に応じ，必要な助言を行うものとする。
② 市町村は，前項の助言を受けた保護者から求めがあつた場合には，必要に応じて，子育て支援事業の利用についてあつせん又は調整を行うとともに，子育て支援事業を行う者に対し，当該保護者の利用の要請を行うものとする。
③ 市町村は，第一項の情報の提供，相談及び助言並びに前項のあつせん，調整及び要請の事務を当該市町村以外の者に委託することができる。
④ 子育て支援事業を行う者は，前二項の規定により行われるあつせん，調整及び要請に対し，できる限り協力しなければならない。

　そして，子育て支援コーディネートの方法であるが，改正児童福祉法（平成15年法律第121号）には「保護者から求めがあつたときは，当該保護者の希望，その児童の養育に必要な支援の内容その他の事情を勘案し，当該保護者が最も適切な子育て支援事業の利用ができるよう，相談に応じ，必要な助言を行うものとする」，「市町村は，前項の助言を受けた保護者から求めがあつた場合には，必要に応じて，子育て支援事業の利用についてあつせん又は調整を行うとともに，子育て支援事業を行う者に対し，当該保護者の利用の要請を行うものとする」とある。

　つまり，改正児童福祉法（平成15年法律第121号）は，市町村が子育て支援コーディネートとして，情報提供とコーディネーションを行うことを責務化したといえる。しかし，肝心のケースマネジメントの機能の必要性に関する文言は見当たらない。特筆すべきは「保護者から求めがあつたときは」とし，援助対象を限定していることである。サービスを必要としている利用者の中には自らサービスを求めることが難しい場合があり（平田，2011），そのような人々が必要な資源を利用できるように援助することが本来子育て支援コーディネートに課せられた使命であるはずである。つまり，改正児童福祉法（平成15年法律第121号）に位置付けた子育て支援コーディネートは，本来，最も子育て支援コー

ディネートを必要とする層を取りこぼしているといえる。なお，改正児童福祉法（平成15年法律第121号）が実施されてから2009（平成21）年まで，子育て支援コーディネートに関する資料はほとんど見当たらない。

　2003（平成15）年度からの2年間，子育て支援総合コーディネート事業は国庫補助事業であった。しかし，子育て支援コーディネートは，2005（平成17）年から改正児童福祉法（平成15年法律第121号）において，市町村の責務として位置付けられ，同時に国庫補助はなくなった。これにより，予算の使い方が市町村裁量（一般財源化）となったため，効果のわかりやすい他の子育て支援事業に押され，子育て支援総合コーディネート事業は伸びなかったとも推測できる。

　さらに，2008年の第16回社会保障審議会少子化特別部会の議事録（内閣府,2008b）では，「次世代育成支援対策推進法が策定されたときに子育て支援総合コーディネーターを配置しようという話があったが，どうなっているのか，具体的な話をするべきではないか」といった意見や，「かつては子育て支援総合コーディネート事業もありましたけれども（略）」といったような発言まで記録されており，改正児童福祉法（平成15年法律第121号）の中に責務化された子育て支援コーディネートは形ばかりとなったと読み取れる。

子育て支援コーディネーター育成のための次世代育成支援人材養成事業の創設

　改正児童福祉法（平成15年法律第121号）によって，子育て支援コーディネートを事業として実施するか否かとは別に，子育て支援コーディネートを行うことは市町村の責務となった（内閣府, 2005：154）。しかし，子育て支援コーディネーターに求められる専門性が曖昧なこともあり，それらの役割を担う人材が十分に確保されない状態が続いていた。そこで，別途2009（平成21）年に次世代育成支援人材養成事業（内閣府, 2010b）が創設されたと考えられるが，ここで，子育て支援コーディネーターに求められる役割が大きく転換している。

　子育て支援コーディネートの機能として，ケースマネジメントという用語が唯一残っていたのは，少子化社会白書の中の文言であった。しかし，『平成20年版少子化社会白書』（内閣府, 2008a）と『平成21年版少子化社会白書』（内閣府, 2009）を見比べてみると，平成21年版では，平成20年版に記載されていた「ケースマネジメント及び利用援助」という文言が削除されている。加えて，

『平成22年版子ども・子育て白書』（内閣府，2010b）には，別途，2009（平成21）年に，親の子育てを支援する「コーディネーター等」を養成するための次世代育成支援人材養成事業を創設したと記してある。ここで，「子育て支援総合コーディネーター」という名称も，「コーディネーター」という名称に変更されている（内閣府，2010b）。

　次世代育成支援人材養成事業について，『平成24年版子ども・子育て白書』（内閣府，2012：130）には，「具体的には，地域の様々な次世代育成支援の取組を把握し，親の子育てを支援するコーディネーター的役割を果たす人や，地域の子育て支援事業の担い手となる人に必要な理解や知識などを得るための研修を実施しており，2011（平成23）年には全国73か所で実施されたところである」と記してある。ここで指す「コーディネーター」は「つなぐ」機能を果たす人材なのか，地域の子育て支援事業で直接的な援助を行う人材なのかがはっきりしない。また，全国73か所で実施されたとのことであるが，どのように実施されているのかなどの詳しい情報は見当たらない。数だけみても子育て支援総合コーディネート事業の初年度実施が250か所であったこと（厚生労働省雇用均等・児童家庭局，2004）と比較して，次世代育成支援人材養成事業は創設から丸3年たった時点で73か所での実施に留まっており，いかに事業が普及していないかが読み取れる。

　さて，これらの一連の方向性から読み取れるのは，よりはっきりと子育て支援コーディネートからケースマネジメント機能が省かれたということである。

　子育て支援総合コーディネート事業創設当初は，子育て支援コーディネーターは「コーディネーター」という用語の付く名称ではあるが，実際には「ケースマネジメントの機能」を含むとされていた。しかしながら，『平成20年版少子化社会白書』（内閣府，2008a）を最後に，白書からは「ケースマネジメント」の用語は消え，「コーディネート」（コーディネーションを指すと考えられる）の機能を強調することになった。つまり，名実ともに子育て支援コーディネーターは「コーディネーター」となっていったのである。

　さらに，次世代育成支援人材養成事業では，「コーディネーター」という名称を使用しているが，子ども・子育てビジョン（内閣府，2010a）では，「子育て総合支援コーディネーター」という名称に変更している。「子育て総合支援

コーディネーター」の行うことは,「子育て支援総合コーディネート」であり,以前と同じ表記である。1か所だけ,「支援」と「総合」が逆になっており,特に説明もなく名称が変更されていたため,誤植であるとも受け取れた。ところが,子ども・子育て白書も見てみると,『平成21年版少子化社会白書』(内閣府,2009) までは,「子育て支援総合コーディネート」であったが,『平成22年版子ども・子育て白書』(内閣府,2010b) は,「子育て総合支援コーディネーター」の表記に変更され,以後,平成23年版 (内閣府,2011),平成24年版 (内閣府,2012) も「子育て総合支援コーディネーター」と記されている。次世代育成支援人材養成事業に基づいた名称変更であると推測できるが,「総合」の位置が異なれば,意味が大きく異なる。

「子育て支援総合コーディネーター」は「子育て支援」を「総合(的に)コーディネート」すると捉えられる。しかし,「子育て総合支援コーディネーター」は「子育て」を「総合(的に)支援(する)コーディネーター」と捉えられる。つまり,「利用者を子育て支援サービスにつなぐ」ことだけでなく,「子育て」を「総合的に支援」することになる。言い換えると,子育て支援コーディネーターの役割が,間接的支援(サービス(資源)につなぐ機能)から,直接的支援(ケアワーク)まで広がるということである。

子育て支援コーディネーターの役割が拡大することは,一見利用者のニーズにより応えることができるようになると受け取れる。しかしながら,「つなぐ」という重要な機能が十分に果たせていない状態でその役割を拡大することは,本来求められる役割を今以上に果たせなくなる危険性を孕む。Intagliata (1982) も,ケースマネージャーにケアワークを提供させようとすることは,ケースマネージャーでなく,「新種の直接的ケア職員」を育成することになると指摘している。

以上のことからも,次世代育成支援人材養成事業による「子育て総合支援コーディネーター」の方向性には注意が必要であるといえる。

子ども・子育て支援新制度の実施に伴う利用者支援事業の創設

2015(平成27)年1月23日,「子ども・子育て支援法の施行期日を定める政令」(平成27年政令第22号) により,子ども・子育て支援法が2015(平成27)年4

月1日からスタートすることが正式に決定した。これにより子ども・子育て支援新制度は2015（平成27）年4月から本格的に動きはじめた。

　子ども・子育て支援新制度について簡単にその経緯を説明すると，この制度は「明日の安心と成長のための緊急経済対策」（2009（平成21）年12月8日閣議決定）に基づく，「幼保一体化を含む新たな次世代育成支援のための包括的・一元的なシステム」として構築された。

　2010（平成22）年6月29日に少子化社会対策会議で決定された「子ども・子育て新システムの基本制度案要綱」（内閣府少子化社会対策会議，2010）によると，子ども・子育て支援新制度（政策がとおるまでは子ども・子育て新システムという名称が用いられていた）は，子ども・子育て財源の一元化を図り，そこから子育て支援や保育サービスの給付を行うサービス一元化システムである。

　「子ども・子育て新システム検討会議」と「作業グループ」（基本制度ワーキングチーム，幼保一体化ワーキングチーム，こども指針（仮称）ワーキングチーム）で制度の大枠について検討し，2011（平成23）年7月29日，少子化社会対策議会で決定された「子ども・子育て新システムに関する中間とりまとめについて」が発表された（内閣府少子化社会対策会議，2011）。子ども・子育て新システムの実施には，約1兆円の財源が必要になると見込まれたため，「社会保障・税一体改革」を行い，税制抜本改革とともに子ども・子育て新システムの法案を早急に国会に提出することとなった。これを受けて，「子ども・子育て新システム関連3法案」（子ども・子育て支援法案，総合こども園法案，子ども・子育て支援法及び総合こども園法の施行に伴う関係法律の整備等に関する法律案）が，2012（平成24）年3月30日，閣議決定され，同日，国会に提出された。

　2012（平成24）年6月26日，第180回国会（常会）において，当初案の幼保一体施設「総合こども園創設」の撤回などの大幅な変更があったものの，「子ども・子育て新システム」関連法案の大幅な修正について審議が行われた後，総合こども園廃止，認定こども園拡充案によって，法案は衆議院で可決され，2012（平成24）年8月10日，参議院でも可決された。これを受けて，子ども・子育て関連3法（子ども・子育て支援法（平成24年法律第65号），就学前の子どもに関する教育，保育等の総合的な提供の推進に関する法律の一部を改正する法律（平成24年法律第66号），子ども・子育て支援法及び就学前の子どもに関する教育，保育等の総合的な提供の

推進に関する法律の一部を改正する法律の施行に伴う関係法律の整備等に関する法律（平成24年法律第67号））が，2012（平成24）年8月22日に公布されたのである。

　子ども・子育て支援新制度の実施によって，子育て支援コーディネートの必要性はより高まると考えられるが，当初の政府案では子育て支援コーディネートについて明確な位置付けはなかった（内閣府，2014b）。しかしながら，国会における審議の過程でその重要性が認識され，自公民の3党合意の「社会保障・税一体改革に関する確認書」で「市町村が利用者支援を実施する事業を明記するなどの修正を行う」（民主党・自由民主党・公明党，2012：3）ことになり，子育て支援コーディネートが事業として法定化されることになった。

　そして，「子ども・子育て支援法」（平成24年法律第65号）第59条第1項に，「子ども及びその保護者が，確実に子ども・子育て支援給付を受け，及び地域子ども・子育て支援事業その他の子ども・子育て支援を円滑に利用できるよう，子ども及びその保護者の身近な場所において，地域の子ども・子育て支援に関する各般の問題につき，子ども又は子どもの保護者からの相談に応じ，必要な情報の提供及び助言を行うとともに，関係機関との連絡調整その他の内閣府令で定める便宜の提供を総合的に行う事業」と明記され，この事業は「利用者支援事業」と名付けられることになった（内閣府，2013b）。この利用者支援事業は新規事業として位置付けられているが，子育て支援コーディネートに相当するものである（内閣府，2013b）。

　利用者支援事業をどのように実施していくか，その骨子については主に子ども・子育て基準検討部会で協議された（内閣府，2013b；内閣府，2013c；内閣府，2013d；内閣府，2013e；内閣府，2013f；内閣府，2013g；内閣府，2015a）。2015（平成27）年4月現在で，子ども・子育て基準検討部会は27回開かれており，うち利用者支援事業について話し合われたのは，第1回，第2回，第3回，第4回，第9回，第11回，第25回である。そこで会議資料（内閣府，2013h；内閣府，2013i；内閣府，2013j；内閣府，2013k；内閣府，2013l；内閣府2013m；内閣府2015b），議事録（内閣府，2013b；内閣府，2013c；内閣府，2013d；内閣府，2013e；内閣府，2013j；内閣府，2013g；内閣府2015a）及び自治体向け説明会の資料などの内容を整理し，検討されている利用者支援事業のポイントについて述べる。

　まず，主に子ども・子育て基準検討部会の議論を踏まえて作成された利用者

支援事業実施要綱を資料1-3に示す。

　利用者支援事業は子ども・子育て支援新制度における新規事業とされているが，本書で述べてきたように，子育て支援総合コーディネート事業をはじめ以前から利用者支援事業に類すると考えられる事業や取り組みはあった。子ども・子育て基準検討部会第1回議事録（内閣府，2013b）には，会議で少子化対策企画室長から「おおむね子育て支援コーディネートに相当する」との回答があり，利用者支援事業は子育て支援コーディネートであることがわかる。

　第2回子ども・子育て基準検討部会（内閣府，2013c）から担い手についての話し合いが行われたが，一貫して様々な専門職の参入を認める形で話が進んできた。先に示した実施要項でも「利用者支援事業に従事する者は，医療・教育・保育施設や地域の子育て支援事業等に従事することができる資格を有している者や，地方自治体が実施する研修を修了した者のほか，育児・保育に関する相談指導等について相当の知識・経験を有する者であって，地域の子育て事情と社会資源に精通した者として市町村が認めた者をもって充てるものとし，1事業所1名以上の専任職員を配置するものとする」と専門性について曖昧に記されているのみである。なお，第9回の議事録（内閣府，2013f）には，事業内容の案に即して関係機関の連絡調整，連携・協働の体制づくり，地域で必要な社会資源の開発が盛り込まれており，この中では高度なソーシャルワークの専門職の仕事である，といった意見が出ていた。だが，高度な実践を行うために社会福祉士の雇用をめざすといった議論には至らなかった。だが，2014（平成26）年9月11日の地方自治体向け説明会で配布された「利用者支援事業ガイドライン（案）」（内閣府，2014c）ではかなりソーシャルワーク専門職の仕事に近い内容が記されており，まったくソーシャルワークを意識していないのではなく，様々な専門職が参入できるように表現を選んでいるとも受けとれる。

　2014（平成26）年度から一部で実施されてきた利用者支援事業は「基本型」と「特定型」の2類型であった。「基本型」は「利用者支援」と「地域連携」をともに実施する形態で主として，行政窓口以外で，親子が継続的に利用できる施設を活用することとなっている。例としては，地域子育て支援拠点事業の「地域機能強化型」の中での実施があげられている（内閣府子ども・子育て支援新制度施行準備室，2014）。「特定型」は主に「利用者支援」だけを実施する形態で，

資料1-3　利用者支援事業実施要綱

1　事業の目的
　1人1人の子どもが健やかに成長することができる地域社会の実現に寄与するため，子ども及びその保護者等，または妊娠している方がその選択に基づき，多様な教育・保育施設や地域の子育て支援事業等を円滑に利用できるよう，必要な支援を行うことを目的とする。

2　実施主体
　実施主体は，市町村（特別区を含む。以下同じ。）とする。
　なお，市町村が認めた者へ委託等を行うことができる。

3　事業の内容
　子ども・子育て支援法第59条第1号に基づき，子ども又はその保護者の身近な場所で，教育・保育施設や地域の子育て支援事業等の情報提供及び必要に応じ相談・助言等を行うとともに，関係機関との連絡調整等を実施する事業（以下「利用者支援事業」という。）。

4　実施方法
（1）実施場所
　子ども及びその保護者等，または妊娠している方が，教育・保育施設や地域の子育て支援事業等を円滑に利用できることが必要なことから，身近な場所で，日常的に利用でき，かつ相談機能を有する施設や市町村窓口などでの実施とする。
（2）職員の配置
　利用者支援事業に従事する者は，医療・教育・保育施設や地域の子育て支援事業等に従事することができる資格を有している者や，地方自治体が実施する研修を修了した者のほか，育児・保育に関する相談指導等について相当の知識・経験を有する者であって，地域の子育て事情と社会資源に精通した者として市町村が認めた者をもって充てるものとし，1事業所1名以上の専任職員を配置するものとする。
　なお，地域の実情により，事業に支障が生じない限りにおいて，専任職員以外にあっては，業務を補助する職員として配置しても差し支えないものとする。
（3）業務内容
　以下の業務を実施するものとする。
① 　利用者の個別ニーズを把握し，それに基づいて情報の集約・提供，相談，利用支援等を行うことにより，教育・保育施設や地域の子育て支援事業等を円滑に利用できるよう実施することとする。
② 　教育・保育施設や地域の子育て支援事業等を提供している関係機関との連絡・調整，連携，協働の体制づくりを行うとともに，地域の子育て資源の育成，地域課題の発見・共有，地域で必要な社会資源の開発等に努めること。
③ 　本事業の実施に当たり，リーフレットその他の広告媒体を活用し，積極的な広報・啓発活動を実施し，広くサービス利用者に周知を図るものとする。
④ 　その他事業を円滑にするための必要な諸業務を行うものとする。
　なお，上記「①」から「④」の業務実施を基本としつつ，「①」についてその一部を実施し，「②」について必ずしも実施しない類型も可とする。

(4) 関係機関等との連携

　実施主体（委託先を含む。以下同じ。）は，教育・保育施設や地域の子育て支援事業等を提供している機関のほか，児童相談所，保健所といった地域における保健・医療・福祉の行政機関，児童委員，教育委員会，医療機関，学校，警察，特定非営利活動法人等の関係機関・団体等に対しても本事業の周知等を積極的に図るとともに，連携を密にし，本事業が円滑かつ効果的に行われるよう努めなければならない。

5　留意事項

(1) 事業に従事する者は，子どもの「最善の利益」を実現させる観点から，子ども及びその保護者等，または妊娠している方への対応に十分配慮するとともに，正当な理由なく，その業務上知り得た利用者又はその家族の秘密を漏らしてはならない。

　さらに，このことにより，同じく守秘義務が課せられた地域子育て支援拠点や市町村の職員などと情報交換や共有し，連携を図ること。

(2) 事業に従事する者は，4の(1)に定める実施場所の施設や市町村窓口などの担当者等と相互に協力し合うとともに，事業の円滑な実施のために一体的な運営体制を構築すること。

(3) 事業に従事する者は，有する資格や知識・経験に応じて，本事業を実施するに当たり共通して必要となる知識や技術を身につけ，かつ常に資質，技能等を維持向上させるため，都道府県又は市町村が実施する研修を受講すること。

(4) 実施主体は，事業に従事する者のための各種研修会，セミナー等に積極的に参加させ，事業に従事する者の資質，技能等の維持向上を図ること。

(5) 本事業の実施に当たり，児童虐待の疑いがあるケースが把握された場合には，福祉事務所若しくは児童相談所又は児童委員，その他の関係機関と連携し，早期対応が図られるよう努めなければならない。

(6) 障害児等を養育する家庭からの相談等についても，市町村の所管部局，指定障害児相談支援事業所等と連携し，適切な対応が図られるよう努めるものとする。

(7) 教育・保育施設や地域の子育て支援事業等の選択については，利用者の判断によるものとする。

(8) 市町村は，利用者支援事業を利用した者からの苦情等に関する相談窓口を設置するとともに，その連絡先についても周知すること。

6　費　用

　本事業に要する費用の一部について，国は別に定めるところにより補助するものとする。

出所：厚生労働省雇用均等・児童家庭局（2014）「利用者支援事業の実施について」（雇児発0529第16号・平成26年5月29日）資料。

　行政機関の窓口等を活用する。例として，横浜市の「子育てコンシェルジュ事業」があげられている（内閣府子ども・子育て支援新制度施行準備室，2014）。

　これに加え，2015（平成27）年度からは「母子保健型」が追加された。保健師等の専門職が全ての妊産婦を対象に「利用者支援」と「地域連携」を共に実

施する形態である（内閣府，2015b）。

このように一口に「利用者支援事業」といっても現段階では様々なタイプが想定されており，これらすべてのタイプがいわゆる子育て支援コーディネートにあたるのかは検討の余地がある。またこれらの役割を担う人材を「利用者支援専門員」としているが，利用者支援専門員になるためには「子育て支援員研修」の中でもとくに「地域子育て支援コース」の専門研修を受講する必要がある（内閣府，2015c）。しかし，この研修も数日程度の研修であり，ケースマネジメントの修得を想定しているとは考えにくい。

以上のように，現時点で利用者支援事業について様々な内容が示されている段階であるが，ケースマネジメントとして実施する必要があるという認識はあまりなく，専門性についても曖昧なままである。

政策としての子育て支援コーディネート変遷のポイント

政策としての子育て支援コーディネートの変遷をみていくと，地域子育て支援センター事業での利用者と子育て支援サービスをつなぐ機能の限界から，子育て支援総合コーディネート事業が立ち上げられることとなったことがわかる。そこで，2003（平成15）年の子育て支援総合コーディネート事業創設案では，子育て支援コーディネーターとして，社会福祉士等がケースマネジメントを行う展開が期待されていた（厚生労働省，2002）。しかしながら，実際に子育て支援総合コーディネート事業がスタートしてからは，誰が子育て支援コーディネーターの役割を担うのかが曖昧にされた。おそらく，そのためにケースマネジメントを行える人材の確保がより難しくなり，ケースマネジメントの実施は不可能な状態が続いた。そして，現実に即して子育て支援コーディネートは，ケースマネジメントからコーディネーション，情報提供と簡単な機能をめざすようになっていったと考えられる（表1-1）。

加えて，子育て支援コーディネートの名称自体，説明なく何度も変更されており，混乱を招く状態にある。

2015（平成27）年4月から子ども家庭福祉分野は転換期を迎えており，子どもと家庭が必要とするサービスや資源を一元化し，個々の家庭に必要なサービスを提供していく子ども・子育て支援新制度の施行が始まった。子ども・子育

第1章　子育て支援コーディネートの変遷

表1-1　子育て支援総合コーディネートの変遷とポイント

	年	専門職に関する記述	システム・環境についての記述	方　法
子育て支援総合コーディネート事業創設案	2002（平成14）年	子育て支援総合コーディネーター　社会福祉士等のケースワーク技能を有するもの	子育て支援情報の一元化	・コーディネーション ・ケースマネジメント
子育て支援総合コーディネートの創設	2003（平成15）年	子育て支援総合コーディネーター　資格に関する記述なし	子育て支援情報の一元化	・情報提供が中心 ・ケースマネジメントやコーディネーションも実施する
改正児童福祉法施行（平成15年法第121号）	2005（平成17）年	子育て支援総合コーディネーター　資格に関する記述なし	子育て支援情報の一元化	・情報提供 ・コーディネーション
次世代育成支援人材養成事業の創設	2009（平成21）年	コーディネーター等　資格に関する記述なし	子育て支援情報の一元化	・コーディネーション
利用者支援事業の創設	2014（平成26）年	利用者支援専門員　研修を義務づける	子育て支援情報の一元化	・情報提供 ・コーディネーション

て支援新制度の実施においては，サービスの選択肢が増えることで，利用者はサービスの選択が求められている。しかし，それを手助けするための重要な施策であるはずの子育て支援コーディネートについて，理論的な枠組みを用いて十分に検討されているとは言い難い。

したがって，子ども・子育て支援新制度の実施における子育て支援コーディネート（利用者支援事業）の在り方についての方向性を理論的な枠組を用いて明確にすることは，喫緊の課題であると考える。

2　市町村における取り組み

第1節で述べたように，利用者支援事業の前身事業である子育て支援総合コーディネート事業は実際には機能していないと考えられる。では，子育て支援総合コーディネート事業を実施していた（している）市町村の実態はどのようになっていたのであろうか。第2節では，子育て支援総合コーディネート事業の市町村での実際の取り組みについてみていく。

市町村の子育て支援総合コーディネート事業実施要項の目的と内容の乖離

　市町村では，子育て支援総合コーディネート事業の実施にあたり，事業実施要綱を定めている。そこで，検索エンジンgoogleで「子育て支援総合コーディネート事業実施要綱」について検索した。インターネット上で公開されていた8市町村の実施要綱の「目的」，「内容」，「資格要件」（栄町，2004；笹岡市，2004；野津町，2004；大津町，2005；佐野市，2005；野田市，2005；高根沢町，2007；鈴鹿市，2011）についてまとめた（表1-2）。

　表1-2をみると，8市町村中6市町村（栄町，2004；笹岡市，2004；大津町，2004；野田市，2005；高根沢町，2007；鈴鹿市，2011）がケースマネジメントの実施を目的にあげている。しかし，目的を達成するための内容をみると子育て支援サービスの情報を集約，蓄積し，その情報をデータベース化することに重点を置いており，利用者と子育て支援サービスをつなぐところまで内容が記されていない。また，記されている場合も児童福祉法の文言をほぼそのまま使用するにとどまっている。

　そして，具体的な取り組みとしては，まず2004（平成16）年に実施された「子育て支援総合推進モデル市町村事業」の取り組み事例がある（厚生労働省雇用均等・児童家庭局総務課少子化対策企画室，2004c）。しかし，「コーディネーターを行政区ごと等に複数配置」（札幌市，世田谷区，金沢市，京都市，神戸市，浜田市，熊本市），「土日も対応」（足立区）との報告があるだけで，それ以上の具体的な取り組み内容等については言及していない（厚生労働省雇用均等・児童家庭局総務課少子化対策企画室，2004c）。

　次に，2007（平成19）年3月に内閣府政策統括官が発表した，少子化社会対策に関する「少子化社会対策に関する先進的取組事例集」（内閣府，2007b）の2006（平成18）年度主な活動内容事例「子育て支援総合コーディネート事業」に，高槻市の取り組みが紹介されている。

　報告を概観すると，特徴として，市のホームページに子育て支援情報サイトを設立し，電子媒体を利用して，市域及び行政の子育て支援情報の一元化を図ることで子育て支援を行っていると記されている。効果に関しても，市民アンケートで子育て支援サイト「WAIWAIカフェ」の認知度と，年間アクセス数の増加について記しているのみであり，子育て支援総合コーディネート事業の

評価を行ったとは言い難いものである。子育て支援コーディネートは，利用者と子育て支援サービスをつなぐという間接的な支援であるため，他の子育て支援サービスと比べて一層評価することが難しく，これ以上の評価が困難であったと推測できる。

しかしながら，単なるインターネットによる情報提供が先進的取り組みとして紹介されていることからも，市町村において，目的に掲げているような子育て支援コーディネートが実施されていなかったと考えられる。

市町村の子育て支援コーディネーターに求められる専門性と資格の乖離

子育て支援総合コーディネート事業創設案では，子育て支援コーディネーターに求められる専門性について，「社会福祉士等ケースワークの技能を有する」者であることが期待されていた（厚生労働省，2002）。しかし，実際に子育て支援コーディネーターとして活躍している人材の保有する資格や，自治体が指定している資格要件は異なる。中川（2011）の研究報告や表1-2の資料でも，子育て支援コーディネーターの資格要件は「保健師」，「看護師」，「保育士」，「長年子育て支援に携わったもの」などである。つまり，子育て支援コーディネーターに求められる専門性について考慮したうえで人材を募集しているのではなく，現在，子ども家庭福祉分野で活躍している人材を転用しようとしているにすぎない。

地域子育て支援センター事業で，保育士の専門性と「コーディネーター」の役割期待に乖離があることが課題の1つとなって，子育て支援総合コーディネート事業が創設されたことを振り返れば，結局，問題が元に戻っていることがわかる。

3 子育て支援コーディネートの変遷からみられた課題点

以上，わが国の子育て支援コーディネートについて整理した。

子育て支援総合コーディネート事業創設案（厚生労働省，2002）は，子育て支援サービスの提供において，ケースマネジメントを行うという画期的な施策であった。しかしながら，ケースマネジメントを行う力量を備えた人材の必要性

表1-2　各市町村の子育て支援総合コーディネート事業実施要項

	栄　　町	笹　岡　市
	平成16年2月2日告示第4号	平成16年2月20日告示第18号
目的	この要綱は，栄町における多様な子育て支援サービスに関する情報を一元的に把握する子育て支援総合コーディネーター（以下「コーディネーター」という。）を配置し，子育て支援サービスを利用し，又は利用しようとする保護者（以下「サービス利用者」という。）に対する情報提供，ケースマネジメント及び子育て支援サービスの利用援助等の支援並びに子育てを行う家庭に対する支援活動の企画及び調整を行うことにより，サービス利用者の利便の向上及び子育て支援サービスの利用の円滑化等を図り，もって子育て支援体制の充実に資することを目的とする。	本市における多様な子育て支援サービス情報を一元的に把握する子育て支援総合コーディネーター（以下「コーディネーター」という。）を配置して，インターネット等を活用したサービス利用者への情報提供，ケースマネジメント及び利用援助等の支援を行うことにより，利用者の利便性の向上及びサービス利用の円滑化等に資することを目的とする。
内容	コーディネーターは，次に掲げる業務を行うものとする。(1)法令等により定められた子育て支援に関する制度，栄町が実施する乳幼児健康支援一時預かり事業（乳幼児健康支援一時預かり事業の実施について（平成6年6月23日児発第605号厚生省児童家庭局長通知）に基づき実施する事業をいう。）及び保育対策等促進事業（保育対策等促進事業の実施について（平成12年3月29日児発第247号厚生省児童家庭局長通知）に基づき実施する事業をいう。），民間事業者が実施する当該保育対策等促進事業の対象となる事業，民間団体が実施する子育て支援に関する事業その他の子育て支援サービスに関する情報を集約し，及び蓄積するとともに，それらをデータベース化すること等により，子育て支援サービスに関する情報の一元化を図ること。(2)子育て中の保護者その他サービス利用者等に対して，インターネット等を活用することにより，前号の規定により一元化された子育て支援サービスに関する情報の提供を行うこと。(3)子育て支援サービスに関するサービス利用者からの相談に応じ，当該サービス利用者が最も適切な子育て支援サービスの利用ができるよう必要な助言を行うこと。(4)前号の助言を受けたサービス利用者から求めがあった場合において，必要に応じて，子育て支援サービスの利用についてあっせん又は調整を行うとともに，子育て支援サービスを提供する機関（以下「サービス提供機関」という。）に対し，当該サービス利用者の利用の要請を行うこと。(5)サービス提供機関との連絡及び調整を行うこと。(6)子育て中の保護者相互及び当該保護者の世代と他の世代との交流その他の子育てを行う家庭に対する支援活動の企画及び調整を行うこと。(7)前各号に掲げるもののほか，子育てコーディネート事業を円滑に実施するための諸業務を行うこと。	子育て支援総合コーディネート事業（以下「事業」という。）は，コーディネーターを配置するものとし，次の各号に掲げる業務を実施するものとする。(1)地域において実施されている乳幼児健康支援一時預かり事業，一時保育事業，地域子育て支援センター事業及び民間団体が実施する子育て支援事業をはじめとする各種の子育て支援サービス情報を集約，蓄積し，その収集した情報をデーターベース化するなど一元化を図ること。(2)子育て中の親等のサービス利用者にインターネット等を活用した情報提供を行うこと。(3)子育て支援サービス情報に関する利用者からの相談に応じ，助言を行うとともに，必要に応じて子育て支援サービスを提供する実施機関（以下「子育てサービス提供機関」という。）からのサービス提供に係る利用の援助，あっせん等を行うこと。(4)子育て支援サービス提供機関との連携及び調整並びに地域における保健・医療・福祉の行政機関，児童委員，教育委員会，医療機関，学校，警察，特定非営利活動法人等の関係機関・団体等と連携し，本事業を円滑かつ効果的に行うこと。(5)その他事業を円滑に実施するための業務。

第 1 章　子育て支援コーディネートの変遷

資格要件	コーディネーターは、保健師、看護師、保育士その他の子育て支援に関する知識、能力及び相談援助の技術を有し、及び地域の子育て事情に精通していると認められる者とする。	コーディネーターは、保健師、保育士又は長年子育て支援に携わった者など、子育て支援に関する知識・能力及び相談援助の技術を有するとともに、地域の子育て事業に精通していると認められる者をもって充てるものとする。
	野　津　町	大　津　町
	平成16年4月8日要綱第6号	平成17年4月1日要綱第12号
目的	本事業は、保健、医療、福祉、教育等の分野で提供している子育て支援サービス情報を一元的に把握する「子育て支援総合コーディネーター」を配置し、インターネット等を活用したサービス利用者への情報提供、サービス調整、利用援助等の支援及び利用者のニーズやサービスの利用状況調査を実施し、必要なサービスの開発等を行うことにより、利用者の利便性の向上及びサービス利用の円滑化等に資することを目的とする。	大津町における多様な子育て支援サービス情報を一元的に把握する子育て支援総合コーディネーターを配置して、インターネット等を活用したサービス利用者への情報提供、ケースマネジメント及び利用援助等の支援を行うことにより、利用者の利便性の向上及びサービス利用の円滑化を図り、町子育て支援事業推進のための基盤整備を促進する事を目的とする。
内容	業務　子育て支援総合コーディネーターは、次に掲げる業務を行うこととする。(ア)地域で実施している保健、福祉、教育、医療等の分野で提供している子育て支援サービスや民間団体が実施する子育て支援事業等の情報を集約、蓄積し、その収集した情報をデーターベース化する等、一元化を図ること。(イ)子育て中の親等のサービス利用者等にインターネット等を活用した情報提供を行うこと。(ウ)子育て中の保護者等のニーズやサービスの利用状況調査を実施し、必要なサービスメニューの開発等を行うこと。(エ)子育て支援サービス情報に関する利用者からの相談(育児不安等についての相談指導とは異なるものである。)に応じ、助言を行うとともに、必要に応じて子育て支援サービスを提供する実施機関(以下「子育て支援サービス提供機関」という。)からのサービス提供に係る利用の援助、あっせん等を行うこと。(オ)子育て支援サービス提供機関との連絡及び調整を行うこと。(カ)その他事業を円滑に実施するための庶業務を行うこと。	子育て支援総合コーディネーターは、次に掲げる業務を行うこととする。(ア)地域において実施されている乳幼児健康支援一時預かり事業、一時保育事業、地域子育て支援センター事業及び民間団体が実施する子育て支援事業をはじめとする各種の子育て支援サービス情報を集約、蓄積し、その収集した情報をデーターベース化するなど一元化を図る。(イ)子育て中の親等のサービス利用者等にインターネット等を活用した情報提供を行う。(ウ)子育て支援サービス情報に関する利用者からの相談に応じ、助言を行うとともに、必要に応じて子育て支援サービスを提供する実施機関(以下「子育て支援サービス提供機関」という。)からのサービス提供に係る利用の援助、あっせん等を行う。(エ)子育て支援サービス提供機関との連絡及び調整を行う。(オ)その他事業を円滑に実施するための諸業務を行う。
資格要件	子育て支援総合コーディネーターは、子育て支援に関する知識・能力や相談援助の技術を有するとともに、地域の子育て事情に精通している者が充てられるものとする。必ずしも保健師、保育士等の有資格者に限られるものではない。	子育て支援総合コーディネーターは、保健師、保育士や長年子育て支援に携わつた者など、子育て支援に関する知識・能力や相談援助の技術を有するとともに、地域の子育て事業に精通していると認められる者をもって充てるものとする。

35

	佐 野 市	野 田 市
	平成17年3月28日告示第214号	平成17年6月16日告示第88号
目的	この告示は，子育て支援サービスの利便性の向上及び利用の円滑化を図る子育て支援総合コーディネート事業（以下「事業」という。）の実施に関し必要な事項を定めるものとする。	この要綱は，本市における多様な子育て支援サービスに関する情報を一元的に把握する子育て支援総合コーディネーター（以下「コーディネーター」という。）を配置して，子育て支援サービスを利用し，又は利用しようとする保護者（以下「利用者」という。）に対する情報提供，ケースマネジメント及び子育て支援サービスの利用援助等の支援を行うことにより，利用者の利便性の向上及び子育て支援サービスの利用の円滑化等を図り，もって子育て支援体制の充実に資することを目的とする。
内容	コーディネーターは，市における多様な子育て支援サービス情報を一元的に把握するために，次に掲げる業務を行う。(1)ファミリー・サポート・センター事業，一時保育事業，地域子育て支援センター事業，民間団体が実施する子育て支援事業その他の子育て支援サービスに関する情報を集約し，及び蓄積し，その収集した情報をデータベース化すること等により一元化を図ること。(2)子育て中の親等のサービス利用者等にインターネット等を活用した情報提供を行うこと。(3)子育て支援サービス情報に関する利用者からの相談に応じ，助言を行うとともに，必要に応じて子育て支援サービスを提供する実施機関（以下「子育て支援サービス提供機関」という。）からのサービス提供に係る利用の援助，あっせん等を行うこと。(4)子育て支援サービス提供機関との連絡及び調整を行うこと。(5)前各号に掲げるもののほか，事業を円滑に実施するための業務を行うこと。	本事業において，コーディネーターが提供する支援は，次に掲げるものとする。(1)利用者に対して，市が実施する子育て支援事業及び民間団体が実施する子育て支援に関する事業をはじめとする子育て支援サービスに関する情報提供をインターネットを通じて行う支援。(2)子育て支援サービスに関する利用者からの相談に応じ，当該利用者が最も適した子育て支援サービスの利用ができるよう必要な助言を行う支援。(3)前号の助言を受けた利用者から求めがあった場合において，必要に応じて，子育て支援サービスの利用についてのあっせん又は調整を行うとともに，子育て支援サービスを提供する機関（以下「サービス提供機関」という。）に対し，当該利用者の利用の要請を行う支援。
資格要件	コーディネーターは，保健師，保育士又は長年子育て支援に携わった者で，子育て支援に関する知識及び能力又は相談援助の技術を有し，地域の子育て事情に精通していると認められる者とする。	コーディネーターは，保健師，保育士，長年子育て支援に携わった者等子育て支援に関する知識，能力及び相談援助の技術を有するとともに，地域の子育て事情に精通していると認められる者とする。

第1章　子育て支援コーディネートの変遷

	高根沢町	鈴鹿市
	平成19年4月16日教委告示第6号	改正平成21年7月17日告示第187号，平成23年6月30日告示第179号
目的	この要綱は，高根沢町における子育て支援サービスに関する情報を一元的に把握する子育て支援総合コーディネーター（以下「コーディネーター」という。）を配置し，子育て支援サービスの利用者への情報提供，ケースマネジメント及び利用援助等の支援を行うことにより，利用者の利便性の向上に資することを目的とする。	本市における多様な子育て支援に係るサービスの円滑な利活用を図るため，子育て支援総合コーディネート事業（以下「コーディネート事業」という。）を実施し，子育て支援サービス及び制度（以下「サービス等」という。）の利用者への情報提供，ケースマネジメント，利用援助等の総合的支援を行い，利用者の利便性の向上等に資することを目的とする。
内容	子育て支援総合コーディネート事業（以下「事業」という。）は，コーディネーターを配置し，次に掲げる業務を行うものとする。(1)地域で実施している子育て支援事業や，支援サービス情報を集約，蓄積し，その収集した情報をデータベース化すること。(2)子育て中の親などサービス利用者に，インターネット等を活用した情報提供を行うこと。(3)子育て支援サービス情報に関する利用者からの相談に応じて，助言を行うとともに，必要に応じて子育て支援サービスを提供する実施機関（以下「子育て支援サービス提供機関」という。）からの，サービス利用の援助や斡旋を行うこと。(4)本事業を円滑かつ効果的に行うために，子育て支援サービス提供機関との調整を行うこと。	コーディネート事業は，前条の目的を達成するため，次に掲げる事業を行うものとする。(1)乳幼児健康支援一時預かり事業，一時預かり事業，つどいの広場事業，民間団体が実施する子育て支援事業その他のサービスに係る情報の集約。(2)子育て中の保護者その他サービス等の利用者への情報提供及び助言。(3)サービス等を提供する実施機関との連絡調整及びサービス等の利用に係る援助，あっせん等。(4)保健・医療・福祉の行政機関，児童委員，教育委員会，医療機関，学校，警察，特定非営利活動法人その他の関係機関及び団体との連携。(5)前各号に掲げるもののほか，市長が必要と認めた事業。
資格要件	教育長は，保健師，保育士又は長年子育てに携わったものなど，子育て支援に関する知識・能力及び相談援助の技術を有し，地域の子育て事業に精通していると認められるものをもって，コーディネーターに充てるものとする。	コーディネーターは，保健師，保育士，長年子育て支援に携わった者等，子育て支援に関する知識及び能力並びに相談援助の技術を有するとともに，地域の子育て事業に精通していると市長が認める者をもって充てる。

が見失われ（つまり，社会福祉士の必要性が見失われ），ケースマネジメントの機能の必要性も徐々に曖昧になっていった。子育て支援コーディネートは「改正児童福祉法に位置付ける」とされただけで，中身は形骸化し，次世代育成支援人材養成事業が創設されたが，利用者と子育て支援サービスをつなぐために最も必要であったケースマネジメントに関する記述は抜け落ちた。

　さらに，2015（平成27）年度から本格実施となった子ども・子育て支援新制度では利用者支援事業を新たに創設し，事業としてすべての市町村で子育て支援コーディネートを実施していくことになった。しかし，利用者支援事業実施

に向けて行われてきた会議では，ケースマネジメントなどの理論的枠組みを用いた十分な議論が行われているとは言えず，またしても子育て支援コーディネートはうまく機能しないままになることが懸念される状態である。

　前身事業である子育て支援総合コーディネート事業では，実施主体である市町村の子育て支援総合コーディネート事業実施要項（表1-2）において，目的ではケースマネジメントの機能の必要性が記されていることが多いが，実施内容は「情報の一元化」レベルにとどまる内容であり，目的を達成するための具体的な事業のあり方に関するイメージがなかったことがわかる。

　これらの資料から読み取れる今後の課題は大きく2点になる。

　まず，1点目は，子育て支援コーディネートはどのような機能をもつ必要があるのか，理論的枠組みを明確にする必要があるということである。そのため第1章では，子育て支援コーディネートの変遷について述べながら，ケースマネジメントによる子育て支援コーディネートの必要性を示唆した。しかし，ケースマネジメントによる子育て支援コーディネートの必要性を明確にするためには，理論的な枠組みを用いてその理由を説明する必要がある。

　2点目は，子育て支援コーディネートを担うにふさわしい人材の確保（社会福祉士の採用等）を行う必要があるということである。1点目に関連するが，子育て支援コーディネートの理論的枠組みが明らかになれば，その役割にふさわしい専門性を兼ね備えた人材が自ずと明白になるであろう。

　そこで，次の第2章では，子育て支援コーディネートが円滑に実施されるために必要な理論的枠組みについて述べる。

第2章
ケースマネジメントによる子育て支援コーディネートとは

　第2章では，ケースマネジメントによる子育て支援コーディネートの理論的枠組みの明確化を試みる。

　第1章で述べたように，子育て支援総合コーディネート事業は，事業創設当初，子育て支援にケースマネジメントの導入を試みた画期的な施策であった。しかし，誰が，どのような方法で，何を目的に，どのような環境やシステムの中でケースマネジメントによる子育て支援コーディネートを実施していくのかが具体的にされていなかったため，子育て支援総合コーディネート事業は，事業創設当初の趣旨や方法が理解されず，浸透しなかったという経緯がある（第1章）。

　ケースマネジメントは，生活上の問題があり，何らかの援助を必要としているにも関わらず，自身に必要なサービスなどの資源を見つけ出して利用することが困難な人を必要な資源につなぐ，理論的な方法である。よって，子育て支援サービスを必要としているすべての人に対し，ケースマネジメントを用いた相談援助を実施することで，支援の漏れをなくすことができると考えた。

　そこで本章では，ケースマネジメントについて概観し，ケースマネジメントによる子育て支援コーディネートの必要性について検証する。その際には，ケースマネジメントだけでなく，コーディネーションや情報提供といった，他の利用者と資源をつなぐ方法についても示し，それらとケースマネジメントの機能等の違いについて比較・検討することで，ケースマネジメントの理論を採用する必要性について明らかにしたい。

　ただし，ケースマネジメントは一般的な援助のプロセスや機能はあるが，実施分野や対象によって，方法や求められる知識にかなりの幅があり，一律ではない（Intagliata, 1982）。なぜなら，ケースマネジメントはその目的を達成するた

めにあらゆる方法を用いるという特性があるからである。そして，元来ケースマネジメントは精神障害者など，生活上の問題が顕在化している利用者を援助の対象として発展してきたものである（Rubin, 1987；Rose, 1992）。そのため，主に生活上の問題の「予防」を目的とする子育て支援コーディネートの場合，その方法は，従来の一般的なケースマネジメントの援助プロセスや方法とも異なる部分があると推測される。そこで，岡村（1974）の予防的社会福祉の概念からヒントを得て，「予防」におけるケースマネジメントの役割や機能について示したい。岡村はわが国特有のソーシャルワーク理論として，いわゆる岡村理論（岡村, 1957；岡村, 1963；岡村, 1983）を提唱したことで有名であるが，これはソーシャルワークの中でも非常にケースマネジメントと近い理論である。この中で岡村は，本来社会福祉は問題が顕在化する前の段階，つまり予防段階から介入することで人々が社会の中で幸福に生活できるように援助する必要があると述べている。そして，そもそも予防とは何かということを明確にしようと試み，それにのっとって各予防の段階における援助の在り方について詳細に示している。そのため岡村の予防段階における援助の考え方を元来のケースマネジメントの援助プロセスや方法にあてはめてみることで子育て支援コーディネートの理論的枠組みを示すことができると考えた。

そして本章におけるもう1つの大きな課題は誰が子育て支援コーディネーターとなるべきかを理論的に示すことである。

本書では，子育て支援コーディネーターには，ケースマネジメントを担うのに必要な価値・技術・知識をもち合わせていると考えられるソーシャルワーカー（Intagliata, 1982；National Association of Social Workers, 1987；芝野，2002）がふさわしいと考える。ソーシャルワークの歴史の中で，ケースマネジメントという用語こそ使用されていなかったものの（Frankel & Gelman, 2004），実際には，ソーシャルワーカーによってケースマネジメントにあたる実践が行われていたという経緯もある（National Association of Social Workers, 1987）。特に，ソーシャルワークの中のケースワークは，援助対象を個人としている点において，ケースマネジメントと似通っている（ケースワークとケースマネジメントの関係については，後に詳しく述べる）。

しかしながら，第1章で示したように，現状としては，ソーシャルワーカー

である社会福祉士よりも保育士資格や保健師資格が子育て支援コーディネーター採用の要件になっている（中川，2011；本書表1-2）。そこで，社会福祉士と他職種の専門性の相違点について示し，子育て支援コーディネートを社会福祉士が担う意義について示す。

1　ケースマネジメント

ケースマネジメントの起源

　ケースマネジメントは，1960年代に米国で生まれた対人援助を行うための理論的な方法である（Intagliata, 1982）。当時，米国では地域の福祉サービスが量的に拡充し始めていたが，サービスは複雑でわかりにくいうえに，内容が重複していた。そして，利用者が必要なサービスに辿り着くためのシステムが整理されていなかった（Intagliata, 1982；副田，1995）。このような社会的な状況であったにも関わらず，例えば，精神障害者は，向精神薬の発見によって医学的に症状が安定したため，施設で受けていたサービスを利用しながら，地域でよりよい暮らしができるようになると考えられ病院を出て地域社会で生活することになっていった（Rubin, 1987）。確かに地域の中に精神障害者が必要とするようなサービスは準備されつつあったが，結果的にはうまく地域の中で必要なサービスを利用しながら病院にいたときよりもよい生活を送ることができなかった。なぜなら，精神障害者は，長い間施設で必要なサービスを受動的に提供されていたため，地域にある複雑なサービスを能動的に組み合わせて利用する力をもっていなかったのである（Intagliata, 1982）。

　このようにサービスがあっても必要な人がうまく利用できないという問題を解決するために，1970年代初期に連邦政府保健教育福祉省（Department of Health, Education and Welfare）は，サービス統合プロジェクトを実施し，その中で利用者が必要なサービスを利用できるようにするための施策を検討した。その結果，利用者の立場に立って利用者の社会生活全体をマネジメントするケースマネジメントが開発されたのである（Rubin, 1987）。

ケースマネジメントの定義，目的，役割および援助における重要な視点

　ケースマネジメントについてRubin (1987) は，「複雑で重複した問題や障害をもつクライエントが，適時・適切な方法で必要とするすべてのサービスを利用できるよう保証することを試みるサービス提供の一方法」(Rubin 1987＝1997：17) と定義している。一般的にケースマネジメントを行う人はケースマネージャーと呼ばれる。

　多くの場合，人が抱える生活上の問題は単一ではなく，複雑に絡み合っていて，しかも刻一刻と変化する。そのためケースマネジメントは人の複雑で移り変わる生活上の問題に対してタイミングよく応えていくこと (Rose & Moore, 1995) で利用者のニーズを満たす対人援助の方法として発展してきた。また，ケースマネジメントは，利用者の生活ニーズに応えるという目的を達成していくために，時には利用者に提供されている既存のサービスが，より利用者のニーズに合ったサービスとなるように，サービス提供者に働きかけるという重要な役割も担っている (Austin, 1983)。

　ケースマネージャーが以上のような目的をもってその役割を果たすためには，援助における「視点」が非常に重要になる (Rose, 1992；Rose & Moore, 1995)。

　米国においてケースマネジメントは，生活上の問題を抱えており，援助を必要としている人に対して必要なサービスに確実につなぐための援助方法として根付いていく中で，「ニーズ指向アプローチ」と「サービス指向アプローチ」に分かれていった (Austin, 1990)。「ニーズ指向アプローチ」は，利用者の視点に立って援助するアプローチ方法であり，利用者に対して責任を果たすことを目的とする (Austin, 1990)。一方，「サービス指向アプローチ」は，サービス提供者側の視点に立ったアプローチ方法であり，ケースマネージャーはゲートキーパーとして費用の抑制をする役割を果たす (Austin, 1990)。

　本来，ケースマネジメントは利用者が必要な資源を確実に利用できるように利用者の視点に立って援助する対人援助技術であり，ケースマネージャーは「利用者の代理人」として，利用者を支えることに「価値」を置かなければならない (National Association of Social Workers, 1987)。これに対して，「サービス指向アプローチ」は「利用者の代理人」から「サービス提供者の代理人」へと援助の「視点」を変えている。利用者の視点に立って援助することは，ケースマ

ネジメントに欠かせない「価値」であり，その価値を捨てた時点で，ケースマネジメントではない（American Hospital Association, 1987）。だが米国では，サービス提供者側に利益があるという理由で（Loomis, 1988），プライマリー・ケアの医師を助けるために，「ケースマネージャー」と称される人々が「サービス提供者の代理人」として働いている実態があり（American Hospital Association, 1987；Rubin, 1987；Loomis, 1988），「サービス指向アプローチ」は発展した（Loomis, 1988）。このような状態は，ケースマネジメントの存在意義についての混乱を招く結果となっている（American Hospital Association, 1987）。

　Rose & Moore（1995）は，ケースマネジメントとは何かを明確にするために，ケースマネジメントを「クライエント・ドリブンモデル」（Client-Driven Models）と「プロバイダー・ドリブンモデル」（Provider-Driven Models）に分類し，両モデルの援助視点や援助プロセスの違いを表にして示した（表2-1）。

　表2-1をみると，両ケースマネジメントモデルは，アセスメント，プランニング，リンキング，モニタリングと，同じような援助プロセスを辿っているようにみえても，援助における「視点」が異なるため，援助の目的や役割が大きく異なっていることがわかる。Rose & Moore（1995）は，このように両モデルの違いを明確に記したうえで，ケースマネジメントは，クライエント・ドリブンモデルであり，プロバイダー・ドリブンモデルはケースマネジメントではないと指摘した。

　したがって，以後，本書でケースマネジメントと記す場合，Rose & Moore（1995）のクライエント・ドリブンモデルを指す。

ケースマネジメントの援助プロセスと機能

　ケースマネジメントの援助プロセスや機能は一律ではなく，対象や分野によって非常に多彩である。しかしながら，どのモデルでも必ずプロセスの中に組み込まれている重要な機能がある。それは「つなぐ」という機能である（Intagliata, 1982）。Rubin（1987）が，ケースマネジメントは「つなぐ」（linkage）ためにあらゆる方法を用い，利用者のニーズを満たす対人援助技術であると述べているように，「つなぐ」ことこそがケースマネジメントの中心的機能である。いかにしてつなぐのか，対象や分野ごとに援助プロセスとその機能に異なる部

表2-1 ケースマネジメントにおけるクライエント・ドリブンモデルとプロバイダー・ドリブンモデルの違い

ケースマネジメントの特徴	クライエント・ドリブンモデル（利用者中心モデル）	プロバイダー・ドリブンモデル（サービス提供者中心モデル）
利用者の基本的な位置づけ	利用者は抱える課題に対して主体者として，考え，動く。	利用者はサービス提供者に働きかけられる客体者である。
ケースマネージャーが利用者を捉える視点	利用者のもっているストレングスを見つけ出し，高める。	利用者の抱える病理（問題）を見つけ出し，管理する。
ケースマネージャーが試みること	積極的な参加，欠点の見方を変える（ポジティブな捉え方ができるようにする），めざすべき方向性を見出す。	（利用者を）従わせる，サービス内容に適応させる。
ケースマネジメントの目標	よい方向に向かうようにする，計画を実行していく，利用者自身が自信をもてるようにする。	サービスがより多く利用されるようになる。利用者がサービス提供者側から期待される利用者としての役割行動を遂行できるようになる。
ニーズのアセスメント	利用者自身が考えているめざすべき方向性や目標から生成する。	サービス提供者側が定めた用意されているサービスの中から生成する。
リンキング	資源はコミュニティ全体から探してつなぐ。とくにインフォーマルなサービスにつなぐことに力点が置かれる。	既存のサービスの紹介。フォーマルな制度につなぐ。
モニタリング	（利用者とケースマネージャーは）今のサービスがうまく提供されているか一緒に確認する。	治療（サービス）プランに沿ってサービスを提供しているか確認する。
評価	自律性を高めているか。社会的な問題はないか。利用者の自信を高めているか。インフォーマルなネットワークを活用できているか。	サービスの利用単位は増加しているか。入院日数は減らすことができているか。利用者が利用者としての役割に従っているか。
援助の焦点	援助の目標に到達するためのストレングスと障害を特定する。ソーシャルネットワークを発展させること。利用者に対して臨床的に決めつけるような判断をしたり軽視したりするようなことがないようにする。1つ1つのサービスシステムが真にサービスになっているか，利用者にとって障壁になっていないかアセスメントする。	問題を特定し，サービスにつなぐ。利用者が利用者としての規約を守り，ふるまえるようにすること。利用者の行動や現在の機能の状態，家族との関係性，予約を守っているかに留意する。

出所：Rose, S. M. & Moose, R. H. (1995) Case Management, *Encyclopedia of Social Work*, NASW, 335-340.
を筆者・知念奈美子訳。

分はあるが，一般的なケースマネジメントの援助プロセスとその機能について説明し，その後，プロセスには組み込まれないが，重要なケースマネジメントの機能について整理する。

ケースマネジメントの援助プロセスは，Rubin（1987）によると，一般的に①アセスメント，②プランニング，③リンキング，④モニタリングまでを行い，必要があればプランの変更を行う，といったプロセスで成り立っている。

以下，それぞれの援助プロセスの機能について，Rubin（1987）の記述を要約する。

① アセスメント

アセスメントの段階においてケースマネージャーは，利用者の現状（強みと弱み）を把握し，利用者の刻一刻と変化するニーズを包括的に把握し続けることが期待されている。利用者の情報が常に包括的で最新であるために，つなぐ先のサービス提供者と密接に協働する必要がある。また，利用者のニーズの変化を観察するために，利用者と定期的に会う必要がある。アセスメントでは，自然発生的な支援ネットワークやインフォーマルな資源といった，利用者が現在及び潜在的に活用できる支援についても繰り返し評価する。

② プランニング

プランニングの段階においてケースマネージャーは，利用者のニーズを包括的に把握したうえで，ケース計画を立案することが期待される。その計画には，様々な場合を想定して，利用者が必要とするかもしれないというサービス内容も含むべきである。

また，プランニングでは以前から提供されているサービスを継続して利用できるようにすることや，インフォーマルな資源につなぐことにも焦点を当てて計画を立てる必要がある。

ケースマネージャーはケース計画を的確に実施するために，地域のサービスについての情報をもたなければならない。また，サービス提供機関に利用者がそのサービスを利用することによって得られる利益や目的について説明することが必要である。

③ リンキング

リンキングの段階でケースマネージャーは，利用者のニーズを充足するため

に，利用者とサービスをつなぐことが期待されている。リンキングは，単に既存のサービスにつなぐことだけを指すのではなく，インフォーマルな資源（家族，友人，近隣住民など）につなぐことを含む。またつなぐ先のサービス提供者の都合で利用者にとって必要なサービスが利用できない場合がある。そのような場合に利用者に代わってサービスが利用できるように交渉するなどといった機能も含まれている。このため，ケースマネージャーはつなぐ先のサービス提供者と信頼関係を確立・維持する必要がある。

　一方，リンキングの障壁は，サービス提供者側のサービス提供体制だけにあるのではなく，利用者側にあることもある。例えば，真に利用者にとって必要な援助やサービスを利用できる状況であっても，利用者が援助を拒否したり，サービス提供者から逃避することがある。そのため，ケース計画を実施する際には，利用者が必要なサービスを利用できるように，適切な情緒的，実質的な支援も行う。しかしながら，ケースマネージャーは必要なサービスを拒否する利用者の権利も尊重しなければならない。なぜならば，最終的に何が必要かを決めるのは利用者自身だからである。そしてケースマネージャーは利用者が確実に必要な資源を利用できるように責任を持つという特徴があるため，もし必要なサービスがない場合は，一時的にケースマネージャー自ら必要な資源の役割を担うことも求められる。

④　モニタリング

　モニタリングの段階においてケースマネージャーは，利用者がつないだ先の援助をうまく利用できているかを継続的にチェックすることで，利用者の生活がうまくいくことを保障する必要がある。具体的には定期的に利用者及びつないだ先のサービス提供者に継続的に会うなどして，何か問題はないかを見極める。

　このように利用者と継続的に会うことは，援助のフィードバックの質を高め，利用者とケースマネージャーの関係をよりよいものにするという効果がある。そしてつなぐ先のサービス提供者と定期的に接触を続けることは，サービス提供者との関係を良好にし，ひいてはサービス提供者に対するケースマネージャーの影響力を改善していくことにつながる。

　また，ケースマネージャーはモニタリングによってケース計画で立てた目標，

第2章　ケースマネジメントによる子育て支援コーディネートとは

図2-1　ケースマネジメントのモデル

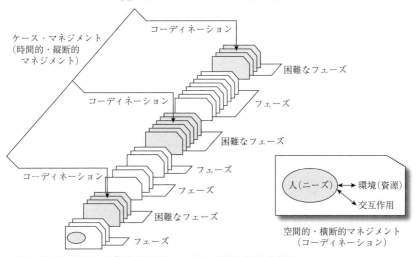

出所：芝野松次郎（2002）『社会福祉実践モデル開発の理論と実際』有斐閣, 112。

の進捗状況を記録することで，得られた情報を再アセスメントしたり，新しい計画，リンキングに生かすことができる。

　ケースマネージャーは，以上の基本的な援助プロセスによって，利用者が必要な資源を利用できるように援助する。芝野（2002）はこのケースマネジメントの援助プロセスについて，時間軸を加えてわかりやすく示した。

　芝野（2002）が作成した図2-1では，複数のカードが連なって並べられている。この1枚1枚のカードには，利用者のその時の社会関係が記されている。人の社会関係は一定ではなく，時間とともに変化する性質を持つため（岡村, 1983；Rubin, 1987），利用者の社会関係を記したカードは時系列的に並べられているのである。

　普段，人は自らの力で社会関係を調整し，生活上の問題が起こらないようにしており，これをセルフ・コーディネーション（芝野, 2002）という。しかし，セルフ・コーディネーションがうまくできなくなる時があり，その時はコーディネーションをしてくれる専門職の力が必要となる（芝野, 2002：113）。芝野（2002）は，コーディネーションが必要な時期を「困難なフェーズ」とし，そのまとまりを図2-1ではグレーで示している。いずれ，人は困難なフェーズか

ら抜け出し，セルフ・コーディネーションによって，うまく生活することができる。その時期は，専門職の介入を必要としないため，一旦，援助を終結する。しかし，再びセルフ・コーディネーションが困難な時が来れば，その時にまた専門職が介入する。

　つまり，芝野 (2002：110) のいう「長期的な援助」というのは，常にケースマネージャーが利用者に対して介入し続けることを指しているのではなく，セルフ・コーディネーションが難しい時期（フェーズ）のみ，利用者のセルフ・コーディネーションを補う形で援助することを指す。

　このようなアプローチの仕方を，芝野 (2002) は「プロセティック・アプローチ」と呼び，何等かの事情によって生活がうまくいかなくなったときに，利用者の生活において必要であるが，その時点において充足できていない部分のみを補綴し，それによって利用者のコンピテンスを高める援助をする必要があるとした。

　さらに，芝野 (2002) は，ケースマネジメントとコーディネーションの違いについても言及し，コーディネーションは，1つの「困難なフェーズ」にのみ関わる「一時的・断片的」な援助であるが，ケースマネジメントは，何段階ものフェーズを超えた「時間的・横断的」な援助であると説明している。ケースマネージャーは利用者が介入を必要としない時期の状況も含めた長期的な視点によって，「困難なフェーズ」の問題を捉えるため，単に断片的な援助を繰返しているのではなく，直接的に介入しない時期も含め，援助をしている (Intagliata, 1982；芝野，2002)。

　本来，ケースマネジメントにみられる一連の援助プロセスは，人が生活する中で自ら行っているものでもある。したがって，ケースマネージャーはこの援助プロセスを通じて，利用者が自身のケースマネージャーになれるように，利用者に援助過程をわかりやすく示す必要がある (Harris & Bergman, 1987)。

　次に，プロセスには組み込まれないが，重要であるケースマネジメントの機能として，①アウトリーチ，②直接的サービス（ケア），③アドボカシー，④危機介入について説明する。

　まず①アウトリーチは，サービスが必要な利用者を早期に発見する機能であるが，ケースマネジメントの援助プロセスとは別の機能と捉えられている (Rubin, 1987)。ケースマネージャーにもアウトリーチをすることが期待されているが (Rubin, 1987)，ケースマネージャーは24時間地域で生活しているわけではないため，ケースマネージャーだけですべての利用者を自力で発見することは難しい（白澤，1992：44）。そこで，地域の様々なサービス提供機関と協働し，サービスを提供すべき利用者を発見する必要がある。アウトリーチは，一般的に粘り強く，かつ積極的に行わなければならず，家庭訪問を含む (Rubin, 1987)。

次に②直接的サービス（ケア）について述べる。本来，直接的サービスは専門分業制度によって提供されるべきサービスである（岡村，1974）。しかし，専門分業制度が利用者に必要な直接的サービスを提供していないことがある。その場合，ケースマネージャーは，利用者の生活に「責任」をもつために，専門分業制度に代わって直接的サービス（ケア）を行う必要がある (Rubin, 1987)。

③アドボカシー（代弁的機能）は，利用者が必要な形で必要なサービスを利用できるように利用者とともに交渉し，援助することである (Intagliata, 1982)。専門分業制度による直接的サービスは，利用者のニーズに十分応えきれていないものも多い。また，利用者にとって丁度よいサービスがあっても，サービス提供者側の都合によって，利用できないこともある。このような場合，ケースマネージャーは，利用者が必要な援助を受けられるようにアドボカシーを行う。しかしながら，この機能は，ケースマネジメントの重要な機能の１つではあるものの，ケースマネージャーのみに委ねられる機能ではなく，ケースマネージャーが所属する機関やスーパーバイザーなどと，協力して担っていく必要がある (Intagliata, 1982)。

ケースマネージャーは④危機介入も行う。しかし，その方法はセラピストの役割を担ったり，その他の直接的サービスを提供することではなく，代わりに利用者を必要なサービスにつなぐことである (Intagliata, 1982)。

このようにケースマネジメントは，利用者と資源（サービス）をつなぐために必要に応じて様々な機能を担い，確実に利用者のニーズが満たされるようにする対人援助技術なのである (Intagliata, 1982；Rubin, 1987；Holt, 2000 など)。

ケースマネージャーが以上のような機能をもつために第一に必要なことは，利用者と信頼関係を築くことである (Harris & Bergman, 1987；Libassi, 1988；Kisthardt & Rapp, 1992 など)。Kisthardt & Rapp (1992) は，利用者に対してはじめ

に①ケースマネジメントの援助プロセス，②ケースマネジメントの効果を説明することで，信頼を得ることができると述べている。

最後に抑えておくべき重要なことがある。ケースマネジメントは，利用者がその時点で生活において不足している部分を補うものであり，利用者がもっている力は最大限活用する必要があるということである（芝野，2002）。利用者が必要としていない過剰な援助を行うことは，利用者のもつ生活における力を奪うことになり，それは望ましいケースマネジメントの姿ではない。

ケースマネジメントを担う専門職と学歴

本書では，ケースマネジメントを担うべき専門職をソーシャルワーカーと位置付けているが，実際にケースマネジメントを担っている専門職は様々である。

Holt（2000）は，長年ケースマネジメントプログラムの計画・実施・管理やケースマネジメントの研究に携わってきた経緯から，ケースマネージャーとなるべき専門職は単一ではないと述べている。その理由としてHolt（2000）は，優れたケースマネージャーになるには，取り組みや熱心さによるところが大きく，専門職としての必要性には曖昧さが残るからであると結論付けている。おそらく，このような見解を反映して，米国においてケースマネージャーは特定の専門分野やそれに伴う資格，養成課程をもっていない（伊藤，1991）のではないだろうか。

しかし，熱心さが必要条件であったとしても，十分条件ではないだろう。先にみてきたようにケースマネジメントは非常に複雑で専門的な援助の方法である。このような方法を用いて利用者のニーズに適切に応えるためには専門的技術が欠かせない（Rubin, 1987）。全米ソーシャルワーカー協会（1987）は，「唯一専門ソーシャルワーカーこそがケースマネジメント・サービスを提供・管理するのに求められる厳正な教育や研修を受けている」と提言している。

ただし，Rose（1992）は，もし社会福祉学修士（MSW）や社会福祉学学士（BSW）の学位をもつケースマネージャーがクライエント・ドリブンモデルとしてのケースマネジメントの実施を重視しないのであれば，その役割は看護師，教育年数が低い人，あるいは研修を受けていないスタッフにとって代わられてしまうだろうと指摘している。つまり，Rose（1992）は，ケースマネージャー

に必要なのは，技術や知識もさることながら，実践における専門職としての価値や視点であり，その部分が抜け落ちてしまうのであれば，ソーシャルワーカーは，優れたケースマネージャーになり得ないということを指摘している。この価値・態度の代表的なものとして，「バイスティックの7原則」(Biestek, 1957)がある。現場の業務の中で，いかにクライエント・ドリブンな視点を保ち続けることができるかは，技術や知識の修得以上に専門性の問われるところであるということを Rose (1992) は，鋭く指摘しているといえる。

したがって，本書ではケースマネージャーには，ソーシャルワークの価値・知識・技術を備えたソーシャルワーカーが適任であると考え，ケースマネージャーはソーシャルワーカーであるとの見解をもって論を進める。

次にケースマネージャーの学歴について述べる。ケースマネージャーの学歴は高卒者から博士号取得者まで様々であるが，一般的には大卒者である (Rubin, 1987)。ケースマネージャーの学歴に関して，学士では不十分であるという説と，逆にソーシャルワーク修士などの高度な教育を受けた専門職が担うことの方がうまくいかないという2つの説がある (Rubin, 1987)。

学歴の高いケースマネージャーが敬遠されるのは，①一見雑用と思われる仕事（送迎や買い物など）に耐えられず，バーンアウトしやすい，②①のような仕事を嫌い，本来の利用者が必要としている資源につなぐ役割ではなく，カウンセリングなど他の専門分業制度の役割を担おうとすることがあるためである (Intagliata, 1982) といわれている。

しかしながら，ケースマネージャーには高度なソーシャルワークの技術や知識が必要とされるため，学歴の高いケースマネージャーがクライエント・ドリブンな視点をもってケースマネジメントにあたることが必要なのではないだろうか。そのためには，学歴の高いケースマネージャーが一見雑用と思われるような仕事の重要性を理解できるように教育し，学歴に見合った待遇の改善をすることなどが必要であろう。

ケースマネジメントを実施するための環境・システム

ケースマネジメントを実施するうえで重要な人的資源であるケースマネージャーが力を発揮するためには，ケースマネジメントを実施するための環境や

システムを整える必要がある (Intagliata, 1982)。以下にその具体例を示す。

① 核となる機関での実施

ケースマネージャーは，ケース計画を作成するために，地域にあるサービス提供機関・団体がどのような方針や手続きでサービスを提供しているのかについて一元化された情報を知る必要がある (Rubin, 1987)。そのため，ケースマネージャーはこのような情報を管理・維持している「核となる機関」に所属する必要がある (Intagliata, 1982；Rubin, 1987)。

この核となる機関は，ケースマネージャーとともに，ケースマネジメントの多くの構成要素の中で欠かせない2大要素である。

核となる機関に必要なのは，①サービス提供者からサービスの買い取りができること，②財源のコントロールができること，③ケースマネージャーの権力に関する法律やガイドラインのコントロールをする力をもっていることである (Intagliata, 1982)。

② ケースマネージャーの権限

ケースマネージャーがその役割を果たすためには，特別な権限と権威を割り当てる必要がある (Rubin, 1987；副田，1995)。

副田 (1995) は，ケースマネージャーが必要な権限をもてなければ，ケースマネージャーの利用者に対する責任は，個人的特性や他機関・組織のスタッフとのインフォーマルな関係によるものとなってしまうと指摘している。特に，予算執行の権限や法的権限が最も有効である (Austin, 1983；副田，1995)。

ケースマネージャーの権限を高める方法は，①ケースマネージャーが機関内や機関間での権限を行使するための方針，手続き，合意の形式や内容を確立しておく，②個々の利用者がサービスを買い取るのに必要な財源についてケースマネージャーに自由裁量権を与える，③インフォーマルな権限などの重要性に着目して，管理職やサービス提供者のケースマネージャーに対する信頼を高める，などがある。インフォーマルな権限を高めるには，事務所に専用のスペースをつくる，秘書の支援が得られるようにするなどが十分に整っていることが必要になる (Rubin, 1987)。

③ 他機関の協力

効果的なケースマネジメントシステムを構築するためには，つなぐ先のすべ

ての サ ー ビ ス 提 供 者 か ら の 協 力 を 得 る 必 要 が あ る（Intagliata, 1982；副田, 1995）。

例えば、ケースマネージャーがすべてのケースを見つけ出すことは困難である。よって、ケースマネジメントを必要とする利用者が地域で発見された場合（学校やかかりつけの病院など）、ケースマネジメント実施機関やケースマネージャーに連絡が入るシステムが整備されている必要がある（白澤, 1992：44）。

④ 適切な担当ケース数

1人のケースマネージャーが担当すべき理想的なケース数について明確にすることは容易ではない。一方で明白なのは、担当ケース数の大幅な増加はケースマネジメントの質や効果を減少させる（Intagliata, 1982）ということである。ケース数が多ければ、ケースマネージャーが一人の利用者に割り当てることのできる時間は必然的に減少し、想定される問題を様々な角度から捉えて対応しようとするのではなく、目に見えてわかりやすい問題だけに場当たり的な対応をすることになる（Rubin, 1987）。さらに、ケースマネージャーはサービスを必要としている人に対して、能動的に援助するのではなく、受動的に援助することになる。このような受動的な援助では、本来最もケースマネジメントを必要としている人々、つまりサービスを必要としているが積極的にサービスを利用できない人々に対して支援ができない。

1人のケースマネージャーが担当すべき具体的なケース数としてIntagliata (1982) は、慢性の精神科の利用者と関わる場合、25から30ケースが適当であると述べている。また、Kanter (1987) は、熟練したケースマネージャーであれば、30から40ケースを扱えると述べている。最も効率的なのは、始めは担当ケース数を少なく見積もり、うまくいけば徐々に担当ケース数を増やしていく方法である。この方法によって、そのケースマネジメントシステムにおける合理的なケース数を導きだせるようになる（Intagliata, 1982）。

なお、才村（2005：129-134）によると、大阪府の児童相談所のケースワーカー1人当たりの担当ケース数は、新規受付だけで年間225ケース（うち23ケースは虐待ケース）であり、諸外国が共通して平均20ケース程度であるのに比べて格段に多いと報告している。児童虐待防止法改正後の2005（平成17）年の調査（才村, 2007）では、わが国のケースワーカー1人あたりの担当ケース数は年間107件（うち虐待ケース37件）であり、依然児童相談所のソーシャルワーカーの置

かれる現状は厳しいといえる（才村，2007；才村，2008）。

⑤　チーム体制

個々のケースマネージャーのバーンアウトや孤立を避けるためには，チームを組んで援助にあたることが有効である（Rose, 1992）。

ただし，利用者に対する援助に責任をもつために，1人の利用者に対して1人のケースマネージャーを担当者として割り当てることが望ましい（Holt, 2000）。利用者には多様な機関や提供者（専門職）が関わるからこそ，責任の所在を明確にする必要があるのである（Holt, 2000）。

サービス提供に際して責任の所在を明確にすることで，ケースマネージャーは1人の利用者に多くの時間を費やすことになる。だが，これがケースマネージャーの役割の重要性を強調することにもなる（Rose, 1992）。

⑥　スーパービジョン体制

スーパービジョンは，ケースマネージャーが本来の役割を逸脱しないために（Intagliata, 1982），そしてバーンアウトしないために（Intagliata, 1982；Rubin, 1987）有効である。

ケースマネージャーの仕事は，孤独や無力感を感じることが多々ある。スーパービジョンは，目に見えて効果の表れにくいケースマネジメント実践において，ケースマネージャーが仕事の価値を感じることができるようにするために非常に重要である（Rubin, 1987）。スーパーバイザーからの十分な支援は，ケースマネージャーが正しい実践を行うことを励まし，バーンアウトを防ぐ（Intagliata, 1982）。そのため，スーパーバイザーは，継続的・徹底的に，ケースマネージャーの実践について話し合い，現場でケースマネージャーの仕事を観察したり，補助する必要がある（Intagliata, 1982）。

⑦　管理運営

ケースマネージャーが利用者の視点に立って援助を行えるかは，管理運営者が，いかにケースマネージャーを支援できるかにもかかっている（Rose, 1992）。管理運営を担う責任者は，組織の管理運営に関する責任に加えて，質の高い実体の伴った主導性を発揮する必要があり，この機能が欠如すると，ケースマネジメントは既存のサービス提供者の都合に従って利用者をサービスにつなぐことにとどまる援助となる（Rose, 1992）。

⑧　待　遇

National Association of Social Workers（1987）は，有資格者で研修を積んでいるソーシャルワーカーをケースマネージャーとして雇用するために，専門職として十分な給与を保障するべきであると述べている。

⑨　現任研修

Intagliata（1982）は，すべてのケースマネージャーが現任研修を受けることのできる環境を整える必要があると述べている。研修は，ケースマネージャーのもつ知識，技術，能力が広汎であると考えられるため，いくつもの教科をパッケージとして構成し，各々が必要な内容の研修を組み合わせて受けることができるようにしておくべきである。研修は「必須教科」と「選択教科」に大別される（Intagliata, 1982）。

必須教科はケースマネジメントの基本的な役割に関する事項（Intagliata, 1982）であり，選択科目は「対象の抱えやすい問題に関して」，「サービスとサービスの利用条件に関して」，「利用者の法的権利について」，「ケースマネージャーの記録の責任」などである。

研修が終了していないケースマネージャーは，経験のあるケースマネージャーより少ないケース数を担当するにとどめる必要がある。研修は長期的に行うのではなく，短期間で集中的に行うことが望ましい（Intagliata, 1982）。

⑩　定型化された用紙の作成

ケースマネージャーが確実にケースマネジメントを実行していくためには，定型化された用紙が必要である（白澤，1992）。例えば，スクリーニングの段階ではケースマネジメントを受ける必要のある利用者を選別する必要があり，スクリーニングがしやすくなるように情報を整理することのできる定型化された用紙を準備しておく必要がある（白澤，1992：48-51）。同じように，利用者がケースマネジメントを利用することが決まれば，ケースマネジメント実施機関と契約を交わす必要があり，契約書を準備しておかなければならない（白澤，1992）。

その他，アセスメント，プランニング，リンキング，モニタリングそれぞれの段階で確実に必要な記録を残せるように，定型化された用紙を準備する必要がある（白澤，1992）。

⑪　情報の一元化とデータベース化

先にも述べたように，ケースマネージャーが利用者を必要としている資源につなぐためには，地域の様々なサービスについての情報を保持する必要がある。そのため，必要な情報を一元化し，データベースを作成する必要がある（Intagliata, 1982）。

⑫　有資格者を雇用するシステム

ケースマネージャーに専門職を雇用するか否かについては様々な議論がある（Intagliata, 1982）。しかし，全米ソーシャルワーカー協会が主張するように，ケースマネジメントはソーシャルワークの中核的な機能であるため，ケースマネージャーとしてソーシャルワーカーを採用する必要があるだろう（National Association of Social Workers, 1987）。

わが国におけるケースマネジメントの導入

わが国では，高齢者福祉分野，障害者福祉分野でそれぞれ，介護保険法，障害者総合支援法が成立し，利用者をサービスにつなぐための専門職である「ケアマネージャー」がこの重要な役割を担っている。

近年，「ケースマネジメント」と「ケアマネジメント」は同義語，同概念と解釈できるとされることが多い。しかし，芝野（2002）は，わが国の「ケアマネジメント」は，既に準備された資源の中から利用者のニーズに近いサービスを提供しようとするプロバイダー・ドリブンモデルの援助（Rose & Moore, 1995）の側面があり，本来のケースマネジメントであるクライエント・ドリブンモデルではなく，厳密には同一概念でないと述べている。同じく三品（1999）も，「ケアマネジメント」という用語は定着しつつあるが，介護保険制度の手法は，ケースマネジメントの技法の「一部を取り出したもの」であり，ソーシャルワークを基盤としたケースマネジメントとは異なると述べている。つまり，わが国において，ケースマネジメントは各分野で導入が試みられているものの，わが国独自の形で実施されており，本来のケースマネジメントの形とは少し異なるといえる。

2 ソーシャルワーク

　先に述べたように，ケースマネジメントはその起こりこそ異なるものの，ソーシャルワークの中核的な機能として捉えられており（National Association of Social Workers, 1987），ソーシャルワーカーがケースマネージャーとなるべきであると考えられる。
　そこで，今一度ソーシャルワークについて整理したい。

ソーシャルワークの定義
　ソーシャルワークは何かということは，今日まで様々な議論が行われているところである。
　現在，一般的にソーシャルワークの定義として知られている「国際ソーシャルワーカー連盟（IFSW）のソーシャルワークの定義」では，「ソーシャルワーク専門職は，人間の福利（ウェルビーイング）の増進を目指して，社会の変革を進め，人間関係における問題解決を図り，人びとのエンパワーメントと解放を促していく。ソーシャルワークは，人間の行動と社会システムに関する理論を利用して，人びとがその環境と相互に影響し合う接点に介入する。人権と社会正義の原理は，ソーシャルワークが拠り所とする基盤である」と示されている（この定義は，2000（平成12）年7月27日にモントリオールにおける総会において採択されたもので，日本語訳は日本ソーシャルワーカー協会，日本社会福祉士会，日本医療社会事業協会で構成するIFSW日本国調整団体が2001（平成13）年1月26日に決定をした定訳である）。
　このIFSWの定義には解説があり，「ソーシャルワークは，人と環境との多様かつ複雑な交互作用（トランズアクション）に（おける問題解決に）さまざまな方法で取り組む。そのミッションは，人がその可能性をフルに伸ばし，生活を豊かにし，機能不全（困難）を予防できるように援助することである。専門職としてのソーシャルワークの焦点は，問題解決と変革に絞られることになる。従って，ソーシャルワーカーは社会に変革をもたらすエージェントであり，ソーシャルワーカーが援助する個人や家族の生活，そしてコミュニティに変化

をもたらすエージェントである。ソーシャルワークは，価値と理論と実践とが互いに関係しあうシステムである」(芝野訳，2009：4)と付け加えられている。

これらの定義及び解説に書かれている内容を①ソーシャルワークが取り組む課題，②解決方法（ソーシャルワーク援助技術），③ミッション，④ソーシャルワーカーの役割，⑤ソーシャルワークの拠り所とするものの5つに分けて整理すると以下のようになる。

①ソーシャルワークが取り組む課題は，人と環境との多様かつ複雑な交互作用における問題である。②解決方法はソーシャルワーク援助技術である。しかしながら，ソーシャルワーカーは人と環境の間に起こる問題に対して，様々な方法を用いて解決しようとするため実際には非常に多彩である。これは問題が多様であるため，1つの方法に限定できないということである。③ソーシャルワークのミッションは，人がその可能性をフルに伸ばし，生活を豊かにし，機能不全（困難）を予防できるように援助することである。④ソーシャルワーカーの役割は社会に変革をもたらすエージェント（代理人）である。⑤ソーシャルワークの拠り所は，人道主義と民主主義の理想から生まれた，すべての人が平等であること，価値ある存在であるという認識，価値観にある。

以上のように，ソーシャルワークの定義及び解説の内容の解釈を試みると，取り組む課題やミッション，役割などが先に述べたケースマネジメントと同様であることがわかる。異なるのは，ソーシャルワークの方が課題に対する解決方法の幅が広いというところである。

ケースマネジメントは，その対象を個人とすることが多いが，ソーシャルワークは，ミクロ，メゾ，マクロのあらゆる問題に対応する。ケースマネジメントは，理論的にはあらゆる方法を用いて利用者のニーズを満たす（Rubin, 1987）としながらも，中核的な機能は利用者を必要な資源に「つなぐ」ことである（Rubin, 1987）。一方，ソーシャルワークは利用者の生活ニーズを満たすというミクロ（ケースワーク）だけでなく，社会変革などのマクロな問題にも同じように力を入れて取り組む。つまり，ケースマネジメントは，本来のソーシャルワークの中核的な機能の1つであり，(National Association of social workers, 1987；Rubin, 1987)，ソーシャルワークとケースマネジメントは切り離せないのである。

また，ケースマネジメントとソーシャルワークの中のケースワークは，対象を個人としており，ケースマネジメントの機能を含んでいるといえるものである。しかしながら，ケースワークは，次項で述べるようにその歴史の中で心理療法的な機能が肥大し，実践理論やモデルによっては心理的な援助の側面が強く（久保，2005），すべてのケースワークがケースマネジメントの機能を含んでいるとはいえない。

　しかしながら，2015（平成27）年現在のIFSWのソーシャルワークの定義や，生態学やシステム理論に基づいたソーシャルワーク（Germain & Gitterman, 1996）としてのケースワークは，ケースマネジメントとほとんど同一であるといえる。

　したがって，ソーシャルワークという用語を用いる場合，ケースマネジメントの上位概念と捉えて論じていることを断っておく。

ソーシャルワークの変遷

　ソーシャルワークの原点は，COS運動（慈善組織化運動）に携わったリッチモンドの『社会診断』（Richmond, 1917）である。リッチモンドは「慈善から科学」をめざし，COSの援助活動の経験と知識を整理し，社会学的に体系化した『社会診断』（Richmond, 1917）を出版した。リッチモンドは，人々のもつ多様性を認め，社会的証拠の調査と，その調査結果を客観的に，そして慎重に利用することの必要性を力説した。リッチモンドのケースワークのプロセスでは，収集された社会的証拠や資料をどのように分析し，解釈するかが中心的課題となっている（岡本，1973）。社会診断はその後，ケースワークの基本的方向を提示した文献として高く評価されている（岡本，1973：34）。ケースマネジメントは概念の発生こそ異なるものの，原点はCOS運動やリッチモンドに通じるといわれている。

　しかしながら，ソーシャルワークはその後，米国では第1次世界大戦に参戦した多くの兵士の戦争トラウマの治療が必要とされたことなどによって，伝統的な環境決定論的考えから，心理学的精神医学的なものへと移行していく（岡本，1973）。このようにソーシャルワークが心理学に傾倒していくことは，専門職としての固有性を失わせることになり，ブライヤーとミラーは，ケースワークは心理療法的な機能が肥大し，側面的援助者，仲介者，代弁者などの役割が

果たせていないと指摘した (Briar & Miller, 1971)。また，同時期にパールマンは「ソーシャルケースワークは死んだ」という論文を書いた (Perlman, 1967)。

このような経緯を経て，1970年代に入ってからは，生態学やシステム論がソーシャルワークに取り入れられ (Germain & Gitterman, 1996)，個人と社会（環境）は相互に関係しており，その相互関係の調整がソーシャルワークにおける援助の焦点であると考えられるようになる（久保，2005：iii-iv）。これらエコロジーの視点に基づいたソーシャルワークは，精神分析学や自我心理学の影響の強い伝統的な心理社会的アプローチとは大きく異なるものである（久保，2005, iii-iv）。

ケースマネジメントはソーシャルワーク（中でも特にケースワーク）が本来のミッションを取り戻す必要性について指摘された時期とほぼ同時期に発生しており，ソーシャルワークが本来の役割を果たしていなかったことが，ケースマネジメントの概念の発生につながったことが示唆される。

わが国におけるソーシャルワーク理論

岡村 (1957, 1963, 1983) の社会福祉理論（以下，岡村理論）は，わが国におけるソーシャルワーク理論といえるものであり（芝野，2002；芝野，2005），岡村理論として知られている。

本書においては，予防段階におけるケースマネジメントの機能を明らかにするために，岡村の予防的社会福祉（岡村，1974）の概念を用いる。この概念は，岡村による人と環境の接点における問題の捉え方が基盤となっているため，まず，岡村のソーシャルワーク理論について簡単に説明する。

ソーシャルワークは，人と環境の接点で起こっている問題を解決するための対人援助サービスであるが (IFSW, 2001)，岡村は「人と環境の接点における問題」を「社会生活上の困難」（岡村，1983：71）と表現している。社会生活上の困難とは，社会生活上の基本的要求が満たされず，社会関係において問題が生じている状態のことである。この社会生活上の基本的要求とは，だれも避けては通ることのできない社会生活上の要求である（岡村，1983：71）。

岡村 (1983) は，社会生活上の基本的要求（生活ニーズ）を7種類に分類し，個人の健全な社会生活のためにはすべてが充足されなければならず，これが

「基本的」たる所以であるとした（岡村，1983：84）。この7つは，①経済的安定，②職業的安定，③家族的安定，④保健・医療の保障，⑤教育の保障，⑥社会参加ないし社会的協同の機会，⑦文化・娯楽の機会である（岡村，1983：82）。

　この7つの社会生活上の基本的要求に応えるために，個人はこれに相応する多数の制度的集団に所属しなくてはならない（岡村，1983：86-87）。そして，社会生活上の基本的要求を満たすために，それぞれの制度的集団と社会関係を結ぶ。しかし，社会関係は個人の生活上の要求を充足するという側面をもつ一方で，個人に役割を要求してくる。各社会制度が個人に求める要求は，制度側の「客体的な視点」でみるともっともなものであるが，複数の制度的集団と社会関係を結ぶ個人の「主体的な視点」からみると，問題が生じることがある。なお，「客体的な視点」とは，それぞれの社会制度側からみた視点のことであり，「主体的な視点」とは，個人の生活者としての視点を指す（岡村，1983）。

　例えば，仕事をしながら子育てをしている女性は，「職場」と「家庭」と社会関係を結んでいる。普段，子どもが保育所を利用することで，「職場」からの要求と「家庭」からの要求にうまく応えていたとしても，いざ，子どもが熱を出し，保育所に子どもを預けられない事態が生じた場合，この女性は「職場」からの要求に応えることが困難になる。給料を支払っているのだから，休まずに仕事をこなしてほしいという「職場」側の要求は，「客体的な視点」でみればもっともであるが，「母親」の役割もこなさなければいけないこの女性の「主体的な視点」に立つと様々な問題が生じるのである。

　これは単純化した例であり，実際に人は複数の制度的集団と社会関係を結んでいるため，状況はさらに複雑である。また，様々な社会制度との関係は固定的なものではなく絶えず変化するため，状況に応じて調整し続ける必要がある。そのため，調整がうまくいかなくなり，社会生活上の困難に陥った場合，特殊的サービス（一般的サービスでは社会生活上の要求を満たしえないような，特別な条件をもつ人々に対するサービス（岡村，1983：49））を利用することで，社会生活上の困難の状態からの脱却をめざす。

　しかし，それぞれの特殊的サービスや一般的サービス（すべての国民に共通する平均的要求に対して機会均等に提供されるサービス（岡村，1983：49））は，生活者として個人を総合的に捉える視点で援助を行うわけではないため，それぞれの

サービスが福祉的機能をもっていても，普段，人が社会関係を結んでいる社会制度と変わらない。先ほどの例でみると，保育所は福祉的機能をもつが，仕事から抜け出せない事情があったとしてもこの女性の「主体的な視点」に立って引き続き子どもを預かるという機能はもたないことが多い。そこで，ソーシャルワークがこの女性の「主体的な視点」に立って，病児保育サービスにつなぐなどの援助を行う必要がある。もちろん，病気の時は子どもも不安であるため，保護者のもとに帰すという判断は保育の専門職として重要な視点によるものであり，決して批判されるべきものではない。それぞれの専門職がそれぞれの専門職の視点から利用者の最善の利益を考えており，どの専門職の視点も重要なのである。その中で，ソーシャルワークは，専門職として利用者の生活者の視点に立って援助するという特徴があるということである。

つまり，ソーシャルワーク専門職がその他の専門職と異なる点は「対象者の社会関係を全体的に捉えるとともに，生活の主体者として把握（岡村，1974：4）」し，社会生活上の困難に陥っている個人を援助し，問題を解決する役割を担うことである。

このような社会福祉固有の視点に基づいた社会福祉的援助（ソーシャルワーク）は，実際には社会生活上の困難が深刻な状態になってから行われてきた。しかし，岡村は，社会福祉的援助（ソーシャルワーク）は社会生活上の困難の発生の「予防」や「早期治療」に関しても，一定の社会的機能を果たすことができるのではないか（岡村，1974：4）と述べている。つまり，岡村（1974）は，ソーシャルワークは発生した問題のみに活用されるべきものではなく，予防にこそ活用されるべきだと述べているのである。

そこで，ケースマネジメントを社会生活上の困難の発生の予防に生かすべく，岡村の予防的社会福祉の概念を整理し，「予防」におけるケースマネジメントの機能について明確にすることを試みる。

3　予防的社会福祉におけるケースマネジメント

予防的社会福祉とは

予防的社会福祉とは，岡村（1974）によって提唱された社会福祉の概念であ

る。岡村は，社会生活上の困難が顕在化してからその問題を解決することを目的とする従来の社会福祉を「保護的社会福祉」，社会生活上の困難の発生予防と社会生活の積極的な改善を目的とする新しい社会福祉を「予防的社会福祉」とした。

従来，社会福祉といえば保護的社会福祉を指していたが，真に社会福祉の目的を達成するためには，問題が顕在化してから対応する保護的社会福祉から一歩踏み出した予防的社会福祉が必要である。

予防的社会福祉の概念

今日では医学的研究が進んでおり，病気や障害の発生予防や早期発見がされている。岡村（1974：4-5）は，社会生活上の困難に関しても，病気や障害と同じように，「産業，労働，教育，社会保障，住宅政策の発展，改善によって，失業，不就学，貧困，家族破綻等をある程度予防することも決して不可能ではないことも明らかになりつつある」と述べた。つまり，医療がその発展によって発生予防や早期発見による早期治療という段階を迎えたように，社会福祉もそのような予防の段階を迎えることになったのである。事実，子ども家庭福祉分野においても，子育て支援という形で社会生活上の困難が顕在化する前に，子どもと家庭を援助していく必要性についていわれており，一般的にも認識されはじめている。

しかし，社会福祉における予防の機能については，必要性だけが訴えられ，結果的に社会福祉における「予防」が何を指すものなのかが示されていないことが多い。岡村は，社会福祉における予防の概念は，単に時間的に早期に介入すること，ならびに問題や困難が軽症の段階で介入することを指すにとどまっていると指摘している（岡村，1974：49）。

このような社会福祉における予防機能の曖昧さを解決するために，岡村は公衆衛生学における予防の概念を参考に，予防的社会福祉の概念の明確化を試みた。

岡村（1974）によると，一言に予防といってもいくつかの段階があり，公衆衛生学における予防概念は，病気発生の機序に従って，①健康の促進，②病原からの保護，③早期診断及び治療，④後遺障害の除去，⑤リハビリテーション

の5段階である。これをまとめて3つに分類すると，①と②が，第1次予防，③が第2次予防，④と⑤が第3次予防となる。この3つの段階の機能と目的は，第1次予防は罹患率を少なくさせるための対策，第2次予防はケースの発見と早期診断による早期の回復，余病の防止，第3次予防は主として慢性疾患に関連するものであって，疾病の後遺症としての身体障害を少なくすること及び，機能回復の促進である（岡村，1974：49-50）。

　このように公衆衛生では，発生予防から機能回復に至るまでの全段階を「予防概念」と考えている。一方，社会福祉における「予防」は，発生予防なのか，早期診断・治療なのかが曖昧である（岡村，1974：50）。岡村（1974：50）によると，伝統的な社会福祉（保護的社会福祉）は社会生活上の困難が「発生した後の対策」と捉えていたため，社会福祉の予防機能とは，公衆衛生でいうところの第1次予防，つまり真の予防は含まれておらず，第2次予防または第3次予防しか担っていなかったと指摘している。なぜなら，社会生活上の困難の発生を予防するのは，社会福祉の役割ではなく，一般的サービスの役割であると考えられてきたためである（岡村，1974：50）。

　しかし，一般的サービスは各種の専門分業制度の視点（それぞれのサービス提供者側の視点）に立って，人々の生活のニーズの一部を満たそうとするものであり，それらのサービスが真に個人の福祉に役立つかどうかは，単に可能性の問題である（岡村，1974）。どれだけよいサービスであっても利用者のニーズに合わなければ意味がないのである。したがって，利用者の生活者としての視点に立って必要なサービスにつなぐ社会福祉的援助（ソーシャルワーク）が第1次予防においても必要となる（岡村，1974：52）。

　言い換えると，各専門分業制度による一般的サービスは，第1次予防の機能をもち得るが，一般的サービスを準備すればすべての人が自動的に必要なサービスに辿り着き，利用し，生活困難を予防できるわけではないため，社会福祉的援助（ソーシャルワーク）が必要になるのである（岡村，1974：52）。

　つまり，積極的に個人を一般的サービスや基本的社会制度に結びつけ，生活困難を予防するための個別的対策を実施することが，第1次予防における社会福祉の役割である（岡村，1974：52）。したがって，第1次予防の段階にもソーシャルワークは必要である。

次に岡村による予防的社会福祉の第1次予防，第2次予防，第3次予防の違いについて整理する。

第1次予防とは，特定の困難をもたないすべての人を対象に，社会生活上の困難を予防することである。

先にも述べたように，第1次予防の機能は，これまで社会福祉とは区別される専門分業制度に求められる機能であって，この段階で社会福祉に必要とされる機能はないと考えられていた。しかし，利用者が何等かの理由で必要な一般的サービスを利用しないことがあり，そのような利用者を必要な資源につなぐことが，第1次予防におけるソーシャルワークの役割である（岡村，1974）。

次に第2次予防とは，既に起こっている社会生活上の困難を早期発見，早期治療をすることである（岡村，1974：56）。

保護的社会福祉では，社会生活上の困難が顕在化したケースに対して社会福祉的援助（ソーシャルワーク）を行う。社会生活上の困難は深刻になればなるほど，その問題を解決することが難しくなるため，社会生活上の困難を早期に発見し，介入する第2次予防が重要となる。

岡村によると，第2次予防におけるソーシャルワークの機能は，①社会福祉その他の社会的サービスを必要とするケースの発見，②早期の診断すなわちケースのニードを判定し，今後提供すべきサービスの方針を決定し，③その方針に従って担当機関にケースを送致して，早期にサービスを受けさせることである（岡村，1974：55）。

このように，第2次予防におけるソーシャルワークの機能は，「早期の診断」という特徴以外，従来の保護的社会福祉におけるソーシャルワーク実践と同様であるといえる。

最後に第3次予防であるが，第3次予防はさらに第1次段階と第2次段階に分類される。第3次予防の第1次段階は，発生している社会生活上の困難を極力少なくすることであり，第2次段階は，社会的リハビリテーション，すなわち，生活機能の回復や発達の促進，自立への助長などである（岡村，1974：56）。

第1段階におけるソーシャルワークの機能は，もしそれがなければ起こるかも知れない，より大きな困難を予防するようなサービスを提供することであり，第2段階におけるソーシャルワークの機能は，社会生活上の困難に陥った人が，

困難から回復し,自らの力によって,社会生活における社会関係を調整できるように援助するものである。

このように第3次予防は,従来の保護的社会福祉の概念と重複している。そのため,ソーシャルワーカーの役割は,第2次予防と同じく従来の伝統的な社会福祉(保護的社会福祉)におけるソーシャルワークの機能と同じであるといえる。

以上のように岡村による予防的社会福祉の概念の特徴は,社会生活上の困難に対する第1次予防を予防的社会福祉の一部であると明確に示し,そして,第1次予防における社会福祉の役割は社会福祉的援助(ソーシャルワーク)であり,この段階における直接的な援助は専門分業制度によるサービスであることを整理したところである。

予防的社会福祉におけるケースマネジメントの特徴

予防的社会福祉における第1次予防は,伝統的な社会福祉である保護的社会福祉が既に発生した問題に対処するのに対し,問題が起こる前にその芽を摘み取るため,保護的社会福祉との概念の違いがはっきりしている。そして,保護的社会福祉と異なり,利用者が受けるサービスは特殊的サービスではなく,一般的サービスであることから,この段階における社会福祉の役割は,専らそれらのサービスに「つなぐ」ことである。

本章第1節で説明した従来のケースマネジメントの機能では,適切な特殊的サービスがない場合,ケースマネージャーは欠如している特殊的サービスの代替機能を担うと記した。この機能は,ケースマネジメントの中心的な機能ではないものの,ケースマネジメントがプロバイダー・ドリブンではなく,クライエント・ドリブンであるために重要な機能である。

しかし,予防的社会福祉におけるケースマネジメント,とりわけ第1次予防におけるケースマネジメントは,保護的社会福祉とは異なり,一般的サービスにつなぐという特徴がある。一般的サービスの機能を代替していくということは,暗に役割の範囲が際限なく広がることを意味する。

岡村は,第1次予防におけるソーシャルワークの役割は「間接的・補助的」であると強調しており(岡村,1974：53),岡村理論における「代替的機能」(欠

損している機能を一時代替する)は含まなかった。岡村 (1983：117) は，ソーシャルワーカーは，「一定の順序と節度をもって他の制度と連帯して共同責任を引き受けたり，他の制度に第一次的責任を果たすように働きかけることが必要である」と述べている。また，ソーシャルワーク理論は，この部分を曖昧にしていると，その欠点を指摘している。

したがって，第1次予防におけるケースマネジメントは，ケースマネジメント援助プロセスのリンキングの段階において「つなぐ」ことに専念し，たとえ利用者が必要とするサービスがなかったとしても，専門性の範囲を超えることから，原則的に代替的機能はもたず，もつとしてもごく最小限にとどめることが重要になる。

予防的社会福祉の第2次予防と第3次予防の対象は，社会生活上の困難が既に起こっているという点で，保護的社会福祉と重複している。ただし，第2次予防の対象となるケースの問題は軽微であり，そういった意味では，従来の保護的社会福祉ではサービスが届かなかった層にまでサービスを届けることができる概念である。一方，第3次予防は保護的社会福祉とほとんど変わりがなく，第3次予防と保護的社会福祉は重なる部分が大きい。

まとめると，第2次予防，第3次予防におけるケースマネジメントは，従来のケースマネジメントとあまり変わらない印象を受けるが，ケースが軽微であればあるほど，利用者を一般的サービスにつなぐ機会が多くなる。そのため，第1次予防と同じく，専門分業制度に直接的なサービスの提供を任せ，ケースマネージャーが自ら利用者に必要な資源を提供することは最小限にとどめる必要がある。

以上のように，予防的社会福祉ではつなぐ先のサービスが一般的サービスであることが多いという特徴があり，ケースマネージャーは，保護的社会福祉におけるケースマネージャーよりも，一般的サービスの福祉的機能について熟知しておく必要がある。また，利用者を円滑にサービスにつなぐためには，つなぐ先の多種多様な一般的サービスと協働できる関係をもつ必要がある (Rubin, 1987)。したがって，ケースマネージャーは，他の専門分業制度から評価され (岡村，1974：55；Rubin, 1987)，広くその立場が保障される必要がある。そして，予防的社会福祉におけるケースマネージャーは，一層，他専門職に対してケー

スマネージャーの役割について説明することが求められるといえる。

このように予防的社会福祉におけるケースマネジメントの機能は，利用者の生活者としての視点に立って，専ら利用者を必要な資源につなぐことであると結論付けた。

ケースマネジメントでは，これまで多くの研究において，あらゆる方法を用いて利用者のニーズを満たすことの必要性が強調されてきた (Intagliata, 1982；Rubin, 1987；Libassi, 1988 など)。しかしながら，これまでのケースマネジメントの対象は，精神障害者，高齢者，知的障害者，虐待を受けた子どもたちなどであり，従来の保護的社会福祉が対象としてきた利用者である。そのため，緊急性が高く，特殊的サービスがない場合，ケースマネージャーがその機能を果たすことも重要な役割であった。しかしながら，一般的サービスにつなぐことが主の予防的社会福祉における援助では，そのような代替的機能をケースマネージャーが担うことは，サービスの範囲を際限なく広げることになり，望ましいとはいえないだろう。

したがって，予防的社会福祉におけるケースマネージャーは，一般的サービスに，クライエント・ドリブンな視点をもって，「つなぐ」ことに専念し，専門職としての役割を果たす必要がある。仮に必要なサービスがなければ，専門分業制度に取って代わるのではなく，そのようなサービスを開発・提供するように，各専門分業制度に働きかけることが役割である。

また，予防的社会福祉におけるケースマネジメントの場合，社会生活上の困難が起こる前の介入になる。そのため，社会生活上の困難をアセスメントするだけでなく，社会生活上のリスクをアセスメントする必要がある。そして，リスクが認められた場合，適切に介入していくことが求められる。

4　ケースマネジメント以外の利用者とサービスをつなぐ方法

ここまで，ケースマネジメントとしての子育て支援コーディネートの必要性とその理論的枠組みについて整理してきた。

しかしながら，今日，実際に行われている子育て支援における「つなぐ」方法は，ケースマネジメント以外の方法である。そこで，現在実施されている利

用者を子育て支援サービスにつなぐ方法である情報提供及びコーディネーションの限界について述べる。

　情報提供は，文字通り情報の提供である。サービスを提供する側が，提供しているサービスの情報を社会に向けて発信することで，サービスを利用したい人がサービスの存在を知り，利用できるようにするのである。だが，この方法ではサービスを提供する側が，「このようなサービスがある」と働きかけているだけで（山縣，2000：142-143），サービスを利用する側にどのような個別のニーズがあるのかを汲み取って情報を発信しているわけではない。そのため，サービスを提供する側からサービスを利用する側に一方的に情報を発信している状況であり，情報提供が行われても，必ずしも必要のある人がサービスを利用することを保障する方法ではない。

　わが国において「情報提供」が，政策や施策において重要視されるようになったのは，社会福祉基礎構造改革によって，サービス提供方法が，「措置」から「選択」へと改められていったことと深く関連している。それまでは措置制度のもと，情報提供は積極的に行われてこなかった。だがこの改革の中で，情報提供は，利用者のサービス選択を保障するために不可欠なものとなり，国や地方自治体はもちろんのこと，個々のサービス提供事業者についても，社会的責任として情報提供を行うことが求められるようになった（生田，2000）。このようにして開示された情報を一元化し，地域のサービスについて，官民問わずデータベース化することで利用者が必要な情報を得ることができるようになることがめざされている。

　情報提供の方法として，例えばA市では，子どもとその家庭へ向けた子育て総合情報誌として「A子育てガイド」を作成，配布している。他にも，「市政ニュース」，「母子健康手帳」，「父子手帳」，「子育て便利マップ（おでかけ編・医療機関編）」などがあり，それらの冊子を通して，子どもと家庭に対する情報提供が行われている。また，近年では，印刷媒体だけでなくICTを活用し，子育てに関する情報を集めたHPを作成している市町村が多数見受けられる。A市においても「A子育てガイドHP版」があり，情報誌では網羅できないタイムリーなイベント情報を掲載するなどしている。このように情報誌やICTなどを活用することによって，人を介さない情報提供もあるが，利用者とサービ

スの間に人を介する情報提供もある。例えば，地域子育て支援拠点事業において，スタッフによる情報提供が行われている。しかしながら，単なる情報提供では利用者のアセスメントは十分に行われないため，個人にあったサービスを紹介するのではなく，一般的な情報を紹介するにとどまる。

　情報提供は，セルフ・コーディネーション（芝野，2002）を助けるという機能をもつ。セルフ・コーディネーションとは，利用者が自分自身で社会関係をコーディネートすることであり，人は普段，セルフ・コーディネーションを行って社会関係を調整している（芝野，2002）。自身で手に負えないほどの生活上の問題を抱えておらず，自ら必要なサービスを選び出すことができるのであれば，専門職の力を借りる必要はない。行政は利用者が必要なサービスを選びやすいように，情報を一元化してわかりやすく提示することのみを求められる。ただし，生活上の問題の解決に向けて利用者が必要なサービスを選び出せない場合，情報提供では，利用者に必要なサービスを届けることはできない。したがって，情報提供は，自ら情報を選択できる状態にある利用者にのみ有効な方法であるといえる。

　次にコーディネーションである。白澤（2010）は，「コーディネーションとは機能であり，かつ方法でもある。コーディネーションは一般には「調整」と訳される場合が多く，さまざまな領域や職業において調整の機能や方法が求められる。人々の生活支援に限定してコーディネーションを捉えると，利用者の生活していく上でのニーズを充足するために，さまざまな社会資源と調整していく機能や方法のことである。このコーディネーション機能は，利用者のニーズと必要な資源を結び付ける仲介者（ブローカー）機能だけでなく，利用者と社会資源の間に葛藤がある場合には，同意を取り，結び付けていく媒介者（メディエーター）機能の，2つの下位機能に分けることができる」と述べている。

　コーディネーションは，このように，利用者が必要なサービスに辿りつけるようにケースマネジメントと同様の手続きを踏む。そのため，ケースマネジメントと混同されることがあるが，コーディネーションは利用者を既存のサービスにつなぐプロバイダー・ドリブン寄りの援助であり，利用者の生活者としての視点に立って，ニーズを満たす援助にまでなっていない（Rose & Moore, 1995）。

コーディネーションは，情報提供のように一方的に情報を発信・提供するだけでなく，利用者のニーズを把握（アセスメント）したうえで，必要なサービスを利用できるように調整する援助方法である（芝野，2002）。芝野（2002）によると，利用者がセルフ・コーディネーションを行うことが困難な状況になった時に，一時的・断片的に援助することによって，必要なサービスに辿り着けるようにすることがコーディネーションの特徴である（図2-1）。しかしながら，一時的・断片的なコーディネーションでは，利用者の長期的なニーズまで把握できない。利用者の真のニーズを把握するためには，時間的・縦断的に利用者の社会関係を捉える必要がある（芝野，2002）。そのため，コーディネーションにはつなぐための援助方法として限界がある。

コーディネーションは，人々が地域社会で生活していく際に，セルフ・コーディネーションがうまくいかず，限界が生じた時に提供される。コーディネーションは，わが国では1980年代以降のノーマライゼーション思想のもとで，誰もが当たり前のように地域社会で生活できるコミュニティ・ケアを推進していくうえで，多くの人にとって重要で不可欠なサービスとして浮上してきた（白澤，2010）。また，コーディネーションの推進は，情報提供と同じく，サービス提供方法が「措置」から「契約」に移行したことと，それによって自己選択が迫られたことと大きく関連している。

つまり，サービスが選択できるようになると，情報提供が必要になるが，情報を提供されただけでは必要なサービスを選択することができない利用者のためにコーディネーションが発展したのである。

コーディネーションは，その時の利用者のニーズを最もよく捉えることのできる専門職が担うことが望ましい（芝野，2002）。したがって，子ども家庭福祉分野の場合，その子どもと家庭と身近に接している保育士や幼稚園教諭，子育て支援に携わる専門職，医師，看護師，保健師などがコーディネーターとして活躍することが期待される（芝野，2002）。第1章で述べたように，子育て支援コーディネーターの採用要件は，保育士などであるため，子育て支援コーディネートはうまくいっていたとしても，ケースマネジメントではなく，コーディネーションとして実施されている可能性がある。なお，ここで示す「コーディネーター」は，ソーシャルワークの専門性を備えていない場合が多く，それぞ

れの専門分業制度の専門職としての価値に従ってコーディネーションを行うことになる。そのため，それぞれの専門職のもつ視点や援助における価値観によって，判断が異なることが考えられる。

また，コーディネーションは，コミュニティ・ケアの推進によって積極的に行われるようになったが，そのために，時には財源抑制が目的の1つに位置づけられるようになった（白澤，2010）。このように，コーディネーションの目的は，利用者のウェルビーイング（高橋，1994）ではなく，財源抑制に向かってしまうことがあるのである（Rose & Moore, 1995）。

このようなことからも，コーディネーションは，生活上の問題をもつ利用者の社会関係を調整するための方法の必要条件を含んでいるが，十分条件を満たした方法ではないため，本書では，子育て支援コーディネーターは，単なる「コーディネーター」であるべきではないと考える。

以上，実際に行われている利用者とサービスをつなぐ方法として，情報提供，コーディネーションについて述べた。

情報提供とコーディネーションの共通の特徴は，どちらもプロバイダー・ドリブン寄りのサービス提供方法であるということである。一方で，本書で子育て支援コーディネートの理論的基盤となると示したケースマネジメントは，ソーシャルワークに基づいたクライエント・ドリブンなサービスの提供方法である（Rose & Moore, 1995）。他にも，コーディネーションの類似概念として，ケアコーディネーション（新津，1995）やケアマネジメントがあるが，いずれもプロバイダー・ドリブンに近い援助であるといえる。

したがって，子育て支援コーディネートは，理論的にはケースマネジメントとして実施されなければならないと結論づける。

5　子育て支援コーディネートを担う専門職

わが国のソーシャルワークを担う専門職

わが国のソーシャルワークの担い手は社会福祉士であるといえる。しかしながら，わが国における社会福祉士資格は業務独占ではなく，名称独占である。ソーシャルワークの資格がこのように不明瞭なのは，ソーシャルワークの担い

手が極めて広範にわたり，多様な人材によって支えられていることが理由としてあげられる（岩間，2010）。

確かに，社会福祉士及び介護福祉士法に定義されている社会福祉士の業務の一部は，他の専門職と共有する部分がある。

社会福祉士及び介護福祉士法（昭和62年5月26日法律第30号）（2007（平成19）年に大幅に改正）では，「第2条　この法律において「社会福祉士」とは，第28条の登録を受け，社会福祉士の名称を用いて，専門的知識及び技術をもつて，身体上若しくは精神上の障害があること又は環境上の理由により日常生活を営むのに支障がある者の福祉に関する相談に応じ，助言，指導，福祉サービスを提供する者又は医師その他の保健医療サービスを提供する者その他の関係者（第47条において「福祉サービス関係者等」という。）との連絡及び調整その他の援助を行うこと（第7条及び第47条の2において「相談援助」という。）を業とする者をいう」と社会福祉士について定義している。

社会福祉士は，生活上の困難を抱える人々に対して，利用者の代理人として，「連絡及び調整その他の援助を行うこと（相談援助）」を担う専門職であることがわかるが，「連絡及び調整」という機能は，ソーシャルワーカーの中心的かつ重要な機能であると同時に，他の専門職によっても，コーディネーションなどの方法を用いて提供されている。そのため，単にソーシャルワークを「連絡及び調整をすること」や「相談援助を行うこと」と表現して説明した場合，他専門職によるサービス提供との違いが不明瞭になる。

だが，先に記したように，ソーシャルワークは社会生活の問題に対して，生活者の視点に立って援助するものであり，ソーシャルワーク専門職こそがケースマネジメントを担う専門職としてふさわしい。

したがって，わが国では，ソーシャルワークの価値，知識，技術を習得している社会福祉士がケースマネジメントを担うことが必要であると考える。

子育て支援コーディネートを担う専門職

先に述べたように，子育て支援コーディネートの担い手には，ソーシャルワークを習得している専門職である社会福祉士が考えられる。社会福祉士は様々な分野（高齢，障害，子ども）で対応できる汎用性のある資格であるが，実

際には，子ども領域よりも高齢者や障害者領域に傾斜した資格となっている（金子，2010：63）。それゆえ，子育て支援における社会福祉士の必要性についての研究は始まったばかりである（中川，2011；芝野，2011a；芝野，2011b；芝野，2012a；芝野，2012b）。

　このような状況の中，子ども家庭福祉分野では，特に保育士の活躍が目覚ましく，子どもに関わる仕事であれば，あらゆる仕事を保育士が引き受けている。例えば，「児童福祉施設の設備及び運営に関する基準」に基づく児童福祉施設職員配置をみると，多様な職種が記されているが，保育士資格を有する者は，助産施設を除くいずれの児童福祉施設においても配置されており（平田，2014：16-18），利便性もあってか，保育士がソーシャルワークの機能を担うことに積極的な意見もある（柏女，2011）。

　ただし，『保育所保育指針解説書』（厚生労働省編，2008：184）の「第6章（5）相談・助言におけるソーシャルワークの機能」には，「保育所においては，子育て等に関する相談や助言など，子育て支援のため，保育士や他の専門性を有する職員が相応にソーシャルワーク機能を果たすことも必要となります。その機能は，現状では主として保育士が担うこととなります。ただし，保育所や保育士はソーシャルワークを中心的に担う専門機関や専門職ではないことに留意し，ソーシャルワークの原理（態度），知識，技術等への理解を深めた上で，援助を展開することが必要です」と記されており，保育士は一部，ソーシャルワークの機能をもつことを期待されながらも，ソーシャルワークを担う専門職ではないことがはっきりと記されている（厚生労働省編，2008：184）。また山本（2000）は，保育所の機能が多様化し，ソーシャルワークの機能が求められるようになってきているが，現状では，保育士がソーシャルワーク機能をもつことは困難であるとしている。そして，ソーシャルワークは成人相手の活動であり，その技能を保育士が本当にもち得ているかという点は，慎重に議論する必要があると述べている（山本，2000）。また，橋本ら（2005）は地域子育て支援に携わる保育士への調査を行っているが，保育士は，ケースマネジメントの技術や知識の必要性を感じているとは言い難いという結果となったと報告している。

　つまり，保育士が子ども家庭福祉に関わる様々な施設やサービスで活躍していることと，保育士がソーシャルワークに興味，関心をもち，その機能をもち

合わせているかは別次元の問題であり，安易に保育士にソーシャルワーク機能を託すことには問題があるのではないだろうか。

先に述べたように，わが国におけるソーシャルワーカーは社会福祉士である。才村（2005）は，児童福祉司任用資格の厳格化に対して，「児童福祉司の仕事は人間性が大切である。社会福祉士などの国家資格を持つ者でも現実には不向きな人間もいる。広く門戸を開放し，よい人材を確保する方がよいのではないか。専門的な知識や技術は，任用後の研修をしっかりやればよい」（才村，2005：142）と反論されることが多いと前置きしたうえで，次のように述べている。「確かに，対人援助の業務は援助者の人間性に依るところが大きいことは事実である。しかし，ソーシャルワークの専門性はそう短期間に培われるものではなかろう。だからこそ，ソーシャルワーカー養成課程において厳格なカリキュラムのもとに専門教育がなされているのである。（略）短期間の研修で事足りるのであれば，大学におけるソーシャルワーカー養成課程も，社会福祉士などのソーシャルワーカーの国家資格も何のために存在するのかということになる。社会福祉士の資格を持つ者を専門性の最低限度の基準として，その中で児童ソーシャルワークの適性を持つ者を選抜するというのが本来のあるべき姿ではなかろうか」（才村，2005：142-143）。

才村の指摘を子育て支援コーディネートに当てはめると，これまで子ども家庭福祉分野において社会福祉士の活躍の機会は少なかったものの，子育て支援コーディネートを実践していくための適切な価値，知識，技術をもつ専門職として今後，社会福祉士を活用していくことが期待される。

6　子育て支援コーディネートの基本的要素及び定義

ここまで，ケースマネジメントによる子育て支援コーディネートの理論的枠組みについて明らかにすることを試みてきた。これをもとに，芝野（2002）の社会福祉実践モデルに含まれる5つの要素に分けて子育て支援コーディネートについて整理すると以下のようになる。

①　実践の対象
実践の対象はすべての子どもと家庭である。直接的な実践の対象は，子ども

の親（保護者）であるが，親の福祉は子どもの福祉につながるという視点で援助を行う。

② 実践の意義

子どもと家庭の生活上の問題を「予防」することで，子どもの心身の健康な発達に寄与する。

③ 援助の手続き

ケースマネジメント援助技術を用いて，アセスメント，プランニング，リンキング，モニタリングを行い，必要な場合は再アセスメントを実施し，利用者が確実に必要な資源に辿りつけるように援助する。

アセスメントでは，すべての利用者の社会生活上の基本的要求が満たされているか，社会関係をうまく調整できているか，そのための必要な社会資源が十分にあるかをアセスメントする。生活上の問題が軽微な場合，もしくは問題がなくても利用者だけでは生活上の問題の「予防」が難しく，一般的サービスの利用に子育て支援コーディネーターの手助けが必要である場合は，利用者の主体的な視点に立って，プランニングを行う。プランニングでは，フォーマルなサービスだけでなく，利用者のインフォーマルな資源を積極的に活用するような計画を立てる。また，計画は子育て支援コーディネーターが一方的に決めるのではなく，利用者とともに作成する。利用者は計画の作成に参加することで，資源を活用し，社会関係を調整する力（セルフ・コーディネーションをする力）を身に付けることができるようになる。リンキングでは，利用者が必要な資源を利用できるように援助する。専門分業制度が実施するような直接的サービス（ケア）を担うことは，子育て支援コーディネーターの役割ではないため，つないだ後はモニタリングを実施し，利用者がサービスをうまく利用できているか把握する。モニタリングの結果，利用者がサービスをうまく利用できていない場合や，利用しているサービスでは生活上の問題の「予防」や「解決」に役立たない場合は，改めて再アセスメントを実施する。

子育て支援コーディネートの機能は，あくまでも生活上の問題の「予防」であるため，生活上の問題があり，特殊的サービスを必要とするようなケース（虐待など）の場合は，それぞれの専門機関のソーシャルワーカーにつなぐ。

④ 依って立つ理論

　子育て支援コーディネートの理論的枠組みは，岡村（1974）の予防的社会福祉の概念を用いて，ケースマネジメントの援助プロセスとその機能を捉え直して示した。ソーシャルワークには様々な実践理論や実践モデルがあるが，子育て支援コーディネートはケースマネジメントに依拠する。

⑤ 処遇効果

　子育て支援コーディネートは，利用者の生活上の問題の「予防」を目的としているため，効果を示すことは容易ではない。しかしながら，生活上の問題を「予防」するため，虐待など，生活上の問題によって起こる子ども家庭福祉分野の様々な問題の減少に寄与すると考えられる。

　これらを総合すると，子育て支援コーディネートの定義は以下のようになる。

　「子育て支援コーディネートは，利用者（子どもと家庭）の生活者としての視点に立って，その時に必要なあらゆる社会資源を必要に応じて組み合わせ，利用者の生活上の問題を予防及び解決する援助である。仮に，利用者に合った資源がない場合は，専門分業制度に資源を開発するよう働きかけるなどして，利用者が確実に必要な資源を利用できるように援助する。

　そして，子育て支援コーディネートを担う子育て支援コーディネーターは，ソーシャルワークを専門とする社会福祉士が望ましい。」

第3章
子育て支援コーディネートを円滑に推進するために

　第3章では，子育て支援コーディネートの理論仮説の構築を行う。

　理論仮説は，主に第1章と第2章の文献研究に基づき構築する。特に第2章では，予防的社会福祉の概念を用いて予防段階におけるケースマネジメントの機能を整理することで子育て支援コーディネートの理論的枠組みについて示しており，これをベースとして理論仮説を構築したいと考えた。

　第1章で示した通り，子育て支援コーディネートは円滑に推進されているとは言い難い状況にあり，本当に理論仮説にケースマネジメントの要素を組み込む必要があるのか，実践の立場から示すことができていない。また，ケースマネジメントの要素を組み込む必要性があったとしても，ケースマネジメントは対象によって求められる機能が大きく異なるという性質をもつため（Intagliata, 1982），実践から帰納的に要素を抽出することは不可欠である。

　そのため，第3章では実践から帰納的に要素を抽出することを目的として，子育て支援のエキスパートを含めた実践家及び研究者（以下，エキスパートら，と記す）によるブレインストーミングを実施する。そして，ブレインストーミングの結果と第1章，第2章の文献研究の結果を合わせて子育て支援コーディネートを円滑に推進するための理論仮説を構築する。

1　エキスパートらによるブレインストーミング

　ブレインストーミングの目的は，①帰納的に子育て支援コーディネートを円滑に推進するために必要な要素としてケースマネジメントの要素が抽出されるかを明らかにすること，②子育て支援におけるケースマネジメントに必要な独自の要素を抽出することである。

子育て支援コーディネートについて，具体的に何を行うものなのかが明確でないため（第1章），第2章でケースマネジメントの理論的枠組みを用いて子育て支援コーディネートを実施していく必要性について述べた。一方で，ケースマネジメントは実践の対象によって，その機能，ケースマネージャーに求められる知識，基盤となる環境やシステムなど異なる部分があるが（Intagliata, 1982），子育て支援コーディネートの実践や研究が乏しい中で，そのような独自の要素が文献研究によって十分に抽出できていない。

　したがって，子育て支援のエキスパートらにブレインストーミングを実施し，帰納的に子育て支援コーディネートを円滑に推進するために必要な要素の抽出をする。

　ブレインストーミングのメンバーは，子育て支援実践又は子育て支援コーディネーター研修に携わっている大学教員4名，A市の子育て支援担当部局の職員1名，子育て支援現場で実践活動をしながら大学院に通う修士課程1年生，及び筆者の7名（所属は2010（平成22）年7月現在）であり，子育て支援のエキスパートを含む実践家及び研究者である。

　まず，ブレインストーミングを実施する目的は，「子育て支援コーディネートがうまくいくために必要又は重要であると考えられる要因を抽出すること」である旨を伝えた。

　第4章以降の量的調査では，子育て支援コーディネート業務を管轄する事務方の市区町担当者と，実際に子育て支援コーディネート実践を担っている現場の子育て支援コーディネーターにそれぞれ調査協力を依頼し，多角的に子育て支援コーディネートを円滑に推進するために何が必要かを検証する。したがって，ブレインストーミングでも，市区町担当者と子育て支援コーディネーターのそれぞれの立場を想定し，子育て支援コーディネートを円滑に推進するために必要な要素を抽出したいと考えた。

　そのため，「市区町担当者の立場から見た子育て支援コーディネートに必要な要素の抽出」，「子育て支援コーディネーターの立場から見た子育て支援コーディネートに必要な要素の抽出」の2回に分けてブレインストーミングを行う。各ブレインストーミングでは，以下の4点を総合的に加味し，思いついたことをカードに記述することとした。

「市区町担当者の立場から見た子育て支援コーディネートに必要な要素の抽出」では、①子育て支援コーディネーターを受け入れるにあたり望まれる体制、②子育て支援コーディネーターに求められる基本的姿勢、③子育て支援コーディネーターの業務（役割）内容、④子育て支援コーディネートを実施する際の問題点について尋ねた。

　「子育て支援コーディネーターの立場から見た子育て支援コーディネートに必要な要素の抽出」では、①子育て支援コーディネート業務行うにあたって望む体制、②子育て支援コーディネーターに求められる基本的姿勢、③子育て支援コーディネーターの業務（役割）内容、④子育て支援コーディネートを実施する際の問題点について尋ねた。

　注意点として、①1つの内容に対して1枚のカードを使用すること、②すべて名詞形として記述すること、③ブレインストーミングのルールである自己検閲をしない、すなわち自由な発想抽出を心がけ、この段階で内容についての判断はしないことを確認した。さらに、共通認識しておきたい重要な用語の説明を行った。

　子育て支援総合コーディネート事業は、「2003（平成15）年に厚生労働省で国庫補助化された事業であり、現在は交付税化されている。法的根拠として、現行の児童福祉法第21条第11項に子育て支援コーディネートを市町村が担うことが明記されている。また、2010（平成22）年1月29日に策定された「子ども・子育てビジョン」にも、子育て支援総合コーディネート事業が改めて重要な事業として取り上げられている」と説明した。子育て支援コーディネーターは、「子育て支援コーディネートを実践する専門のスタッフ（専門職）を指す。「子育て相談」のように、実際の子育てに関する悩みに対する助言の仕事ではなく、「子育て支援サービスと利用者をつなげるための子育て支援コーディネート業務を担う人」を指す」と説明した。

　これらの説明を経てブレインストーミングを行った。まず、1回目のブレインストーミングとして、「市区町担当者の立場から見た子育て支援コーディネートに必要な要素の抽出」（各自カードへの書き出し、重複調整）を行い（約20分）、カテゴリー化（親和性による分類・ネーミングとそのまとまりごとの関係）（約40分）を行った。カテゴリー間の関係は、時間の都合上、模造紙の上で各カテゴリーの

距離を示すに留めた。その後，休憩を挟んで2回目のブレインストーミングとして，「子育て支援コーディネーターの立場から見た子育て支援コーディネートに必要な要素の抽出」の調整（約20分）とカテゴリー化（約40分）を行った。

2　要素及びカテゴリーの精緻化

　後日，ブレインストーミングの結果をもとに，カテゴリー化及び要素の精緻化を行った。作業は大学教員2名と筆者の3名で行った。

　まず，「市区町担当者の立場から見た子育て支援コーディネートに必要な要素の抽出」の要素精緻化作業を行った。はじめに同じ意味を示すカードを一つにまとめた。ブレインストーミングで記述されたカードの中には内容の意図が汲み取りにくいものがあったため，わかりやすい表現に修正した。

　また，表現の中に肯定的表現による表記と否定的表現による表記が混在していた。否定的表現は，ブレインストーミングでのカテゴリー化作業で「問題」とネーミング・分類されていたが，質問紙作成の意図が「子育て支援コーディネートがうまくいくための要素」を抽出することであるため，分類方法を改める必要があった。そこで，問題の要素を抽出するために，ブレインストーミングであげられた要素をすべて肯定的表現に変更した。例えば，「仕事への評価が低いこと」を「仕事に対する評価」とした。

　さらに，ブレインストーミングで作成したカテゴリーの名称について，真にそれらの要素を表すカテゴリーの名称になっているかを再度検討した。また，カテゴリーに含まれる要素を吟味し，必要な場合は他カテゴリーに移動させた。

　整理されたカテゴリーをみると，「情報収集」，「アセスメント」，「記録」といったようにケースマネジメント援助技術に関するカテゴリーが抽出され，子育て支援コーディネートがケースマネジメント援助技術と関連があることが示唆された。また，「人間関係」，「人柄」，「知識」といった，ソーシャルワークの専門性に特化しないような子育て支援コーディネーターの専門性と考えられるカテゴリーも抽出された。最後に，「組織」，「人材育成の研修」，「予算」など，子育て支援コーディネーターの置かれる環境に関するカテゴリーが抽出された。そこで，カテゴリーよりも上の次元の大カテゴリーの作成を試みた。大

カテゴリーは「子育て支援コーディネーターに求められる力量」と「子育て支援コーディネート環境・システム」の2つとした。

次に，「子育て支援コーディネーターの立場からみた子育て支援コーディネートに必要な要素の抽出」の要素精緻化作業を行った。まず，「市区町担当者の立場から見た子育て支援コーディネートに必要な要素の抽出」の要素精緻化作業と同じように，同じ意味を示すカードを1つにまとめた。そして，ブレインストーミングで記述された表現の中に内容の意図が汲み取りにくいものがあったため，わかりやすい表現に修正した。

次に，「子育て支援コーディネーターの立場から見た子育て支援コーディネートに必要な要素の抽出」のブレインストーミングの要素にも，表現の中に肯定的表現と否定的表現が混在していたため，すべて肯定的表現に統一した。

ブレインストーミングで作成したカテゴリーの名称について，真にそれらの要素を表すカテゴリーの名称になっているかを確認した。また，そのカテゴリーにふさわしくない要素が含まれていないかをチェックし，必要があれば他のカテゴリーに移動させた。

カテゴリー名について，「市区町担当者の立場から見た子育て支援コーディネートに必要な要素の抽出」と表現が統一できると考えられる場合，表現の統一を試みた。その結果，カテゴリー名は「市区町担当者の立場から見た子育て支援コーディネートに必要な要素の抽出」と同一になり，大カテゴリーもまとめることが可能となった。

ここまでそれぞれのブレインストーミングの結果の整理をした結果，「市区町担当者の立場から見た子育て支援コーディネートに必要な要素の抽出」と「子育て支援コーディネーターの立場から見た子育て支援コーディネートに必要な要素の抽出」において抽出された大カテゴリー及び小カテゴリーは，ほぼ同一となった。したがって，両要素を1つにまとめ，ブレインストーミングによる子育て支援コーディネートに必要または重要な要素の案としてまとめた。

ブレインストーミング及び精緻化による作業を行った結果，子育て支援コーディネーターに必要または重要であると考えられる要素は，ケースマネジメントによる援助プロセスと近似していることが示された。つまり，エキスパートらによるブレインストーミングの結果，子育て支援コーディネートに求められ

る機能は，帰納的にもケースマネジメントであることが示され，第2章の理論的枠組みを裏付ける結果となった。

そこで，第2章の理論的枠組みと第3章のブレインストーミングで抽出された要素を合わせて，理論仮説を構築した。具体的には，ブレインストーミングで抽出された要素に，第2章の理論的枠組みで示した要素を補強する形で仮説を構築した。項目の追加にあたっては，カテゴリーをケースマネジメントの手順に従って並び替え，その中の項目をチェックした。理論的に補強の必要性があると考えられる部分は筆者が提示し，それを精緻化メンバー2名に確認してもらい，了承を得て追加した。

3 子育て支援コーディネートの理論仮説

第2章で示した理論的枠組みと，本章で実施過程を示したエキスパートらによるブレインストーミングの精緻化による要素の抽出とを合わせて作成した「子育て支援コーディネート理論仮説」を図3-1に示す。

子育て支援コーディネートを円滑に推進するためには，大きく子育て支援コーディネートの要となる「子育て支援コーディネーターに求められる力量」に関する項目と，子育て支援コーディネーターが力を発揮するための「子育て支援コーディネート環境・システム」に分類され（大カテゴリー），中には小カテゴリーがある。小カテゴリーの中には，それぞれ1つないし複数の要素があり，さらにこの要素に1つないし複数の項目がぶらさがっている。カテゴリー及び要素ごとの項目は巻末資料2に記している。

なお，「ケースマネジメント援助技術」のみ，中カテゴリーで小カテゴリーを括っている。

子育て支援コーディネーターに求められる力量

ブレインストーミングの結果，子育て支援コーディネーターはケースマネジメントの機能が求められていることが示された。

そこで，第2章で示したケースマネジメントの援助プロセス（Rubin, 1987）に沿って，「1．導入」，「2．アセスメント」，「3．プランニング」，「4．リ

第3章 子育て支援コーディネートを円滑に推進するために

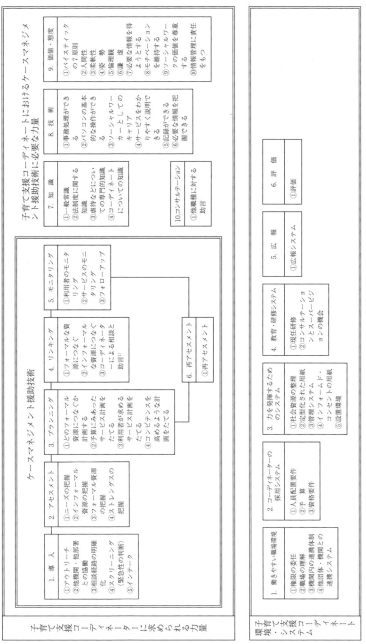

図3-1 子育て支援コーディネート理論仮説

注：1）リンキングの「③コーディネーターによる相談と助言」は、本来理論モデルに組み込まれない要因であるが、コーディネート実践にどのような影響を与えるのかを分析するために要因として含めて調査する。
出所：筆者作成。

ンキング」,「5．モニタリング」,「6．再アセスメント」の小カテゴリーを作成し，それぞれに項目を分類したうえで，要素と項目の補強を行った。なお，項目は実態調査の質問項目として利用する。

以下，小カテゴリー及び要素ごとに理論仮説を説明する。

「1．導入」では，5要素を仮定した。

①アウトリーチ

「①アウトリーチ」は，理論的にはケースマネジメント援助プロセスと分けて考えられることもあるが (Rubin, 1987)，子育て支援コーディネーターが「1．導入」の段階で，ケースマネジメント援助技術の一部として実施していることが帰納的に示されたため，「1．導入」に分類した。

②他機関・他部署との協働

子育て支援コーディネーターが関係機関と協働できているかを問う項目を用意した。ブレインストーミングで抽出された機関以外にも，子育て支援コーディネーターが協働すべきと考えられる機関について，精緻化メンバーで協議し，項目を補強した。

③相談経路の明確化

アウトリーチは他機関・他部署との協働が必要である（白澤，1992）。したがって,「1．導入」の段階で子育て支援コーディネーターは相談経路について明確化しておく必要がある。

④スクリーニング（緊急性の判断）

子育て支援コーディネートは予防的社会福祉としてケースマネジメントを実施するが，場合によっては緊急性の高いケースに遭遇することも考えられる。その場合，早急に適切な機関につなぐ必要がある（岡村，1974；才村，2005）。才村（2005）は，子ども虐待ソーシャルワークにおいては，Biestek (1957) の「ケースワークの7原則」にみられるようなクライエントとの良好な関係を基盤とした受容的なソーシャルワークには限界があり，有害な結果を招くこともあると述べている。したがって，子育て支援コーディネーターは「1．導入」の段階で虐待などの緊急性の判断を行い，適切な機関につなぐなどして，緊急ケースに応じた適切な判断と行動が求められる。

⑤インテーク

インテークの段階では，利用者が子育て支援コーディネートの意義について理解した上でサービスを利用できるように，子育て支援コーディネートについて説明したり，契約を交わす必要性がある（Rubin, 1983）。

「2．アセスメント」では，4要素を仮定した。

①ニーズの把握

コーディネーターは利用者のもつニーズを把握する必要がある（Rubin, 1987）。

②インフォーマル資源の把握，③フォーマル資源の把握，④ストレングスの把握

クライエント・ドリブンなケースマネジメントを実施していくためには，利用者が利用できる資源を把握する必要がある。この場合の資源とは，フォーマルな資源だけでなく，インフォーマルな資源やストレングスの把握も含む（Rose & Moore, 1995）。

「3．プランニング」では，4要素を仮定した。

①どのフォーマル資源につなぐか計画する

「①どのフォーマル資源につなぐか計画する」のは，子育て支援コーディネーターに求められる最も中心的な機能のひとつである。

②予算にみあったサービス計画をたてる

「②予算にみあったサービス計画をたてる」は，ブレインストーミングで抽出された要素である。この要素を重要視しすぎるとマネッジドケアになるが（芝野，2002），実際の援助場面では必要なため（Austin, 1990），要素として残した。ここでの予算とは，利用者側の予算とサービス提供者側の予算の両方を指す。

③利用者が求めるサービス計画をたてる

「③利用者が求めるサービス計画をたてる」ことは，クライエント・ドリブンなケースマネジメントに欠かせない要素である（Rose & Moore, 1995）。

④コンピテンスを高めるような計画をたてる

芝野（2002）は，ケースマネジメントは利用者がその時に欠けている必要な能力や資源を補綴するための援助であると説明している。また，Rose & Moore（1995）も，利用者が主体的に自らのマネジメントに関わる必要があり，コンピテンスを高めることのできるような援助を行うことが重要であると説明

している。

「4．リンキング」では，3要素を仮定した。

①フォーマルな資源につなぐ，②インフォーマルな資源につなぐ

「2．アセスメント」でも述べたように，クライエント・ドリブンなケースマネジメントを実施していくためには，フォーマルな資源だけでなく，インフォーマルな資源を積極的に活用していく必要がある (Rose & Moore, 1995)。したがって，リンキングでも，「①フォーマルな資源につなぐ」だけでなく，「②インフォーマルな資源につなぐ」を要素として用意した。

③コーディネーターによる相談と助言

「4．リンキング」に「③コーディネーターによる相談と助言」を盛り込んだ。第2章において，子育て支援コーディネーターは，直接的サービス（ケア）を提供せずに「つなぐ」ことに専念する必要性があること（岡村，1974）が示された。したがって，本要素は理論的には，子育て支援コーディネーターが担うべき要素ではない。しかしながら，子育て支援コーディネーターが直接的サービス（ケア）を提供している可能性が第1章で示されたため，子育て支援コーディネーターが直接的サービス（ケア）を担うことが子育て支援コーディネートがうまくいくことにどのような影響を与えているのかを検証するために要素として組み込むこととした。

「5．モニタリング」では，3要素を仮定した。

①利用者のモニタリング，②サービスのモニタリング，③フォローアップ

モニタリングやフォローアップは，利用者に提供したサービスが適切であったのかを判断するために必要である (Rubin, 1987)。また，モニタリングやフォローアップは，ケースマネジメントのサービスの質を高めていくためにも重要な役割を果たす (Rubin, 1987)。

「6．再アセスメント」では，1要素を仮定した。

①再アセスメント

利用者にうまくサービスが提供されていなかったり，サービスが利用者のニーズと合わない場合は，再度アセスメントを行い，利用者にあったサービスにつないでいく必要がある (Rubin, 1987 ; Rose & Moore, 1995)。

以上，「ケースマネジメント援助技術」について説明した。

第3章 子育て支援コーディネートを円滑に推進するために

　子育て支援コーディネーターが「ケースマネジメント援助技術」を実施していくためには，これを適切に行うための，「7．知識」，「8．技術」，「9価値・態度」そして「10．コンサルテーション」といった力も求められる。したがって，子育て支援コーディネーターに求められる「ケースマネジメント援助技術」を行っていくための「力量」の仮説について説明する。

　なお，子育て支援コーディネーターに求められるこれらの「力量」は，ソーシャルワーカー特有の「力量」だけでなく，他の対人援助職と共有する「力量」もあるが，それらを明確に分けることは困難であるため，ここではあえて分類していない（図3-1）。

　「7．知識」では，4要素を仮定した。

　①一般常識

　本要素はブレインストーミングで抽出された。子育て支援コーディネーターは，専門的知識だけでなく，一般常識も求められる。

　②法制度に関する知識，③虐待などについての専門的知識

　子ども家庭福祉分野独自の専門性として，ブレインストーミングにより抽出された。

　④コーディネートについての知識

　子育て支援コーディネートについての専門性をもつ必要性が抽出された。コーディネーターは，第1章，第2章で記述したような子育て支援コーディネートに関する知識が必要であると考えられる。

　「8．技術」では，6の要素を仮定した。

　①事務処理ができる

　子育て支援コーディネーターは情報の整理・管理などを行う必要があり（Intagliata, 1982），総合的な事務処理能力が求められる。

　②パソコンの基本的な操作ができる

　近年では，情報の整理・管理にコンピュータを活用することも多いため，パソコンを使用できる必要がある（芝野, 2002）。「各市町村の子育て支援総合コーディネート事業の要綱」（表1-2）を見ても，ICTの活用について触れられている。

　③ソーシャルワーカーとしてのキャリア

　キャリアは，子育て支援コーディネーターとして活躍するために欠かせない

要素の一つである。

④サービスをわかりやすく説明できる

ケースマネジメントについて説明することは，利用者との信頼関係を築くにあたって非常に重要である（Kisthardt & Rapp, 1992）。そのため，子育て支援コーディネーターにはサービスをわかりやすく説明する力も求められる。

⑤記録ができる

記録は，ケースマネジメントの援助プロセスにおいて欠かせないものである。記録を取ることもケースマネジメントの重要な技術である（白澤，1992）。

⑥必要な情報を把握できる

ケースマネジメントが必要となった背景の1つは，利用者にとって必要なサービスの情報が把握しにくいことであった。したがって，子育て支援コーディネーターは利用者が把握できていない地域の情報を把握している必要がある（Intagliata, 1982）。

「9．価値・態度」では，10の要素を仮定した。

①バイスティックの7原則

バイスティックの7原則は，ソーシャルワークを行っていく際の価値・態度として取り上げられることが多い（Biestek, 1957）。ブレインストーミングでも，バイスティックの7原則に関する要素が抽出されたので，足りない項目は文献によって補強し，「①バイスティックの7原則」と要素名をつけた。

②人間性，③柔軟性，④姿勢，⑤倫理観，⑥謙虚，⑦必要な情報を得ようとする，⑧モチベーションを維持する

優れたケースマネージャーになるには「取り組みや熱心さによるところが大きい」（Holt, 2000）という意見があるように，「②人間性」，「③柔軟性」，「④姿勢」，「⑤倫理観」，「⑥謙虚」，「⑦必要な情報を得ようとする」，「⑧モチベーションを維持する」は重要な要素である。これらの重要性については，文献でも見られるが，ブレインストーミングで抽出された項目をみて，類似のものを集めて分類し，内容を精査した。

⑨ソーシャルワークの価値を尊重する

先にも繰り返し述べてきたようにケースマネジメントとして子育て支援コーディネートを実施していくためにはソーシャルワークの「価値」を尊重するこ

とが欠かせない。

⑩情報管理に責任をもつ

現代社会において，個人情報保護の観点からも，情報管理に責任をもつことは重要である。

「10．コンサルテーション」は1つの独立した小カテゴリー及び要素となった。この要素は「①他職種に対する助言」である。他職種に専門職として何ができるかを伝えることは重要であり，社会福祉専門職の弱い部分でもある（芝野，2002）。そのため，今後は子育て支援コーディネーターとして何ができるかを伝え，そして，社会福祉専門職の立場からコンサルテーションを行っていくことも求められる。

子育て支援コーディネート環境・システム

子育て支援コーディネートを円滑に推進するための環境・システムについては，第2章の文献研究で，①核となる機関での実施，②ケースマネージャーの権限，③他機関の協力，④適切な担当ケース数，⑤チーム体制，⑥スーパービジョン体制，⑦管理運営，⑧待遇，⑨現任研修，⑩定型化された用紙の作成，⑪情報の一元化とデータベース化，⑫有資格者の雇用するシステムについて挙げた。ただし，これらは「子育て支援コーディネート環境・システム」に必要な要因について，断片的にしか記せていない。

したがって，「子育て支援コーディネート環境・システム」については，ブレインストーミングの内容を中心にカテゴリー化した。

小カテゴリーは，「1．働きやすい職場環境」，「2．コーディネーターの採用システム」，「3．力を発揮するためのシステム」，「4．教育・研修システム」，「5．広報」，「6．評価」に分類した（図3-1）。

以下，小カテゴリー及び要素ごとに理論仮説を説明する。

「1．働きやすい職場環境」では，4要素を仮定した。

①権限の委任，②職場の理解，③機関内の連携体制

子育て支援コーディネーターがその役割を果たすためには，コーディネーターに対する職場の理解や，それに伴う権限の明確化が必要である（Rubin，1987；副田，1995）。

④他団体・機関との連携システム

子育て支援コーディネーターが力を発揮するためには，関係機関である他団体・機関との連携システムが整備されている必要性がある（Intagliata, 1982）。

「2．コーディネーターの採用システム」では，3要素を仮定した。

①人員配置要件

子育て支援コーディネートは高度な社会福祉実践であるため（芝野，2002），それにふさわしい人員配置要件を確保する必要がある。人員配置要件に関する要素がブレインストーミングで複数抽出されたため，人員配置要件に関する項目としてまとめた。

②予算

子育て支援コーディネートを行うためには，十分な予算を必要とする。例えば，専門性の高い子育て支援コーディネーターを雇うためには，それに見あった給与を保障することが必要である（National Assocaition of Social Workers, 1987）。したがって，ここでは予算に関する項目をまとめた。

③資格要件

第1章，第2章でも述べたように，子育て支援コーディネートは専門性の高い仕事であるため，資格要件を定める必要がある。したがって，資格要件に関する項目を用意した。

「3．力を発揮するためのシステム」として，5要素を仮定した。

①社会資源の整理

情報の一元化など，社会資源の整理については，子育て支援コーディネートの施策の変遷でもその必要性が強調されており（厚生労働省2002：本書表1-2など），子育て支援コーディネートを行っていくうえで必要であると考えられる（Intagliata, 1982）。

②定型化された用紙

子育て支援コーディネートを適切に行っていくためには，定型化された用紙を準備する必要がある（白澤，1992）。

③管理システム

子育て支援コーディネートを適切に行っていくためには，定型化された用紙なども重要であるが，コンピュータなども利用すべきである（Intagliata, 1982）。

また，現在ではICTも普及しているため，ICTを活用した情報の管理・発信などのシステム整備が目指される（厚生労働省，2002；本書表1-2など）。

④インフォームド・コンセントの用紙

「1．導入」の「⑤インテーク」でも述べたように，子育て支援コーディネートについて説明したり，契約を交わす必要性があるため（Rubin, 1983），そのためのシステムが必要である。

⑤設置環境

子育て支援コーディネーターが活躍するには，専有の電話やパソコンなどの設置環境も重要である。また，利用者が来所しやすく，話しやすい雰囲気のある場所が必要である。このような設置環境に関する項目をまとめ，「⑤設置環境」とした。

「4．教育・研修システム」として，2要素を仮定した。

①現任研修

すべての子育て支援コーディネーターが現任研修を受けることのできるシステムが必要である（Intagliata, 1982）。

②コンサルテーションとスーパービジョンの機会

子育て支援コーディネーターがコンサルテーションやスーパービジョンを受ける機会を設けることも重要である。スーパービジョンは子育て支援コーディネーターのバーンアウトを防ぐ効果もある（Intagliata, 1982；Rubin, 1987）。

「5．広報」は「①広報システム」という1つの独立した要素となった。子育て支援コーディネートを利用してもらうためには，広報を十分に行うことも重要である。

「6．評価」も1つの独立した要素となった。子育て支援コーディネートの利用者評価を行うことは容易ではないが，事業を発展させていくためには，利用者評価も欠かせない要素である（小野，2011）。

以上，「子育て支援コーディネート理論仮説」について示した。

次章以降は，量的調査により，子育て支援コーディネート理論仮説に基づいた実態の検証，及びケースマネジメントによる子育て支援コーディネートの推進要因と課題の検証を行う。

第4章
子育て支援コーディネートの実態

1　質問紙の作成

　第4章では，第3章で示した「子育て支援コーディネート理論仮説」を実証的に検証するために，量的調査のツールとして用いる自記式質問紙の作成と，記述統計を用いた実態の検証を行う。

　量的調査は「市区町担当者対象の調査」と「子育て支援コーディネーター対象の調査」の2つを行うことで，両者の立場から子育て支援コーディネートの課題や問題点を明確にすることを試みる。

　第1章では，子育て支援コーディネートの施策の変遷について示した。子育て支援総合コーディネート事業は，事業創設案では，子育て支援にケースマネジメントを導入するという画期的な施策であったものの，方法等が明確に示されないことで，結果的に市町村でうまく実施されないままとなった。それに伴って，子育て支援コーディネートのめざすべき姿は，現実に即してコーディネーションや情報提供による援助とされ，次第にケースマネジメントの必要性は見失われていった。

　そこで，第2章では第1章を踏まえ，改めてケースマネジメントによる子育て支援コーディネートの必要性について理論的に検証した。元来ケースマネジメントは，問題が顕在化したケースに対応する対人援助技術であるが，岡村（1974）の予防的社会福祉の理論的枠組みでケースマネジメントを捉え直し，ケースマネジメントによる子育て支援コーディネートの必要性について示唆した。

　第3章では，これらの結果を踏まえ，ケースマネジメントによる「子育て支援コーディネート理論仮説」の構築を試みた。理論仮説は，第2章の文献研究結果と，第3章で記した子育て支援のエキスパートらに協力を得て実施したブ

レインストーミングの結果を合わせて構築した。

そこで、次に子育て支援コーディネート理論仮説を用いた実態の検証を行う。本章では、記述統計を用いた分析により、子育て支援コーディネート理論仮説のどの部分が実態として弱く、実践がうまくいかないのかを検証し、第5章では、多変量解析により、ケースマネジメントによる子育て支援コーディネートの推進要因と課題の検証を行うこととする。

円滑な推進に必要であると考えられる項目について

子育て支援コーディネートの円滑な推進に必要な項目は、第3章で作成した子育て支援コーディネート理論仮説の中の項目を使用する（巻末資料2）。

本研究で用いた質問紙は、これらの項目について、①現状でどのぐらいできているか（以下、「現状」）、②どれくらい市区町として重要と考えるか（以下、「考え」）の2側面からたずねる質問によって構成した。回答は、①「現状」では、「まったく（実施）できていない（1）〜十分（実施）できている（10）」の10件法とし、最もあてはまると思う数字にチェックしてもらうこととした。ただし、「現状」がどうしてもわからないときのみ、「わからない（0）」にチェックをしてもらう。②「考え」では、「まったく重要でない（1）〜最も重要である（10）」の10件法で、最もあてはまると思う数字にチェックしてもらうこととした。「考え」には「わからない」という選択肢は設けなかった。

10件法を用いたのは、7件法以上であれば順序尺度ではなく、間隔尺度とみなしてよいとされており（吉野・山岸・千野, 2007）、回答者によって直感的に点数をつけやすいと考えたからである。また、本調査では、同じ質問に対して「現状」と「考え」の2側面での回答を求めている。「現状」は、子育て支援コーディネートの「実態」を把握するために質問することとした。「考え」は、文献研究から各市区町において子育て支援コーディネートが十分に提供されていない可能性が示されたため、その原因が「考え」として重要性が認識されていないからなのか、あるいは他に何らかの阻害要因があり、うまくいかないのかを明らかにするために合わせて質問することとした。

第4章　子育て支援コーディネートの実態

円滑に推進されているかを問う項目について

　本来，子育て支援コーディネートが円滑に推進されていることを示す従属変数は，住民からの事業評価をもって行う必要がある（小野，2011）。

　しかし，子育て支援コーディネートが円滑に推進されているかを別途利用者に評価してもらうことは困難であるため，サービス提供者である回答者には「現状に対して『住民』がどう考えているかを想定して」答えてもらうこととした。

　項目は，子育て支援コーディネートが円滑に推進されていることを示すと考えられる項目を4項目用意した。まず，項目内容を筆者が作成し，それを2名（ブレインストーミング精緻化メンバー）にチェックしてもらった（巻末資料5，6）。

　教示については，「現状に対して貴市区町の『住民』がどう考えているかを想定して1「全く」そう思わないから10「十分」そう思う，までの10段階でお答えください」とした。従属変数も独立変数と同様の理由で，10件法を採用した。

現状について問う項目について

　子育て支援コーディネートの現状について問う項目は，「市区町担当者対象の調査」と「子育て支援コーディネーター対象の調査」それぞれの立場別に内容を作成した。

　まず市区町担当者に対して，職場の都道府県名，市区町の区分，市区町の人口，世帯数及び18歳未満人口，質問紙に答えた方の性別，担当部署名，職位，その部署に着任してからの年数，子ども関係の部署に着任してからの年数，子育て支援総合コーディネート事業の実施状況，子育て支援総合コーディネート事業が発展していくために必要と考えられる要因，今後の子育て支援総合コーディネート事業実施の方向性について質問した（巻末資料7）。

　追加して，子育て支援コーディネーターもしくはそれに準ずる者がいる場合は，子育て支援コーディネーターの人数，配置場所，子育て支援総合コーディネート事業は市区町の直営か委託か，次世代育成支援行動計画に対する位置付，本年度の子育て支援総合コーディネート事業予算，予算増額の予定の有無，現在の実施の方向性を質問した（巻末資料7）。

次に子育て支援コーディネーターに対して，職場の都道府県名，市区町の区分，質問紙に答えた方の性別，子育て支援コーディネーターとしてのキャリア年数，所持している免許・資格，雇用形態，週当たりの平均出勤日数及び1日あたりの平均勤務時間，子育て支援コーディネーターとしての月収，勤務場所の名称，職場の子育て支援コーディネーターの人数，1日に受け持つケース数の平均，子育て経験の有無，前職を質問した（巻末資料8）。

質問紙の体裁その他
　質問紙の最後に，質問項目では示せないような幅広い内容の意見を得るために，自由記述欄を設けた。自由記述欄には「本質問紙，子育て支援総合コーディネート事業について等，何でも結構です。ご意見等ございましたらお書きください」と記した。
　質問内容が揃ったところで，質問紙の表紙を作成した。表紙には，調査目的，守秘義務など倫理的配慮に関する事項，質問紙の答え方，返却方法，返却期限について明示した。
　また，子育て支援コーディネートがどのようなサービスを指すのか，回答者間でイメージが異なることが懸念されたため，表紙の次のページに現行の児童福祉法第21条第11項を引用し，子育て支援コーディネーターという名称が付いていなくても，その役割を担っている人がいれば，その人を想定して答えてもらうようお願いした。そして，本調査における子育て支援コーディネートの定義を「各子ども家庭の複雑な支援ニーズを見極め，必要とする子育て支援サービスを利用できるよう，相談に応じ，助言し，サービスにつなぐこと。また，必要なサービスがなければサービスを開発したり，サービス提供機関に働きかけたり，自ら必要とされているサービスの役割を担うなど，利用者が適切な子育て支援環境を得られることに責任を負う」と記した。
　次に，作成した質問内容の案をもとに体裁を整え，質問紙（案）を作成した。
　その質問紙（案）に対して，ブレインストーミングで協力を得た4名（質問紙作成精緻化作業に携わっていない残りのメンバー）と実際に子育て支援コーディネート業務を担っている子育て支援現場の職員1名の計5名に，表現や内容のチェックの依頼をした。

指摘があった箇所について，質問紙作成段階まで携わった3名で修正案を検討し，必要があると判断した箇所については修正を行い，質問紙内容を確定した。

最後に，修正した質問紙の体裁を再度整え，印刷会社に校正・印刷の依頼をした。質問紙は，「市区町担当者対象の調査」，「子育て支援コーディネーター対象の調査」の2種類があり，同時に送付する。そのため，どちらの質問紙か区別しやすいように，「市区町担当者対象の調査」をブルー，「子育て支援コーディネーター対象の調査」をピンクに色分けした（巻末資料7，8）。

2　実態調査の実施

実施内容

全国市区町1717件（村は除く，2010（平成22）年7月29日現在）を対象に質問紙調査を実施した。区に関しては，東京都のすべての特別区及び政令指定都市（2010（平成22）年4月現在19市）に質問紙を配布した。区を管轄している市（政令指定都市）には，質問紙が二重に配布されることになるため，配布しなかった。村は基礎自治体の中でも規模が小さく，子育て支援コーディネートを実施するのに十分な規模ではないと考えられるため，調査から省いた。

質問紙は「市区町担当者対象の調査」と「子育て支援コーディネーター対象の調査」の2種類を作成したが，両質問紙ともに，一括して市区町の子育て支援担当部局宛に送付した。

郵送した質問紙送付セットの中身は以下の①～⑩である。「市区町担当者対象の調査」セットとして，①質問紙回答のお願い（表）本研究で考える子育て支援コーディネート（裏）（1部），②「市区町担当者対象の調査」質問紙用紙20ページ（1部），③「市区町担当者対象の調査」質問紙返信用封筒（1部），④回答用ボールペン，⑤ファイル（①～④をセットとして挟み込むためのもの）（1部）及び「子育て支援コーディネーター対象の調査」セットとして，⑥質問紙回答のお願い（表）本研究で考える子育て支援コーディネート（裏）（1部），⑦「子育て支援コーディネーター対象の調査」質問紙用紙19ページ（1部），⑧「子育て支援コーディネーター対象の調査」質問紙返信用封筒（1部），⑨回答用ボー

ルペン，⑩ファイル（⑥～⑨をセットとして挟み込むためのもの）（1部）を郵送用封筒に挿入した。

質問紙送付セットは「市区町担当者対象の調査セット」と「子育て支援コーディネーター対象の調査セット」の各1セットが入っているため，各市区町子育て支援担当部局で受け取った封筒を開封後，「市区町担当者対象の調査セット」に挿入されている質問紙に答えてもらう。

また，各市区町子育て支援担当部局で，子育て支援総合コーディネート事業の実施の如何にかかわらず，「子育て支援コーディネートをしている人がいる」，「子育て支援コーディネーターがいる」と判断した場合，子育て支援担当部局職員からその市区町の子育て支援コーディネーターに「子育て支援コーディネーター対象の調査セット」一式を渡してもらった。

調査期間

2010（平成22）年11月18日に質問紙郵送手続きを行った。質問紙配布時の締め切りは，「市区町担当者対象の調査」が2010（平成22）年12月10日，「子育て支援コーディネーター対象の調査」が2010（平成22）年12月13日とした。「子育て支援コーディネーター対象の調査」の締め切りを遅くしたのは，市区町担当者から子育て支援コーディネーターに質問紙を渡す期間を配慮したためである。

2010（平成22）年12月10日に，質問紙を配布したすべての市区町に，御礼状を送付した。御礼状には合わせて，まだ質問紙が手元にある場合は返信してほしい旨を記した。

よって，質問紙締め切り期限後も質問紙返却を受け付け，2011（平成23）年1月20日までに関西学院大学芝野松次郎研究室宛に届いた質問紙を本研究の分析に使用した。

倫理的配慮

調査結果は統計的に処理され，個別の市区町が特定できる情報は公開しないことを質問紙に明記した。分析においても，個別の市区町が特定できる可能性のある部分については公表を控えた。また，収集したデータの取扱いには細心の注意を払い，鍵をかけて厳重に保管している。

3　子育て支援コーディネートの現状

市区町担当者対象の調査

① 質問紙の回収数・有効回答率

873件の質問紙が回収され，回収率は50.8％であった。そのうち，子育て支援コーディネートの「現状」については432件，今後の必要性に関する「考え」については735件を有効回答として採用した。属性の記述統計による分析については，「考え」で有効であった735件を分析対象とする。

表4－1に各都道府県別の質問紙配布数と有効回答数及び有効回答率を示した。全体の有効回答率は42.8％であった。

都道府県別の有効回収率をみると，最も高かったのが愛媛県65.0％（13／20），2番目が鳥取県61.1％（11／18），3番目が栃木県59.3％（16／27）であった。次に，有効回収率が低かった都道府県をみると，最も低かったのが京都府11.4％（4／35），2番目が佐賀県20.0％（4／20），3番目が広島県26.7％（8／30）と，有効回答率は都道府県によって差がみられた。

一方で，地方別回収率をみると，いずれの地方も有効回収率は30％台から40％台であり，地方別では有効回答率に大きな差はみられなかった（表4－2）。

② 回答市区町と回答者の属性

回答者の勤務する市区町の属性について尋ねた。

その結果，中核市30件（4.1％），市（中核市以外）358件（48.7％），東京23区9件（1.2％），区（東京23区以外）27件（3.7％），町309件（42.0％），欠損値2件（0.3％）であり，約半数を市（中核市以外）が占めた（図4－1）。

「市区町担当者対象の調査」回答者の市区町の「人口」，「世帯数」，「18歳未満人口」について尋ねた。

市区町の人口は，5万人以下の比較的規模の小さな自治体が54.6％（401件）と半数を占めた。一方，10万人から30万人以下の中規模の自治体は16.9％（124件），30万人以上の大規模な自治体は6.0％（44件）であった（表4－3）。回答は100未満切り捨てとしたため，平均値は算出しなかった。

世帯数，18歳未満人口についても表4－3に記した。

表4-1 「市区町担当者対象の調査」都道府県別回収率

	配布数	有効回収数	有効回収率
北海道	173	82	47.4%
青森県	32	18	56.3%
岩手県	29	15	51.7%
宮城県	38	12	31.6%
秋田県	22	6	27.3%
山形県	32	13	40.6%
福島県	44	16	36.4%
宮城県	42	19	45.2%
栃木県	27	16	59.3%
群馬県	27	10	37.0%
埼玉県	72	30	41.7%
千葉県	58	30	51.7%
東京都	54	26	48.1%
神奈川県	57	19	33.3%
新潟県	33	18	54.5%
富山県	14	5	35.7%
石川県	19	9	47.4%
福井県	17	5	29.4%
山梨県	21	7	33.3%
長野県	42	20	47.6%
岐阜県	40	21	52.5%
静岡県	43	21	48.8%
愛知県	70	36	51.4%
三重県	29	13	44.8%
滋賀県	19	10	52.6%
京都府	35	4	11.4%
大阪府	71	31	43.7%
兵庫県	49	19	38.8%
奈良県	27	13	48.1%
和歌山県	29	9	31.0%
鳥取県	18	11	61.1%
島根県	20	9	45.0%
岡山県	28	15	53.6%
広島県	30	8	26.7%
山口県	19	7	36.8%
徳島県	23	11	47.8%
香川県	17	5	29.4%
愛媛県	20	13	65.0%
高知県	28	10	35.7%
福岡県	70	24	34.3%
佐賀県	20	4	20.0%
長崎県	21	12	57.1%
熊本県	37	17	45.9%
大分県	17	5	29.4%
宮崎県	23	12	52.2%
鹿児島県	39	12	30.8%
沖縄県	22	6	27.3%
欠損値	—	1	—
合計	1717	735	42.8%

第4章　子育て支援コーディネートの実態

表4-2　「市区町担当者対象の調査」地方別回収率

	配布数	有効回収数	有効回収率
北海道地方	173	82	47.4%
東北地方	197	80	40.6%
関東地方	337	150	44.5%
中部地方	299	142	47.5%
近畿地方	259	99	38.2%
中国地方	115	50	43.5%
四国地方	88	39	44.3%
九州地方	249	92	36.9%
欠損値	—	1	—
合　計	1717	735	42.8%

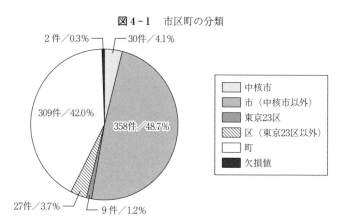

図4-1　市区町の分類

　回答者の性別は，男性343件（46.7%），女性387件（52.7%），欠損値5件（0.1%）であり，女性がやや多いものの差はみられなかった。

　担当部局の名称は自治体によって様々であったが，「教育委員会」，「教育部」，「幼児教育課」など，教育系の部局に所属しているとみられる回答者が34件（4.6%），「こども部」，「こども福祉部」，「こども未来部」，「福祉部」，「福祉課」，「福祉事務所」，「民生部」など，福祉系の部局に所属しているとみられる回答者が692件（94.1%），欠損値が9件（1.2%）と，回答者の約95%が福祉系部局に所属していることが示された。

　回答者の職位について尋ねた。441件（60.0%）が何らかの職位についている

表4-3 有効回答の市区町の人口規模,世帯数及び18歳未満人口

市区町の人口			市区町の世帯数			18歳未満の人口		
	n	%		n	%		n	%
5千人以下	37	5.0	5千人以下	147	20.0	5千人以下	276	37.6
5千人以上～1万人以下	74	10.1	5千人以上～1万人以下	118	16.1	5千人以上～1万人以下	132	18.0
1万人以上～5万人以下	290	39.5	1万人以上～5万人以下	302	41.1	1万人以上～5万人以下	194	26.4
5万人以上～10万人以下	136	18.5	5万人以上～10万人以下	65	8.8	5万人以上～10万人以下	39	5.3
10万人以上～30万人以下	124	16.9	10万人以上～30万人以下	58	7.9	10万人以上～30万人以下	7	1.0
30万人以上～50万人以下	28	3.8	30万人以上～50万人以下	5	0.7			
50万人以上～100万人以下	15	2.0	50万人以上～100万人以下	1	0.1			
100万人以上	1	0.1						
欠損値	30	4.1	欠損値	39	5.3	欠損値	87	11.8
合計	735	100.0	合計	735	100.0	合計	735	100.0

との回答であった。職位の名称は,多い順に「係長」101件(13.7%),「主査」72件(9.8%),「主幹」38件(5.1%)であった。

回答者について,現在の部署及び子ども関係の部署に所属して何年目かをそれぞれ尋ねた。

その結果,現在の部署の所属年数は平均3.13年目(最小1年目,最大35年目)であり,現在の部署に来て3年未満の回答者が約70%であった。また,子ども関係の部署の所属年数を見ても,平均6.42年目(最小1年目,最大40年目)であり,子ども関係の部署に来て3年目未満の回答者が約60%であることが示された(表4-4)。

つまり,市区町の子育て支援部局において責任のあるポジションについている回答者が多いものの,子ども関係の部局でのキャリアは比較的短いことが示された。

③ 市区町における子育て支援総合コーディネート事業実施状況と事業実施における今後の方針

子育て支援総合コーディネート事業の実施状況を尋ねた。

第4章 子育て支援コーディネートの実態

表4-4 現在の部署及び子ども関係の部署所属年数

現在の部署所属年数			子ども関係の部署所属年数		
	n	%		n	%
1年未満	196	26.7	1年未満	146	19.9
1年以上3年未満	322	43.8	1年以上3年未満	283	38.5
3年以上5年未満	144	19.6	3年以上5年未満	139	18.9
5年以上10年未満	58	7.9	5年以上10年未満	63	8.6
10年以上20年未満	8	1.1	10年以上20年未満	19	2.6
20年以上	6	0.8	20年以上	78	10.6
欠損値	1	0.1	欠損値	7	1.0
合　計	735	100.0	合　計	735	100.0

　その結果を図4-2に示す。最も多かったのは「今後の実施については未定である（246件，33.5%）」であった。次に多いのが「同名ではないが類似の事業を現在実施している（220件，29.9%）」であった。

　「同名の事業を現在実施している」のは全回答の6.1%（45件）であり，「子育て支援総合コーディネート事業」として子育て支援コーディネートを実施している市区町はわずかであることがわかった。調査の時点では法律上，子育て支援コーディネートは提供義務があるわけではないが，児童福祉法によって市町村にこの機能を位置付けていた。しかし，実際には子育て支援コーディネートに重点を置いているとはいえない結果となった。

　また，「同名ではないが類似事業を現在実施している（220件，29.9%）」が多い背景として，子育て支援総合コーディネート事業以外の形で子育て支援コーディネートが実施されている可能性も考えられたが，具体的な事業名（自由記述）をみていくと，「子育て支援センター事業（14件，6.7%）」，「子育て支援室（10件，4.5%）」「地域子育て支援拠点事業（9件，4.1%）」などもあり，回答者が類似事業として挙げた事業の中に，少なからず子育て支援コーディネートの提供を中心としない事業がある。

　今後，市区町として子育て支援総合コーディネート事業を実施していくために何が必要であるか尋ねた（複数回答可）。

　その結果，「必要である」との回答が多かったものから順に，「コーディネート事業をする人員の確保（535件，72.8%）」，「市区町内での予算確保（385件，

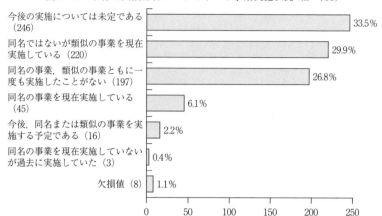

図4-2 子育て支援総合コーディネート事業実施状況（n＝735）

52.4%）」，「コーディネーターの人材育成の機会（366件，49.8%）」となった（図4-3）。子育て支援コーディネーターにふさわしい人材の確保や，子育て支援コーディネーターの育成の機会等が子育て支援コーディネートを実施していく上で課題であり，重要な点でもあることが読み取れる結果となった。

今後，市区町として子育て支援総合コーディネート事業にどの程度力を入れて実施していく予定があるかについて，「全く力を入れない（1）」～「十分力を入れる（10）」までの10段階で答えてもらった。

その結果，平均5.79（標準偏差2.42）であり，今後も子育て支援総合コーディネート事業は市区町にとって，それほど優先度の高い事業でないことが示唆される結果となった（図4-4）。

④ 子育て支援コーディネートの実施状況（実施している市区町のみ）

子育て支援総合コーディネート事業の実施状況について，「同名の事業を現在実施している（45件，6.1%）」と「同名ではないが類似の事業を現在実施している（220件，29.9%）」と回答した市区町に，事業の実施状況について詳しく尋ねた。

「同名ではないが類似の事業を現在実施している」は，自由記述欄に回答のあった事業名を確認すると，子育て支援コーディネートを専門としていない事業も記載されていたため，「同名の事業を現在実施している」（以下，「同名事

第4章 子育て支援コーディネートの実態

図4-3 子育て支援総合コーディネート事業の発展に必要なこと (各n=735)

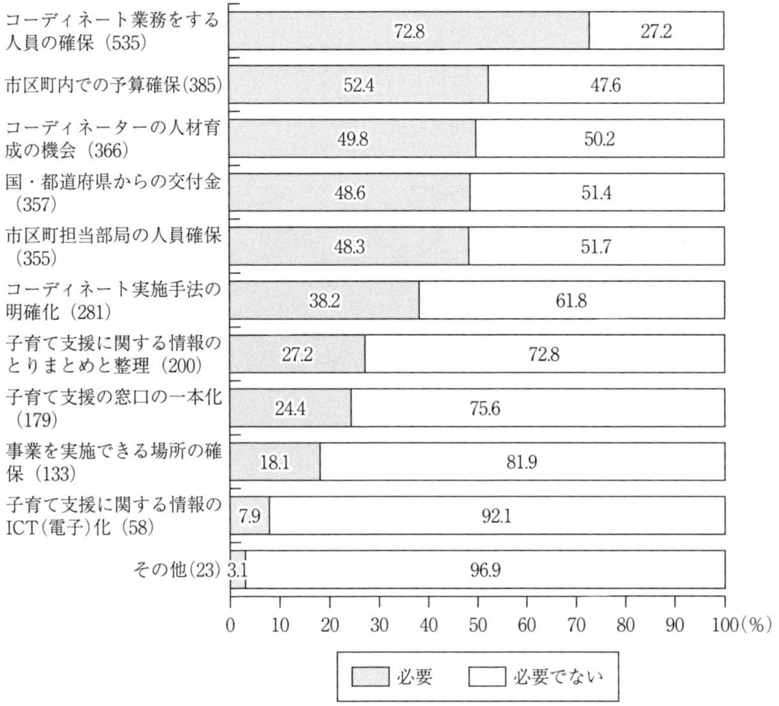

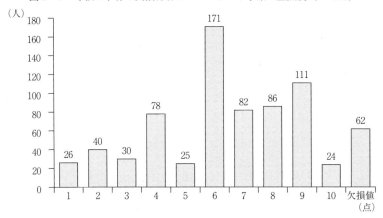

図4-4 今後の子育て支援総合コーディネート事業の重点度 (n=735)

業」）と「同名ではないが類似の事業を現在実施している」（以下，「類似事業」）の回答はそれぞれ別に結果を算出した（表4-5）。

　事業の実施場所は，「同名事業」，「類似事業」ともに「子育て支援センター（同名事業21件，類似事業126件）」での実施が最も多かった。しかし，「同名事業」では，「子育て支援センター（21件）」と「市区町役所（20件）」での実施の差は1件しかない。その他の施設での実施は「同名事業」，「類似事業」ともに少数であった（表4-5）。

　事業の実施主体は，「同名事業」，「類似事業」ともに「市区町直営（同名事業37件，類似事業204件）」が最も多かった（表4-5）。

　また，事業を委託する場合の委託先について尋ねた結果，「同名事業（12件）」では，「NPO」4件，「社会福祉協議会」2件などであった。「類似事業（28件）」では，「社会福祉法人」13件，「NPO」7件，「社会福祉協議会」4件，「民間企業」4件であった。

　「同名事業」，「類似事業」ともに，次世代育成支援に位置付けているとの回答が多かった（同名事業，97.8％，類似事業，84.5％）（表4-5）。

　子育て支援コーディネーターの数は「同名事業」で平均3.53人（標準偏差4.40），「類似事業」で平均5.43人（標準偏差7.91）であり，類似事業のほうが多い。しかし，t検定の結果，有意な差はみられなかった（表4-5）。

　予算の増額予定が「ある」のは，「同名事業」で4.4％（2件），「類似事業」で15.0％（33件）であり，子育て支援総合コーディネート事業の予算増額はあまり検討されていないことが示された（表4-5）。

　1年間の事業の予算についても尋ねたが，「同名事業」，「類似事業」ともに，子育て支援コーディネートに関する部分のみの予算の算出が難しいとの回答が多く，平均値を算出できなかった。

　今後，事業にどれくらい力を入れて実施していく予定があるかについて，「全く力を入れない（1）」～「十分力を入れる（10）」までの10段階で答えてもらった。

　その結果，同名事業は平均7.44（標準偏差1.80），類似事業は平均7.28（標準偏差1.68）であった。t検定の結果，「同名事業」と「類似事業」の今後の取り組みの予定に有意な差はみられなかった（表4-5）。

第4章 子育て支援コーディネートの実態

表4-5 子育て支援総合コーディネート事業及び類似事業の実施状況

事業実施場所			実施主体		
	同名事業 (n=45)	類似事業 (n=220)		同名事業 (n=45)	類似事業 (n=220)
子育て支援センター	21	126	市区町直営	37	204
市区町役所	20	98	委 託	12	28
保育所	7	24	(複数回答可)		
児童館	2	10			
幼稚園	1	5			
認定こども園	0	4			
その他	7	24			
(複数回答可)					

次世代育成支援の位置づけ			子育て支援コーディネーターの数		
	同名事業 (n=45)	類似事業 (n=220)		同名事業 (n=45)	類似事業 (n=220)
位置づけている	44 (97.8%)	186 (84.5%)	人 数	3.53 (4.40)	5.43 (7.91)
位置づけていない	1 (2.2%)	29 (13.2%)	( )内は標準偏差		
欠損値	0 (0.0%)	5 (2.3%)			

予算増額の予定			今後事業にどれぐらい力を入れていくか		
	同名事業 (n=45)	類似事業 (n=220)		同名事業 (n=45)	類似事業 (n=220)
あ る	2 (4.4%)	33 (15.0%)	10段階評価	7.44 (1.80)	7.28 (1.68)
な い	25 (55.6%)	87 (39.5%)	( )内は標準偏差		
わからない	15 (33.3%)	92 (41.8%)			
欠損値	3 (6.7%)	8 (3.6%)			

子育て支援コーディネーター対象の調査

① 質問紙の回収数・有効回答率

「子育て支援コーディネーター対象の調査」の質問紙は,「市区町担当者対象の調査」の質問紙に同封して子育て支援担当部局に送り,子育て支援コーディネーター(もしくは子育て支援コーディネーターと同等の役割を担っている人)が市区町にいれば,担当者から「子育て支援コーディネーター対象の調査」の質問紙を配布してもらった。なお,担当者によって,子育て支援コーディネーターの役割を担っている人のイメージが異なることが考えられ,子育て支援コーディネーターの役割を期待されていない人材に質問紙が配布されることが懸念された。そこで,子育て支援コーディネーターとしての役割が期待されている人材

に確実に質問紙が渡るよう，表紙の次のページに現行の児童福祉法第21条第11項を引用し，子育て支援コーディネーターという名称がついていなくても，その役割を担っている人がいれば，その人が子育て支援コーディネーターである旨を明記した。この方法で調査を実施することにより，子育て支援コーディネーターとしての役割を求められている人材の課題や問題点を明らかにする。

また，そのような役割を担っている人がいない場合は，「市区町担当者対象の調査」と一緒に無記入のまま「子育て支援コーディネーター対象の調査」の質問紙を返送してもらった。

その結果，記入された質問紙の回収数は234件（回収率13.6％）であり，回収率は非常に低かった。しかし，子育て支援コーディネーターがいないと市区町担当者によって判断され，無記入のまま回収された質問紙が414件（回収率24.1％）あった。

したがって，「子育て支援コーディネーター対象の調査」の回収数の合計は648件で，全体の回収率は37.7％であった。「市区町担当者対象の調査」の回収数（873件，50.8％）よりは少ないものの，記入された質問紙の回収率及び，今後分析に使用する有効回答率が低いのは，「市区町担当者対象の調査」の結果が示すように，子育て支援コーディネートが根付いておらず，多くの市区町に子育て支援コーディネーターにあたる人材がいないことが一因であると考えられる。

分析では，子育て支援コーディネートの「現状」については165件，今後の必要性に関する「考え」については199件を有効回答として採用した。属性の単純集計については，「考え」で有効であった199件を分析対象とする。

表4-6に，各都道府県別の質問紙配布数と有効回答数及び，有効回答率を示した。全体の有効回答率は11.6％であった。

都道府県別の有効回答率には差がみられ，最も高かったのが石川県で42.1％（8／19），2番目が滋賀県36.8％（7／19），3番目が東京都25.9％（14／54）であった（表4-6）。

石川県は，地域や家庭の子育て力の低下による育児負担感，不安感の高まりを受け，2005（平成17）年10月より，保育所を子育て支援拠点と位置付け，「マイ保育園登録制度」を実施している（厚生労働省社会保障審議会少子化社会特別部会，

2009)。マイ保育園登録制度は子育て支援総合コーディネート事業の類似事業であり，各子どもと家庭が登録した「マイ保育園」の「子育て支援コーディネーター」が子育て支援資源につなげたり，育児相談を受け付けている。また，「マイ保育園」で一時保育も利用できる。「マイ保育園登録制度」は，2008（平成20）年度末現在，金沢市を除く18市町で実施されているため，子育て支援コーディネーターがいると判断され，回収率が高い結果となったと考えられる。

次に有効回収率が低かった都道府県をみると，最も低かったのが山形県（0／32）・香川県（0／17）・大分県（0／17）・鹿児島県（0／39）・沖縄県（0／22）で，いずれも有効回収率が0％であった（表4-6）。

地方別に有効回収率をみると，関東地方16.0％，近畿地方15.8％と比較的都心部の有効回答率が高く，東北地方5.6％，北海道地方6.9％などが低かったが，飛び抜けて高低のある地方はなかった（表4-7）。

② 回答市区町と回答者の属性

回答者の勤務する市区町の属性について尋ねた。

その結果，中核市16件（8.0％），市（中核市以外）116件（58.3％），東京23区5件（2.5％），区（東京23区以外）9件（4.5％），町51件（25.6％），欠損値2件（1.0％）であり，半数以上を市（中核市以外）が占めた（図4-5）。

回答者の性別は，女性176件（88.4％），男性23件（11.6％）であり，女性が約9割を占めた（表4-8）。

また，年齢は50代が最も多く39.7％（79件），次に40代30.7％（61件）と続き，40代以上が85％以上であった。一方で20代は2.5％（5件）であり，回答者の年齢に偏りがみられる（表4-8）。

子育て経験は，「ある」が91％（181件）であった。子育て支援コーディネーターの募集にあたって，「子育て経験があること」が条件に入っていることもあり（表1-2），実際にも子育て経験が重視されている傾向があると読み取れる結果となった。

複数回答可で保有資格について尋ねた。

その結果，回答者は「保育士」（123件，61.8％），「幼稚園教員免許」（83件，41.7％）所持者が多くを占めることがわかった（図4-6）。幼稚園教員免許所持者は保育士資格所持者の次に多いが，幼稚園教員免許所持者83件のうち，71件

表4-6 「子育て支援コーディネーター対象の調査」都道府県別回収率

	配布数	有効回収数	有効回収率
北海道	173	12	6.9%
青森県	32	2	6.3%
岩手県	29	5	17.2%
宮城県	38	1	2.6%
秋田県	22	1	4.5%
山形県	32	0	0.0%
福島県	44	2	4.5%
宮城県	42	5	11.9%
栃木県	27	3	11.1%
群馬県	27	4	14.8%
埼玉県	72	12	16.7%
千葉県	58	10	17.2%
東京都	54	14	25.9%
神奈川県	57	6	10.5%
新潟県	33	1	3.0%
富山県	14	2	14.3%
石川県	19	8	42.1%
福井県	17	1	5.9%
山梨県	21	4	19.0%
長野県	42	5	11.9%
岐阜県	40	5	12.5%
静岡県	43	3	7.0%
愛知県	70	13	18.6%
三重県	29	2	6.9%
滋賀県	19	7	36.8%
京都府	35	2	5.7%
大阪府	71	16	22.5%
兵庫県	49	7	14.3%
奈良県	27	2	7.4%
和歌山県	29	5	17.2%
鳥取県	18	4	22.2%
島根県	20	2	10.0%
岡山県	28	3	10.7%
広島県	30	2	6.7%
山口県	19	2	10.5%
徳島県	23	3	13.0%
香川県	17	0	0.0%
愛媛県	20	2	10.0%
高知県	28	2	7.1%
福岡県	70	5	7.1%
佐賀県	20	1	5.0%
長崎県	21	4	19.0%
熊本県	37	6	16.2%
大分県	17	0	0.0%
宮崎県	23	3	13.0%
鹿児島県	39	0	0.0%
沖縄県	22	0	0.0%
欠損値	—	0	—
合　計	1717	199	11.6%

第4章 子育て支援コーディネートの実態

表4-7 「子育て支援コーディネーター対象の調査」地方別回収率

	配布数	有効回収数	有効回収率
北海道地方	173	12	6.9%
東北地方	197	11	5.6%
関東地方	337	54	16.0%
中部地方	299	42	14.0%
近畿地方	259	41	15.8%
中国地方	115	13	11.3%
四国地方	88	7	8.0%
九州地方	249	19	7.6%
合 計	1717	199	11.6%

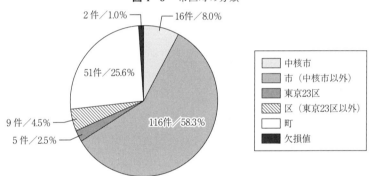

図4-5 市区町の分類

表4-8 回答者の性別, 年齢, 子育て経験

性 別			年 齢			子育て経験		
	n	%		n	%		n	%
女性	176	88.4	20代	5	2.5	あり	181	91.0
男性	23	11.6	30代	23	11.6	なし	17	8.5
			40代	61	30.7			
			50代	79	39.7			
			60代	31	15.6			

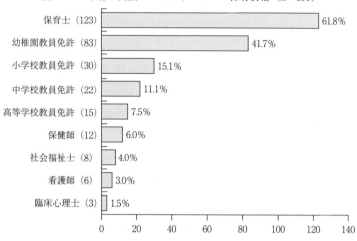

図4-6　子育て支援コーディネーターの保有資格（n＝199）

（幼稚園教員免許所持者の85.5%）が保育士資格を所持している。したがって，幼稚園教員免許所持者も保育士資格所持者として子育て支援コーディネーターとして採用されている可能性がある。

　第2章における文献研究の結果，子育て支援コーディネーターには，ソーシャルワークを専門とする「社会福祉士」が適任であると記述したが，回答者の中で社会福祉士資格所持者は8件（4.0%）で，非常に少ない結果となった。この社会福祉士資格所持者8件のうち5件は保育士資格も所持しており，社会福祉士資格は子育て支援コーディネーター採用の資格要件になっていないと考えられる。

③　回答者の雇用状況

　子育て支援コーディネーターの雇用状況について，雇用形態，子育て支援コーディネーターとしてのキャリア，週あたりの出勤日数及び1日あたりの出勤時間，月収，1人の子育て支援コーディネーターが1日にもつ平均相談件数，職場の子育て支援コーディネーターの数について尋ねた（表4-9）。

　なお，質問紙は各市区町で最も子育て支援コーディネーターとして活躍している人1人に配布しているため，この結果はわが国の子育て支援コーディネーター全体の雇用状況を示しているわけではないことを断っておく。

第4章　子育て支援コーディネートの実態

　回答者に雇用形態を尋ねた結果，常勤が65.3％（130件），非常勤が31.7％（63件），欠損値3.0％（6件）で，常勤が3分の2程度を占めた（表4-9）。
　子育て支援コーディネーターとしてのキャリアは平均3.9年（最小1年，最大20年）であり，5年未満のキャリアの短い子育て支援コーディネーターが多い（133件，66.8％）。さらに，1年目の子育て支援コーディネーターも全体の23.1％（46件）を占め，子育て支援コーディネーターとしてキャリアの長い人は少数であることが示された（表4-9）。
　週あたりの出勤日数は5日が多く，74.4％（148件）を占めている。1日の勤務時間も8時間以上が最も多く，64.8％（129件）であった。雇用形態で常勤の回答者が65.3％（130件）であったことから，雇用形態と勤務時間帯は整合性のある結果となった（表4-9）。
　月収は20万円以上が48.7％（97件）で最も多く，続いて10万円以上20万円未満が37.7％（75件）であった。10万円未満は最も少なく，9.5％（19件）にとどまった（表4-9）。しかしながら，常勤で働いている回答者が65.3％（130件）であったことから，常勤でも20万円以下の月収の回答者がいると推測される。本書では，子育て支援コーディネーターには高度なソーシャルワークの専門性が必要であると述べているが，現時点で子育て支援コーディネーターはその専門性に見合った待遇を受けていないことが示唆された。
　子育て支援コーディネーターが1日にもつ平均相談件数は平均3.3件（最小0件，最大25件）であり，0～2件が40.7％，3～5件が30.7％でそれほど多くない。一方で，1日平均11件以上もつ回答者もおり，職場によって子育て支援コーディネーターが1日にもつ相談件数は大きく異なることが示唆された（表4-9）。
　職場の子育て支援コーディネーターの数は平均3.9人（最小1人，最大25人）であり，回答者によって差があった。しかし，2人以下の職場が43.2％（86件）を占め，子育て支援コーディネーターは1人ないし2人の職場が多い（表4-9）。

表4-9　子育て支援コーディネーターの雇用状況

雇用形態	n	%	子育て支援コーディネーターとしてのキャリア	n	%
常　勤	130	65.3	1年目	46	23.1
非常勤	63	31.7	2～4年目	87	43.7
欠損値	6	3.0	5～9年目	46	23.1
			10～19年目	13	6.5
			20年目以上	1	0.5
			欠損値	6	3.0

週あたりの出勤日数	n	%	1日あたりの出勤時間	n	%
1日	3	1.5	5時間未満	7	3.5
2日	1	0.5	5時間以上8時間未満	44	22.1
3日	8	4.0	8時間以上	129	64.8
4日	24	12.1	欠損値	19	9.5
5日	148	74.4			
6日	5	2.5			
欠損値	10	5.0			

月　収	n	%	1日に1人がもつ相談件数	n	%
10万円未満	19	9.5	0～2件	81	40.7
10万円以上20万円未満	75	37.7	3～5件	61	30.7
20万円以上	97	48.7	6～10件	16	8.0
欠損値	8	4.0	11件以上	3	1.5
			欠損値	38	19.1

子育て支援コーディネーターの数	n	%
1人	45	22.6
2人	41	20.6
3人	32	16.1
4人	20	10.1
5～9人	41	20.6
10人以上	14	7.0
欠損値	6	3.0

4　子育て支援コーディネートの推進に関する状況

市区町担当者対象の調査

① 「円滑に推進されているかを問う項目」の記述統計

「円滑に推進されているかを問う項目」を4項目用意した（表4-10）。

子育て支援コーディネートが円滑に推進されているかを別途利用者に評価してもらうことが困難なため，回答者である市区町担当者には，「現状に対して『住民』がどう考えているかを想定して」，「全くそう思わない（1）」から「十分そう思う（10）」の10件法であてはまると思うところにチェックして答えてもらった。

その結果，直接子育て支援コーディネートが円滑に推進されているのかを問う質問である「4．貴市区町のコーディネートはうまくいっている」は平均5.56（標準偏差1.96）であり，用意した4つの従属変数の項目の中で最も平均値が低かった（表4-10）。

子育て支援コーディネートが円滑に推進されているかを間接的に問う質問項目として用意した「1．貴市区町の子育て支援サービスはわかりやすい」，「2．貴市区町の子育て支援サービスは利用しやすい」，「3．貴市区町の子育て支援に関する情報提供に満足している」について，直接的質問である「4．貴市区町のコーディネートはうまくいっている」と同じ因子であることを確かめるために，IBM SPSS Amos20を用いて確証的因子分析を行ったが，3項目の間接的質問すべてが直接的質問と同じ因子にならなかった。子育て支援コーディネートが円滑に推進されているという状況は，単に子育て支援サービスがわかりやすい，利用しやすい，情報提供に満足するという次元ではなく，人と環境の接点における問題の解決が図られているという高次元の状況で達成されるものであることが示唆される結果となった。

したがって，以後の分析では子育て支援コーディネートが円滑に推進されていることを示す従属変数として，「4．貴市区町のコーディネートはうまくいっている」の結果のみを使用する。

表4-10 従属変数の記述統計（「市区町担当者対象の調査」）

質問項目	n	平均値	標準偏差
1．貴市区町の子育て支援サービスはわかりやすい	735	6.33	1.54
2．貴市区町の子育て支援サービスは利用しやすい	735	6.41	1.60
3．貴市区町の子育て支援に関する情報提供に満足している	735	5.95	1.64
4．貴市区町のコーディネートはうまくいっている	735	5.56	1.96

② 「円滑な推進に必要であると考えられる項目」の記述統計

「円滑な推進に必要であると考えられる項目」は，「子育て支援コーディネーターに求められる力量」(91項目) と「子育て支援コーディネート環境・システム」(51項目) から成る（図3-1，巻末資料2）。それらの項目に対して「現状」と「考え」について，それぞれ10段階で答えてもらった。「現状」には「わからない」を設けたが，平均の算出には使用していない。

各項目の有効回答数，平均値，標準偏差について，巻末資料3，4に示した。回答の傾向を把握するために，「子育て支援コーディネーターに求められる力量」の「現状」と「考え」のそれぞれ上位5項目と下位5項目，「子育て支援コーディネート環境・システム」の「現状」と「考え」のそれぞれ上位5項目と下位5項目を検証する。

- 「子育て支援コーディネーターに求められる力量」で平均値の高い項目

「現状」の平均値の上位5項目は，順に「1-68. 利用者の秘密を守る（平均8.54，標準偏差2.34）」，「1-77. 情報管理に責任をもつ（平均7.70，標準偏差2.38）」，「1-10. 保育系部署と協働する（平均7.70，標準偏差2.28）」，「1-53. 利用者に対して誠実である（平均7.47，標準偏差2.27）」，「1-85. 相談件数や相談内容などの記録をつける（平均7.42，標準偏差2.59）」であった。すべて子育て支援コーディネートが円滑に推進されるためには欠かせない項目であると考えられるが，子育て支援コーディネーター独自の専門性を問う項目ではなく，対人援助職に共通する項目が並んでいる。

「考え」の平均値の上位5項目は，順に「1-68. 利用者の秘密を守る（平均

9.31, 標準偏差1.35)」,「1-77. 情報管理に責任をもつ（平均8.71, 標準偏差1.63)」,「1-14. 虐待ケースについて緊急性の判断をする（平均8.54, 標準偏差1.76)」,「1-54. 利用者と信頼関係を結ぶことができる（平均8.54, 標準偏差1.54)」,「1-72. 子どもの権利を尊重する（平均8.53, 標準偏差1.59)」であった。

「市区町担当者対象の調査」の「子育て支援コーディネーターに求められる力量」において「現状」と「考え」では，平均値の上位2項目が同じであった。また，「考え」の上位5項目についても，「現状」と同じように対人援助職に共通する項目があがっているが，ケースマネジメント援助技術について直接問う項目は見当たらない。

- 「子育て支援コーディネーターに求められる力量」で平均値の低い項目

「現状」の平均値の下位5項目は，順に「1-18. 書面または口頭で利用者と契約をする（平均3.09, 標準偏差2.63)」,「1-88. 連携機関のスタッフと飲み会などの非公式な交流の場を持つ（平均3.12, 標準偏差2.42)」,「1-30. 必要な場合は利用者に代わってサービスの申請をする（平均3.50, 標準偏差2.51)」,「1-27. 利用者の潜在的にもつ力を高めることができるような計画をたてる（平均4.08, 標準偏差2.37)」,「1-24. 利用者の予算に見合ったサービス計画をたてる（平均4.23, 標準偏差2.57)」であった。

「現状」において平均値が低い項目は，「1-88. 連携機関のスタッフと飲み会などの非公式な交流の場を持つ」以外は，子育て支援コーディネート理論仮説（図3-1）の「ケースマネジメント援助技術」の中の項目であり，子育て支援コーディネーターが子育て支援コーディネートの中核的な役割を果たしているかについて直接問う項目である。これらの項目の平均値が低いということは，子育て支援コーディネートがケースマネジメントとして実施されていないことを示しているといえる。

「考え」の平均値の下位5項目は，順に「1-88. 連携機関のスタッフと飲み会などの非公式な交流の場を持つ（平均4.65, 標準偏差2.33)」,「1-30. 必要な場合は利用者に代わってサービスの申請をする（平均5.44, 標準偏差2.18)」,「1-18. 書面または口頭で利用者と契約する（平均5.54, 標準偏差2.37)」,「1-32. 家族・親戚・友人などの利用者の私的な資源に働きかける（平均6.07, 標準偏差2.12)」,「1-29. 必要な場合は利用者と一緒にサービスの申請に出向く

（平均6.22，標準偏差2.09）」であった。

「考え」で平均が低かった項目も，「1-88．連携機関のスタッフと飲み会などの非公式な交流の場を持つ」以外は，子育て支援コーディネート理論仮説（図3-1）の「ケースマネジメント援助技術」の中の項目であった。「現状」だけでなく，「考え」としても平均値が低く，ケースマネジメントの必要性は市区町担当者に十分に認識されていないことが示唆される結果となった。「1-32．家族・親戚・友人などの利用者の私的な資源に働きかける」ことは，クライエント・ドリブンなケースマネジメントに欠かせない重要な項目であるが，この項目の平均値も4番目に低い。

これらの結果から読み取れることは，子育て支援コーディネートは，ケースマネジメントとして実施されておらず，市区町担当者は子育て支援コーディネートをケースマネジメント実践であると認識していない可能性があるということである。

- 「子育て支援コーディネート環境・システム」で平均値の高い項目

「現状」の平均値の上位5項目は，順に「2-12．市区町が子育て支援事業に積極的に取り組む（平均6.85，標準偏差2.24）」，「2-3．ケース発見で他機関と協力するシステムがある（平均6.33，標準偏差3.03）」，「2-42．子育て支援事業を子育て家庭に広報する（平均6.27，標準偏差2.62）」，「2-2．ケース記録の書式を作成している（平均6.24，標準偏差3.40）」，「2-17．コーディネーター事業管轄の上司と人間関係がうまくいく（平均6.15，標準偏差2.70）」であった。

「2-12．市区町が子育て支援事業に積極的に取り組む」が最も高く，子育て支援は多くの市区町で積極的に取り組まれていることが読み取れる。また，「2-42．子育て支援事業を子育て家庭に広報する」は3番目に高く，市区町で積極的に情報提供を行っていることが示された。しかしながら，利用者にとって子育て支援サービスはわかりにくいと言われており（内閣府，2014a），実際には，広報による情報提供では，問題を解決できていないことがわかる。

「考え」の平均値の上位5項目は，順に「2-12．市区町が子育て支援事業に積極的に取り組む（平均8.12，標準偏差1.69）」，「2-42．子育て支援事業を子育て家庭に広報する（平均8.08，標準偏差1.69）」，「2-13．行政の縦割（例えば，福祉関係の課と教育関係の課など）によって子育て支援事業を分断しないようにす

る（平均7.96, 標準偏差1.75）」,「2-14. 市区町の相談機関に子育て支援事業全体を見渡し，統括できる人材がいる（平均7.88標準偏差1.68）」,「2-3. ケース発見で他機関と協力するシステムがある（平均7.82, 標準偏差1.94）」であった。

「2-12. 市区町が子育て支援事業に積極的に取り組む」は,「現状」,「考え」ともに平均値は最も高い。同じく「2-42. 子育て支援事業を子育て家庭に広報する」も「現状」,「考え」ともに平均値が高く，情報提供の重要性は市区町に認識され，積極的に取り組まれているようである。一方で，子育て支援コーディネーターを示すと考えられる「2-14. 市区町の相談機関に子育て支援事業全体を見渡し，統括できる人材がいる」は，市区町において「考え」の平均値は高かったものの,「現状」はそれほど高くない。

- 「子育て支援コーディネート環境・システム」で平均値の低い項目

「現状」の平均値の下位5項目は，順に「2-51. 利用者がコーディネート事業を評価する（平均2.36, 標準偏差2.04）」,「2-50. コーディネートの手引き・ガイドラインがある（平均2.60, 標準偏差2.28）」,「2-45. コーディネート業務のICT化（電子化）を図る（平均2.65, 標準偏差2.18）」,「2-4. 利用者と契約を交わすための様式がある（平均3.05, 標準偏差2.85）」,「2-44. コーディネート事業のマニュアル化を図る（平均3.18, 標準偏差2.31）」であった。

「現状」で最も低かったのが,「2-51. 利用者がコーディネート事業を評価する」であり，次世代育成支援における事業評価は重要であるものの，実際にはできていない（小野, 2011）ことを裏付ける結果となった。

「2-4. 利用者と契約を交わすための様式がある」は,「子育て支援コーディネーターに求められる力量」の項目である「1-18. 書面または口頭で利用者と契約する」の「現状」（最も平均値が低い）と「考え」（3番目に平均値が低い）とも共通する結果であり,「契約」は子育て支援コーディネートを実施していくうえでなじみがないことがわかる。

「2-50. コーディネートの手引き・ガイドラインがある」,「2-45. コーディネート業務のICT化（電子化）を図る」,「2-4. 利用者と契約を交わすための様式がある」,「2-44. コーディネート事業のマニュアル化を図る」は，いずれも実際に子育て支援コーディネートを実施していくために必要であるが（芝野, 2002），子育て支援コーディネートがほとんどの自治体で実施されてい

ないため，これらの項目の平均値も必然的に低くなっている。

「考え」の平均値の下位5項目は，順に「2-4．利用者と契約を交わすための様式がある（平均5.99，標準偏差2.37）」，「2-45．コーディネート業務のICT化（電子化）を図る（平均6.19，標準偏差2.13）」，「2-30．コーディネーター専有の電話を設置する（平均6.49，標準偏差2.37）」，「2-51．利用者がコーディネート事業を評価する（平均6.52，標準偏差2.01）」，「2-1．日報の書式を作成している（平均6.66，標準偏差2.17）」であった。

「2-4．利用者と契約を交わすための様式がある」は最も平均値が低く，やはり「契約」の必要性は「市区町担当者」に浸透していない。

また，「現状」で最も平均値の低かった「2-51．利用者がコーディネート事業を評価する」は「考え」でも4番目に平均値が低く，住民評価の重要性が十分認識されていないことが読み取れる。「2-45．コーディネート業務のICT化（電子化）を図る」は「現状」でも低く，今日では一般的にICTが普及しているが，この分野ではICTがいまだ浸透していないようである。

子育て支援コーディネーター対象の調査
① 「円滑に推進されているかを問う項目」の記述統計

「市区町担当者対象の調査」の場合と同じように，「円滑に推進されているかを問う項目」を4項目用意した（表4-11）。

その結果，直接子育て支援コーディネートが円滑に推進されているのかを問う質問として用意した項目である「4．貴市区町のコーディネートはうまくいっている」の平均値は6.24（標準偏差1.78）であり，「市区町担当者対象の調査」の結果（表4-10）と同じく，4つの項目の中で最も平均値が低い。

子育て支援コーディネートが円滑に推進されているかを間接的に問う質問項目として用意した「1．貴市区町の子育て支援サービスはわかりやすい」，「2．貴市区町の子育て支援サービスは利用しやすい」，「3．貴市区町の子育て支援に関する情報提供に満足している」について，直接的質問である「4．貴市区町のコーディネートはうまくいっている」と同じ因子であることを確証的因子分析によって確かめることを試みたが，間接的質問の3項目すべてが直接的質問と同じ因子にならなかった。

第4章 子育て支援コーディネートの実態

表4-11 従属変数の記述統計（「子育て支援コーディネーター対象の調査」）

質問項目	n	平均値	標準偏差
1．貴市区町の子育て支援サービスはわかりやすい	199	6.54	1.76
2．貴市区町の子育て支援サービスは利用しやすい	199	6.69	1.79
3．貴市区町の子育て支援に関する情報提供に満足している	199	6.25	1.85
4．貴市区町のコーディネートはうまくいっている	199	6.24	1.78

　この結果は，「市区町担当者対象の調査」の結果と一致するものであり，子育て支援コーディネートが円滑に推進されるという状況は，単に子育て支援サービスがわかりやすい，利用しやすい，情報提供に満足するという次元ではなく，人と環境の接点における問題の解決が図られているという高次元の状況で達成されるものであることが示唆される結果となった。
　したがって，以後の分析において，子育て支援コーディネートが円滑に推進されていることを示す従属変数として，「4．貴市区町のコーディネートはうまくいっている」の結果を使用する。
　② 「円滑な推進に必要であると考えられる項目」の記述統計
　「円滑な推進に必要であると考えられる項目」（独立変数）の各項目の有効回答数，平均値，標準偏差について，巻末資料5，6に示した。回答の傾向を把握するために，「市区町担当者対象の調査」と同じように，「子育て支援コーディネーターに求められる力量」の「現状」と「考え」のそれぞれ上位5項目と下位5項目，「子育て支援コーディネート環境・システム」の「現状」と「考え」のそれぞれ上位5項目と下位5項目を検証する。
　• 「子育て支援コーディネーターに求められる力量」で平均値の高い項目
　「現状」の平均値の上位5項目は，順に「1-68．利用者の秘密を守る（平均9.15，標準偏差1.49）」，「1-53．利用者に対して誠実である（平均8.29，標準偏差1.65）」，「1-52．利用者に対してあたたかく接することができる（平均8.27，標準偏差1.67）」，「1-77．情報管理に責任をもつ（平均8.15，標準偏差2.01）」，「1-64．利用者を個人として尊重する（平均8.13，標準偏差1.83）」であった。

「現状」の平均値の上位5項目のうち,「1-68. 利用者の秘密を守る」,「1-53. 利用者に対して誠実である」,「1-77. 情報管理に責任をもつ」は「市区町担当者対象の調査」と同じ項目が入っていた。

いずれも子育て支援コーディネートに欠かせない項目であると考えられるが,子育て支援コーディネーター独自の専門性を問う項目ではなく,多くの対人援助職と共通する項目であり,子育て支援コーディネーターが「現状」として,子育て支援コーディネーター独自の力量を発揮していると言える結果ではなかった。

「考え」の平均値の上位5項目は,順に「1-68. 利用者の秘密を守る（平均9.65, 標準偏差0.68）」,「1-77. 情報管理に責任をもつ（平均9.32, 標準偏差1.23）」,「1-53. 利用者に対して誠実である（平均9.26, 標準偏差1.20）」,「1-54. 利用者と信頼関係を結ぶことができる（平均9.25, 標準偏差1.15）」,「1-52. 利用者に対してあたたかく接することができる（平均9.20, 標準偏差1.23）」であった。

「現状」と同じく,子育て支援コーディネーター独自の専門性の必要性に関する項目の「考え」はそれほど平均値が高くなく,子育て支援コーディネーターは独自の力量について十分必要性を認識していない可能性がある。

また,「市区町担当者対象の調査」では,「1-14. 虐待ケースについて緊急性の判断をする」は,「考え」の平均値が3番目に高かったが,「子育て支援コーディネーター対象の調査」では平均値が上位37番目（平均6.89, 標準偏差2.60）であり,それほど高くない。虐待ケースの対応に対する子育て支援コーディネーターの役割についての「考え」は,市区町担当者と子育て支援コーディネーターで異なることが示唆された。

- 「子育て支援コーディネーターに求められる力量」で平均値の低い項目

「現状」の平均値の下位5項目は,順に「1-88. 連携機関のスタッフと飲み会などの非公式な交流の場を持つ（平均3.53, 標準偏差2.76）」,「1-30. 必要な場合は利用者に代わってサービスの申請をする（平均3.62, 標準偏差2.88）」,「1-8. 警察と協働する（平均3.81, 標準偏差2.75）」,「1-18. 書面または口頭で利用者と契約をする（平均4.07, 標準偏差3.11）」,「1-62. ソーシャルワーカーとして十分な勤務経験がある（平均4.17, 標準偏差2.74）」であった。

「1-88. 連携機関のスタッフと飲み会などの非公式な交流の場を持つ」は,

「市区町担当者対象の調査」の「現状」，「考え」とともに平均値が低い結果となった。

「1-8．警察と協働する」の平均値が低かったのは，子育て支援コーディネーターは他機関・他部署の中で，警察と協働する機会が少ないためであると考えられる。

「1-62．ソーシャルワーカーとして十分な勤務経験がある」は5番目に平均値が低かった。子育て支援コーディネーターのキャリアについて問う質問では，現職に就いて平均3.9年，5年未満のキャリアの短い子育て支援コーディネーターが66.8％を占めており，属性の回答と整合性のとれる結果であった。

「考え」の平均値の下位5項目は，順に「1-88．連携機関のスタッフと飲み会などの非公式な交流の場を持つ（平均3.53，標準偏差2.76）」，「1-30．必要な場合は利用者に代わってサービスの申請をする（平均5.59，標準偏差2.58）」，「1-18．書面または口頭で利用者と契約をする（平均5.95，標準偏差2.78）」，「1-32．家族・親戚・友人などの利用者の私的な資源に働きかける（平均6.15，標準偏差2.42）」，「1-8．警察と協働する（平均6.30，標準偏差2.59）」，であった。

「1-88．連携機関のスタッフと飲み会などの非公式な交流の場を持つ」は，「市区町担当者対象の調査」，「子育て支援コーディネーター対象の調査」のいずれの「現状」，「考え」でも平均値が低い。

「1-8．警察と協働する」は，先に述べたように，子育て支援コーディネーターは警察と協働するようなケースが少なく，「現状」，「考え」ともに平均値が低いと考えられる。

「1-30．必要な場合は利用者に代わってサービスの申請をする」，「1-18．書面または口頭で利用者と契約をする」，「1-32．家族・親戚・友人などの利用者の私的な資源に働きかける」は，子育て支援コーディネート理論仮説（図3-1）の「ケースマネジメント援助技術」に含まれる項目であり，プロバイダー・ドリブンな援助をするためには欠かせない項目である。これらの項目が，「市区町担当者対象の調査」とともに「考え」として平均値が低い結果となり，市区町担当者，子育て支援コーディネーターともに，あまりケースマネジメントの必要性を認識していない可能性が示唆される結果となった。

- 「子育て支援コーディネート環境・システム」で平均値の高い項目

「現状」の平均値の上位5項目は，順に「2-16. コーディネーター同士の人間関係がうまくいく（平均7.70, 標準偏差2.23）」，「2-26. コーディネーターに有資格者（社会福祉士・保育士等）を雇用する（平均7.57, 標準偏差3.06）」，「2-42. 子育て支援事業を子育て家庭に広報する（平均7.48, 標準偏差2.18）」，「2-2. ケース記録の書式を作成している（平均7.48, 標準偏差2.97）」，「2-17. コーディネーター事業管轄の上司と人間関係がうまくいく（平均7.47, 標準偏差2.26）」であった。

「2-16. コーディネーター同士の人間関係がうまくいく」，「2-17. コーディネーター事業管轄の上司と人間関係がうまくいく」の平均値が高く，子育て支援コーディネーターは比較的，人間関係をうまく築いていることが読み取れる結果となった。

「2-26. コーディネーターに有資格者（社会福祉士・保育士等）を雇用する」は2番目に高いが，資格の内訳は，属性を見る限り（図4-6），保育士や幼稚園教諭が多く，本来求められると考えられる社会福祉士資格ではない点に注意が必要である。

「考え」の平均値の上位5項目は，順に「2-42. 子育て支援事業を子育て家庭に広報する（平均8.88, 標準偏差1.47）」，「2-16. コーディネーター同士の人間関係がうまくいく（平均8.86, 標準偏差1.44）」，「2-12. 市区町が子育て支援事業に積極的に取り組む（平均8.86, 標準偏差1.36）」，「2-3. ケース発見で他機関と協力するシステムがある（平均8.79, 標準偏差1.73）」，「2-14. 市区町の相談機関に子育て支援事業全体を見渡し，統括できる人材がいる（平均8.78, 標準偏差1.48）」であった。

「2-42. 子育て支援事業を子育て家庭に広報する」，「2-16. コーディネーター同士の人間関係がうまくいく」は「現状」とともに平均値が高かった。

「2-14. 市区町の相談機関に子育て支援事業全体を見渡し，統括できる人材がいる」は，「現状」では平均値は上から26番目である。「考え」と「現状」に差が大きく，今後の課題であることが示唆された。

- 「子育て支援コーディネート環境・システム」で平均値の低い項目

「現状」の平均値の下位5項目は，順に「2-51. 利用者がコーディネート

事業を評価する（平均3.10，標準偏差2.51）」，「2-45．コーディネート業務のICT化（電子化）を図る（平均3.39，標準偏差2.41）」，「ケース記録を電子化し，蓄積（データベース化）する（平均3.93，標準偏差3.00）」，「2-50．コーディネートの手引き・ガイドラインがある（平均3.99，標準偏差2.90）」，「2-44．コーディネート業務のマニュアル化を図る（平均4.21，標準偏差2.76）」であった。

　いずれも実際に子育て支援コーディネートを実施していくために必要なことであるが（芝野，2002），子育て支援コーディネートがほとんどの自治体で実施されていないため，「市区町担当者対象の調査」の結果と同じようにこれらの項目の平均値は必然的に低い。

　「考え」の平均値の下位5項目は，順に「2-45．コーディネート業務のICT（電子化）を図る（平均6.46，標準偏差2.35）」，「2-4．利用者と契約を交わすための様式がある（平均6.59，標準偏差2.75）」，「2-51．利用者がコーディネート事業を評価する（平均6.83，標準偏差2.18）」，「2-44．コーディネート業務のマニュアル化を図る（平均7.11，標準偏差2.24）」，「2-43．ケース記録を電子化し，蓄積（データベース化）する（平均7.20，標準偏差2.28）」であった。

　「現状」と同じく，子育て支援コーディネートを実施していくために必要な手続きに関する項目の平均値が低く，「考え」としても「子育て支援コーディネート環境・システム」を整えていく必要性に関する意識は低い結果となった。

カテゴリーごとの記述統計を用いた分析

　子育て支援コーディネート理論仮説として，子育て支援コーディネートが推進されるために必要であると考えられる要因を示したカテゴリーと項目を用意した（図3-1，巻末資料1，2）。

　「市区町担当者対象の調査」及び「子育て支援コーディネーター対象の調査」質問紙の項目ごとに平均値を算出した結果，ケースマネジメント援助技術について直接尋ねた項目や，子育て支援コーディネートの手続きに必要なシステムの整備に関する項目の「現状」や「考え」の値が低く，ケースマネジメントとして子育て支援コーディネートが行われておらず，市区町担当者，子育て支援コーディネーターともにケースマネジメントの必要性を認識していないことが示唆された。

そこで，今度は，子育て支援コーディネート理論仮説に基づいて「現状」，「考え」それぞれのカテゴリーごとに平均値を算出し，理論的に作成したカテゴリー（要素）のどの部分が「現状」として弱いのか，また「考え」として認識されていないのかを検証した（表4-12）。

　ケースマネジメント援助技術として，「1．導入」，「2．アセスメント」，「3．プランニング」，「4．リンキング」，「5．モニタリング」，「6．再アセスメント」の6つのカテゴリーを用意した。

　「4．リンキング」の段階では，子育て支援コーディネーターは利用者の主体的な視点に立って，「つなぐ（リンキング）」ことが期待され（Rose, Moore, 1995），専門分業制度が提供する一般的サービスを子育て支援コーディネーターが提供することは，本来の役割ではない（第2章，第3章）。しかし，項目ごとの記述統計を用いた分析では，市区町担当者や子育て支援コーディネーターにケースマネジメントの必要性が十分に認識されていないことが示唆された。そこで，本来の機能（ケースマネジメント）と，それとは異なる機能（専門分業制度が提供するサービス）のどちらを，より子育て支援コーディネーターが行っているのかを明らかにするため，「4．リンキング」と「4．リンキング（代）」の項目の平均値を比較した。「4．リンキング（代）」は，専門分業制度が提供するサービスを担っているかについて問う項目からなる。

　その結果をみると，「現状」の「市区町担当者対象の調査」，「子育て支援コーディネーター対象の調査」ともに，「ケースマネジメント援助技術」の中のどの項目よりも，「4．リンキング（代）」の平均値が高く（「市区町担当者対象の調査」平均6.19，「子育て支援コーディネーター対象の調査」平均6.93），子育て支援コーディネーターは本来必要とされている機能よりも，専門分業制度が行っている機能を担っていることがわかった。

　「考え」の「市区町担当者対象の調査」，「子育て支援コーディネーター対象の調査」の両結果をみると，「4．リンキング（代）」は「現状」と同じく他の項目と比べて平均値が高い傾向にあり（「市区町担当者対象の調査」平均7.32，「子育て支援コーディネーター対象の調査」平均8.01），両者とも専門分業制度が提供するサービスを子育て支援コーディネーターが提供することに肯定的であることが読み取れる。一方，本来ケースマネジメントの中核的機能（岡村，1983；Rubin,

第4章　子育て支援コーディネートの実態

表4-12　子育て支援コーディネート理論仮説のカテゴリーごとの独立変数の単純集計

大カテゴリー	中カテゴリー	小カテゴリー	市区町担当者用現状			子育て支援コーディネーター用現状			市区町担当者用考え			子育て支援コーディネーター用考え		
			n	平均	標準偏差	n	平均	標準偏差	n	平均	標準偏差	n	平均	標準偏差
子育て支援コーディネーターに求められる力量	ケースマネジメント援助技術	1. 導入	433	5.91	1.67	165	5.81	1.78	735	7.49	1.29	199	7.87	1.32
		2. アセスメント	433	5.57	2.09	165	6.17	1.86	735	7.46	1.50	199	8.16	1.47
		3. プランニング	433	5.02	2.12	165	5.81	2.18	735	7.20	1.51	199	7.76	1.55
		4. リンキング	433	5.00	2.14	165	5.37	2.30	735	6.54	1.62	199	6.98	1.77
		4. リンキング（代）[1]	433	6.19	2.24	164	6.93	2.15	735	7.32	1.68	199	8.01	1.77
		5. モニタリング	433	4.76	2.31	165	5.52	2.48	735	6.90	1.71	199	7.51	1.77
		6. 再アセスメント	428	4.65	2.51	164	5.15	2.82	732	7.04	1.85	193	7.70	1.96
		7. 知識	433	6.04	2.02	165	6.58	1.66	735	8.04	1.40	199	8.70	1.22
		8. 技術	433	6.22	1.94	165	6.58	1.63	735	7.66	1.36	199	8.33	1.16
		9. 価値・態度	433	6.68	1.93	165	7.38	1.50	735	7.86	1.28	199	8.66	1.08
		10. コンサルテーション	425	4.63	2.52	161	4.51	2.72	725	6.35	2.00	198	6.36	2.43
子育て支援コーディネート環境・システム		1. 働きやすい職場環境	433	5.46	2.20	165	6.53	1.86	735	7.54	1.44	199	8.34	1.25
		2. コーディネーターの採用システム	433	4.42	2.58	165	6.21	2.29	735	7.20	1.70	199	8.19	1.56
		3. 力を発揮するためのシステム	433	4.39	2.02	165	5.62	1.72	735	6.98	1.51	199	7.73	1.37
		4. 教育・研修システム	432	4.31	2.44	165	5.38	2.38	734	7.15	1.68	199	8.13	1.62
		5. 広報	432	5.04	2.50	165	6.44	2.27	735	7.73	1.70	199	8.48	1.56
		6. 評価	411	2.36	2.04	147	3.10	2.51	722	6.52	2.01	193	6.83	2.18

注:1）「4. リンキング（代）」は、直接的サービス（ケア）を行っているかを尋ねている項目である。本来の子育て支援コーディネーターに求められる役割ではないが、この役割を子育て支援コーディネーターがどれくらい行っているのかを知るために、要素とそれに伴う項目を追加している。

1987)であるはずの「4．リンキング」の値を見てみると，「市区町担当者対象の調査」，「子育て支援コーディネーター対象の調査」ともに「ケースマネジメント援助技術」のカテゴリーの中で，「考え」の平均値は最も低く（「市区町担当者対象の調査」平均6.54,「子育て支援コーディネーター対象の調査」平均6.98），ケースマネジメントの中核的な機能（岡村，1983；Rubin, 1987）は重要視されていないことが読み取れた。

　子育て支援コーディネーターが，ケースマネジメントを実施することが困難であるということは，うまく援助のプロセスを踏めていないことからも読み取れる。「市区町担当者対象の調査」の「現状」では，「1．導入」から「6．再アセスメント」までの援助過程で，徐々に平均値が低くなっており，「子育て支援コーディネーター対象の調査」の「現状」では，「6．再アセスメント」（平均5.15）が最も低く，多少値は前後するものの，援助プロセスが進むにつれて平均値は低くなっている。

　要約すると，子育て支援コーディネーターは，本来必要とされているケースマネジメント機能（岡村，1983；Rubin, 1987）よりも，専門分業制度的サービスを提供している状態である。また，市区町担当者，子育て支援コーディネーターともにケースマネジメントの必要性をあまり認識していないようである。

　「ケースマネジメント援助技術」以外の「子育て支援コーディネーターに求められる力量」の「現状」の結果をみてみると，「市区町担当者対象の調査」，「子育て支援コーディネーター対象の調査」ともに子育て支援コーディネーターとして必要な「9．価値・態度」に関する平均値が高い。「考え」では，「市区町担当者対象の調査」，「子育て支援コーディネーター対象の調査」ともに「7．知識」の平均値が高く，子育て支援コーディネーターとして必要な知識の習得が求められていることが示された。

　「10．コンサルテーション」については，「市区町担当者対象の調査」，「子育て支援コーディネーター対象の調査」ともに「現状」，「考え」の両方の平均値が低く，現状として実施しておらず，必要性もあまり認識していないことがうかがえた。

　「子育て支援コーディネート環境・システム」では，「市区町担当者対象の調査」，「子育て支援コーディネーター対象の調査」の「現状」でともに「1．働

きやすい職場環境」の平均値（「市区町担当者対象の調査」平均5.46,「子育て支援コーディネーター対象の調査」平均6.53）が最も高い結果となった。「考え」でも、「1．働きやすい職場環境」の平均値（「市区町担当者対象の調査」平均7.54,「子育て支援コーディネーター対象の調査」平均8.34）は高く（「市区町担当者対象の調査」は1番目,「子育て支援コーディネーター対象の調査」は2番目に高い），働きやすい職場環境が重要であると認識されていることがわかる。

「現状」で最も平均値が低かったのは，「市区町担当者対象の調査」,「子育て支援コーディネーター対象の調査」ともに「6．評価」であった（「市区町担当者対象の調査」平均2.36,「子育て支援コーディネーター対象の調査」3.10）。「6．評価」はその重要性（小野，2011）に反して「市区町担当者対象の調査」,「子育て支援コーディネーター対象の調査」ともに，「考え」でも最も平均値が低い結果となった（「市区町担当者対象の調査」平均6.52,「子育て支援コーディネーター対象の調査」平均6.83）。

また「子育て支援コーディネート環境・システム」の各小カテゴリーの平均値は，「子育て支援コーディネーターに求められる力量」の各小カテゴリーの平均値よりも「現状」では低い小カテゴリーが多く，子育て支援コーディネーターが活躍するための環境やシステムが十分に整っていないことが読み取れる。

記述統計を用いた分析の結果のまとめ

記述統計を用いた分析の結果，子育て支援コーディネートは，事業としての実施率が6.1％と非常に低いことがわかった。また，ケースマネジメントとして子育て支援コーディネートが機能していないことがうかがえた。

子育て支援コーディネートが機能していない背景には，子育て支援コーディネートについて熟知している必要のある子育て支援担当部局の職員及び子育て支援コーディネーターが，子育て支援コーディネートの役割を十分に理解していない，実施するための環境が整っていないといったことが示される結果となった。子育て支援コーディネートが，利用者と子育て支援サービスをつなぐためのサービスであり，ケースマネジメントとして実施されるためには，まずめざすべき方向性について，子育て支援担当部局の職員及び子育て支援コーディネーターに理解されることが必要であると考える。

第5章
子育て支援コーディネートの推進要因と課題

　第5章では，子育て支援コーディネートが円滑に推進されるためには，どのような要因が影響をしているのかを検証するために多変量解析を用いた分析を行う。

　まず，「市区町担当者対象の調査」及び「子育て支援コーディネーター対象の調査」質問紙で尋ねた「円滑な推進に必要であると考えられる項目」を独立変数とし，探索的因子分析（主因子法，バリマックス回転）を行い，これらが子育て支援コーディネートの推進に影響しているのかを検証する（分析は「現状」と「考え」ともに行う）。また，「子育て支援コーディネーターに求められる力量」と「子育て支援コーディネート環境・システム」は別に因子分析を行い，それぞれ因子を導き出す。

　「第4章　子育て支援コーディネートの実態」では，記述統計を用いた分析を行った。その結果，ケースマネジメントによる子育て支援コーディネートが十分に実施できておらず，かつ市区町担当者，子育て支援コーディネーターともにケースマネジメント実践としての必要性も十分に認識していないことが示唆された。そのため，理論的に必要なはずの要因が探索的因子分析で抜け落ちてしまう可能性がある。つまり，導き出された要因は細部において理論を反映した結果にならない可能性がある。そこで，理論的に本来必要なはずの要因がどのように抜け落ちているのかについても考察する。

　また，探索的因子分析によって抽出された要因が，子育て支援コーディネートを円滑に推進することに影響しているのかを明らかにするため，重回帰分析を行う。

　重回帰分析を行うことで，独立変数の要因が子育て支援コーディネートを円滑に推進することに影響していれば，属性による独立変数との関係について一

元配置分散分析などを用いて分析する。本書では，子育て支援コーディネートはケースマネジメント実践であると考えているため，社会福祉士資格所持者が子育て支援コーディネーターとなる必要があると考える。しかし，第4章の結果では，子育て支援コーディネーターが所持している資格は，保育士資格61.8％，幼稚園教員免許41.7％であり，社会福祉士資格は4.0％にすぎない（図4-6）。現時点での方向性として，子育て支援コーディネーターは保育士や幼稚園教員免許所持者が主流であると考えられるが，それらの資格をもたない子育て支援コーディネーターと比べて，真に「子育て支援コーディネーターに必要な力量」を備えているのかを明らかにすることで，子育て支援コーディネーターにふさわしい専門職について検証する。

1　因子分析による子育て支援コーディネートの推進要因の検討

「子育て支援コーディネーターに求められる力量」に関する因子を抽出するため，「現状」と「考え」の回答ごとに，探索的因子分析（因子間の独立を想定した主因子法，バリマックス回転）を実施した。①因子負荷量が2因子にまたがり，0.3以上を示している項目，②どの因子にも0.3以下の因子負荷量しか示していない項目を除き，因子分析を繰り返した。

市区町担当者対象の調査
①　「子育て支援コーディネーターに求められる力量」の因子分析の結果
「現状」についての探索的因子分析の結果，3つの因子が抽出された（表5-1）。
第1因子は，「1-57．人を思いやる気持ち（コンパッション）を持つことができる」，「1-58．組織のルールに従って行動できる（コンプライアンス）」，「1-53．利用者に対して誠実である」など，人を援助するための基本的姿勢を保つ力を示すような項目が抽出されたため，「人を援助する基本的姿勢を維持する力」と名付けた。
第2因子は，「1-11．教育系部署と協働する」，「1-7．児童相談所と協働する」，「1-9．障害関係部署と協働する」など，他機関や他部署との協働に

第5章　子育て支援コーディネートの推進要因と課題

表5-1　子育て支援コーディネーターに求められる「力量」に関する因子分析（現状）

質問項目	抽出因子		
	1	2	3
第1因子：人を援助する基本的姿勢を維持する力　($\alpha=0.99$)			
1-57. 人を思いやる気持ち（コンパッション）を持つことができる	0.928	0.108	0.176
1-58. 組織のルールに従って行動できる（コンプライアンス）	0.923	0.114	0.085
1-53. 利用者に対して誠実である	0.922	0.122	0.152
1-52. 利用者に対してあたたかく接することができる	0.904	0.122	0.193
1-64. 利用者を個人として尊重する	0.895	0.167	0.173
1-55. ケースにあわせて柔軟な対応ができる	0.884	0.161	0.239
1-54. 利用者と信頼関係を結ぶことができる	0.879	0.121	0.218
1-78. 利用者に対して謙虚である	0.870	0.161	0.197
1-40. 一般常識を持っている	0.842	0.127	0.182
1-51. 利用者に対して共感できる	0.839	0.135	0.254
1-72. 子どもの権利を尊重する	0.828	0.155	0.156
1-74. 子育てや子育て支援を尊重する姿勢を示す	0.826	0.139	0.189
1-79. 地域の特性を把握する	0.823	0.193	0.222
1-68. 利用者の秘密を守る	0.812	0.170	0.076
1-77. 情報管理に責任をもつ	0.810	0.115	0.115
1-56. 事務処理ができる	0.805	0.180	0.166
1-41. 行政が行っている子育て関連事業を熟知する	0.804	0.215	0.204
1-69. 利用者の行いや考えについて善悪の判断をしない	0.765	0.143	0.212
1-61. パソコンの基本的な操作ができる	0.746	0.178	0.136
1-82. 地域の子育て支援ニーズを把握する	0.718	0.188	0.248
第2因子：他機関・他部署と協働する力　($\alpha=0.91$)			
1-11. 教育系部署と協働する	0.067	0.853	0.125
1-7. 児童相談所と協働する	0.082	0.807	0.166
1-9. 障害関係部署と協働する	0.137	0.773	0.147
1-8. 警察と協働する	-0.009	0.757	0.239
1-12. 医療保健部署と協働する	0.265	0.685	0.081
1-10. 保育系部署と協働する	0.284	0.680	-0.005
1-14. 虐待ケースについて緊急性の判断をする	0.242	0.677	0.175
1-6. 民生児童委員，主任児童委員と協働する	0.216	0.672	0.104
1-4. 幼稚園と協働する	0.052	0.494	0.270
第3因子：計画的にマネジメントする力　($\alpha=0.88$)			
1-24. 利用者の予算に見合ったサービス計画をたてる	0.243	0.203	0.810
1-27. 利用者の潜在的にもつ力を高めることができるような計画をたてる	0.244	0.203	0.796
1-23. どの子育て支援サービスにつなげるか援助計画をたてる	0.275	0.235	0.788
1-30. 必要な場合は利用者に代わってサービスの申請をする	0.198	0.244	0.647
1-18. 書面または口頭で利用者と契約をする	0.171	0.044	0.551
1-88. 連携機関のスタッフと飲み会などの非公式な交流の場を持つ	0.205	0.209	0.533
寄与率	42.321	15.280	11.006

関する項目からなることから「他機関・他部署と協働する力」と名付けた。

　第3因子は，「1-24．利用者の予算に見合ったサービス計画をたてる」，「1-27．利用者の潜在的にもつ力を高めることができるような計画をたてる」，「1-23．どの子育て支援サービスにつなげるか援助計画をたてる」など，計画的なマネジメントに関する項目からなることから「計画的にマネジメントする力」と名付けた。

　α係数を用いて各因子項目の内的一貫性（信頼性）を検討した結果，「人を援助する基本的姿勢を維持する力」$\alpha=0.99$，「他機関・他部署と協働する力」$\alpha=0.91$，「計画的にマネジメントする力」$\alpha=0.88$と，いずれも十分な値であった。

　「考え」についての探索的因子分析の結果，3つの因子が抽出された（表5-2）。

　第1因子は，「1-53．利用者に対して誠実である」，「1-54．利用者と信頼関係を結ぶことができる」，「1-57．人を思いやる気持ち（コンパッション）を持つことができる」など，人を援助するための基本的な姿勢を保つ力を示すような項目が抽出されたため，「人を援助する基本的姿勢を維持する力」と名付けた。

　第2因子は，「1-30．必要な場合は利用者に代わってサービスの申請をする」，「1-29．必要な場合は利用者と一緒にサービスの申請に出向く」，「1-32．家族・親戚・友人などの利用者の私的な資源に働きかける」など，資源をマネジメントする力に関する項目から成ることから「資源をマネジメントする力」と名付けた。

　第3因子は，「1-5．学校と協働する」，「1-11．教育系部署と協働する」，「1-7．児童相談所と協働する」など，他機関や他部署との協働に関する項目からなることから「他機関・他部署と協働する力」と名付けた。

　α係数を用いて各因子項目の内的一貫性を検討した結果，「人を援助する基本的姿勢を維持する力」$\alpha=0.96$，「資源をマネジメントする力」$\alpha=0.87$，「他機関・他部署と協働する力」$\alpha=0.91$と，いずれも十分な値であった。

　「現状」の因子と「考え」の因子は，因子の中身は多少異なるものの，似通った因子構造を示した。また因子名についても「人を援助する基本的姿勢を

第5章 子育て支援コーディネートの推進要因と課題

表5-2 子育て支援コーディネーターに求められる「力量」に関する因子分析（考え）

質問項目	抽出因子		
	1	2	3
第1因子：人を援助する基本的姿勢を維持する力（α=0.96）			
1-53. 利用者に対して誠実である	0.879	0.105	0.127
1-54. 利用者と信頼関係を結ぶことができる	0.839	0.126	0.192
1-57. 人を思いやる気持ち（コンパッション）を持つことができる	0.839	0.161	0.176
1-52. 利用者に対してあたたかく接することができる	0.832	0.126	0.119
1-55. ケースにあわせて柔軟な対応ができる	0.832	0.129	0.225
1-58. 組織のルールに従って行動できる（コンプライアンス）	0.800	0.176	0.182
1-64. 利用者を個人として尊重する	0.798	0.240	0.208
1-41. 行政が行っている子育て関連事業を熟知する	0.757	0.165	0.206
1-77. 情報管理に責任をもつ	0.725	0.166	0.157
1-40. 一般常識を持っている	0.693	0.212	0.118
1-63. サービスをわかりやすく説明できる	0.691	0.255	0.214
1-48. 子育て支援に関する専門的知識と技術をもつ	0.685	0.242	0.232
1-68. 利用者の秘密を守る	0.678	0.062	0.125
1-72. 子どもの権利を尊重する	0.676	0.221	0.182
1-42. 必要な法制度を理解する	0.660	0.242	0.233
1-82. 地域の子育て支援ニーズを把握する	0.631	0.237	0.227
1-69. 利用者の行いや考えについて善悪の判断をしない	0.537	0.251	0.177
1-61. パソコンの基本的な操作ができる	0.518	0.239	0.260
第2因子：資源をマネジメントする力（α=0.87）			
1-30. 必要な場合は利用者に代わってサービスの申請をする	0.074	0.757	0.138
1-29. 必要な場合は利用者と一緒にサービスの申請に出向く	0.203	0.733	0.169
1-32. 家族・親戚・友人などの利用者の私的な資源に働きかける	0.163	0.719	0.183
1-27. 利用者の潜在的にもつ力を高めることができるような計画をたてる	0.267	0.693	0.191
1-24. 利用者の予算に見合ったサービス計画をたてる	0.188	0.655	0.189
1-21. 利用者のニーズに対する利用可能な家族・親戚・友人などの私的なサポートを把握する	0.269	0.643	0.230
1-18. 書面または口頭で利用者と契約をする	0.137	0.521	0.134
1-17. コーディネートについて説明する	0.297	0.463	0.208
1-88. 連携機関のスタッフと飲み会などの非公式な交流の場をもつ	0.056	0.326	0.088
第3因子：他機関・他部署と協働する力（α=0.91）			
1-5. 学校と協働する	0.162	0.269	0.790
1-11. 教育系部署と協働する	0.225	0.249	0.774
1-7. 児童相談所と協働する	0.222	0.212	0.721
1-3. 保育所と協働する	0.264	0.142	0.702
1-9. 障害関係部署と協働する	0.269	0.291	0.668
1-4. 幼稚園と協働する	0.171	0.173	0.646
1-6. 民生児童委員，主任児童委員と協働する	0.292	0.260	0.628
寄与率	30.643	13.557	13.018

表5-3　子育て支援コーディネート環境・システムに関する因子分析（現状）

質問項目	抽出因子	
	1	2
第1因子：コーディネートサービスシステム（現状 α=0.79）		
2-45. コーディネート業務のICT化（電子化）を図る	0.821	0.178
2-50. コーディネートの手引き・ガイドラインがある	0.723	0.212
2-51. 利用者がコーディネート事業を評価する	0.661	0.188
2-43. ケース記録を電子化し，蓄積（データベース化）する	0.606	0.239
2-4. 利用者と契約を交わすための様式がある	0.469	0.130
第2因子：市区町としてのコーディネートサービス提供に関する取り組み（現状 α=0.83）		
2-15. 子育て支援に関連する法改正に組織として対応する	0.255	0.792
2-12. 市区町が子育て支援事業に積極的に取り組む	0.189	0.770
2-13. 行政の縦割（例えば，福祉関係の課と教育関係の課など）によって子育て支援事業を分断しないようにする	0.217	0.735
寄　与　率	29.073	27.360

維持する力」，「（計画的に／資源を）マネジメントする力」，「他機関・他部署と協働する力」とほぼ同じ名称の因子となり，「子育て支援コーディネーターに求められる力量」として3つの「力」が抽出された。

② 「子育て支援コーディネート環境・システム」の因子分析の結果

「現状」についての探索的因子分析の結果，2つの因子が抽出された（表5-3）。

第1因子は，「2-45. コーディネート業務のICT化（電子化）を図る」，「2-50. コーディネートの手引き・ガイドラインがある」，「2-51. 利用者がコーディネート事業を評価する」など，コーディネート業務に必要なシステムに関する項目が抽出されたため，「コーディネートサービスシステム」と名付けた。

第2因子は，「2-15. 子育て支援に関連する法改正に組織として対応する」，「2-12. 市区町が子育て支援事業に積極的に取り組む」，「2-13. 行政の縦割（例えば，福祉関係の課と教育関係の課など）によって子育て支援事業を分断しないようにする」からなり，市区町としての子育て支援コーディネートのサービス提供に一丸となって取り組む姿勢を示すような項目が抽出されたため，「市区町としてのコーディネートサービス提供に関する取り組み」と名付けた。

α係数を用いて各因子項目の内的一貫性（信頼性）を検討した結果，「コーディネートサービスシステム」α＝0.79,「市区町としてのコーディネートサービス提供に関する取り組み」α＝0.83と，いずれも十分な値であった。

「考え」についての探索的因子分析の結果，因子を抽出することができなかった。第4章の記述統計を用いた分析の結果では，子育て支援コーディネートがほとんど実施されていないことが示唆された。そのため，「子育て支援コーディネート環境・システム」に何が必要なのかが市区町担当者にとって判然としないために，因子がまとまらなかった可能性がある。

子育て支援コーディネーター対象の調査

① 「子育て支援コーディネーターに求められる力量」の因子分析の結果

「現状」についての探索的因子分析の結果，2つ因子が抽出された（表5-4）。

第1因子は，「1-64．利用者を個人として尊重する」,「1-57．人を思いやる気持ち（コンパッション）を持つことができる」,「1-54．利用者と信頼関係を結ぶことができる」など，人を援助するための基本的姿勢を保つ力を示すような項目が抽出されたため，「人を援助する基本的姿勢を維持する力」と名付けた。

第2因子は，「1-7．児童相談所と協働する」,「1-14．虐待ケースについて緊急性の判断をする」,「1-8．警察と協働する」など，ケースマネジメント援助技術に関する項目が抽出されたため，「ケースマネジメント援助技術」と名付けた。

α係数を用いて各因子項目の内的一貫性（信頼性）を検討した結果，「人を援助する基本的姿勢を維持する力」α＝0.97,「ケースマネジメント援助技術」α＝0.94と，いずれも十分な値であった。

「考え」についての探索的因子分析の結果，2つの因子が抽出された（表5-5）。

第1因子は，「1-53．利用者に対して誠実である」,「1-52．利用者に対してあたたかく接することができる」,「1-57．人を思いやる気持ち（コンパッション）を持つことができる」など，人を援助するための基本的姿勢を保つ力を示すような項目が抽出されたため，「人を援助する基本的姿勢を維持する力」

表5-4　子育て支援コーディネーターに求められる「力量」に関する因子分析（現状）

質問項目	抽出因子 1	抽出因子 2
第1因子：人を援助する基本的姿勢を維持する力　(α＝0.97)		
1-64．利用者を個人として尊重する	0.919	0.049
1-57．人を思いやる気持ち（コンパッション）を持つことができる	0.886	0.192
1-54．利用者と信頼関係を結ぶことができる	0.883	0.135
1-52．利用者に対してあたたかく接することができる	0.871	0.145
1-78．謙虚である	0.870	0.081
1-65．利用者が感情表現をしやすい雰囲気づくりをする	0.862	0.187
1-53．利用者に対して誠実である	0.861	0.113
1-74．子育てや子育て支援を尊重する姿勢を示す	0.858	0.154
1-58．組織のルールに従って行動できる（コンプライアンス）	0.856	0.163
1-72．子どもの権利を尊重する	0.839	0.247
1-51．利用者に対して共感できる	0.830	0.198
1-60．親の視点に立って支援することができる	0.826	0.208
1-66．自分（コーディネーター）の感情の働きをよく自覚したうえで適切に表現する	0.802	0.187
1-67．利用者をあるがままに受け止める	0.791	0.137
1-77．情報管理に責任をもつ	0.769	0.126
1-79．地域の特性を把握する	0.722	0.191
1-69．利用者の行いや考えについて善悪の判断をしない	0.719	0.053
1-63．サービスをわかりやすく説明できる	0.666	0.227
1-68．利用者の秘密を守る	0.649	0.061
1-40．一般常識を持っている	0.621	0.285
第2因子：ケースマネジメント援助技術　(α＝0.94)		
1-7．児童相談所と協働する	-0.060	0.780
1-14．虐待ケースについて緊急性の判断をする	0.107	0.739
1-8．警察と協働する	-0.079	0.735
1-11．教育系部署と協働する	-0.126	0.734
1-16．家庭の生活状況について緊急性の判断をする	0.191	0.733
1-21．利用者のニーズに対する利用可能な家族・親戚・友人などの私的なサポートを把握する	0.233	0.724
1-29．必要な場合は利用者と一緒にサービスの申請に出向く	0.111	0.717
1-5．学校と協働する	-0.027	0.713
1-32．家族・親戚・友人などの利用者の私的な資源に働きかける	0.174	0.687
1-9．障害関係部署と協働する	0.179	0.684
1-27．利用者の潜在的にもつ力を高めることができるような計画をたてる	0.244	0.678
1-6．民生児童委員，主任児童委員と協働する	0.048	0.668
1-24．利用者の予算に見合ったサービス計画をたてる	0.218	0.663
1-30．必要な場合は利用者に代わってサービスの申請をする	0.117	0.662
1-91．他専門職に対して助言をする	0.243	0.635
1-2．医療機関と協働する	0.237	0.623
1-20．利用者が潜在的にもっている力を把握する	0.283	0.623

1-17.	コーディネートについて説明する	0.253	0.586
1-87.	コーディネートに関わる関係機関での検討会議に出席する	0.258	0.584
1-10.	保育系部署と協働する	0.114	0.582
1-3.	保育所と協働する	0.237	0.551
1-12.	医療保健部署と協働する	0.055	0.499
1-18.	書面または口頭で利用者と契約をする	0.163	0.459
1-88.	連携機関のスタッフと飲み会などの非公式な交流の場を持つ	0.118	0.437
	寄与率	31.517	24.479

と名付けた。

　第2因子は,「1-32. 家族・親戚・友人などの利用者の私的な資源に働きかける」,「1-8. 警察と協働する」,「1-29. 必要な場合は利用者と一緒にサービスの申請に出向く」など，ケースマネジメント援助技術に関する項目が抽出されたため,「ケースマネジメント援助技術」と名付けた。

　a 係数を用いて各因子項目の内的一貫性（信頼性）を検討した結果,「人を援助する基本的姿勢を維持する力」$a=0.97$,「ケースマネジメント援助技術」$a=0.93$と，いずれも十分な値であった。

　② 「子育て支援コーディネート環境・システム」の因子分析の結果

　「現状」についての探索的因子分析の結果，2つの因子が抽出された。しかし，因子の中身を検討した結果，意味のあるまとまりにはならなかった。「子育て支援コーディネーター対象の調査」の「子育て支援コーディネート環境・システム」の「現状」における有効回答数が少なく，個々のコーディネーターが市区町の「子育て支援コーディネート環境・システム」を把握していないことが示唆された。そのために，因子が意味のあるまとまりにならなかった可能性がある。

　「考え」についての探索的因子分析の結果，因子を抽出することができなかった。第4章の記述統計を用いた分析の結果では，子育て支援コーディネートが実際にはほとんど実施されていないことが示唆された。そのため,「子育て支援コーディネート環境・システム」に何が必要なのかが，市区町担当者と同様に子育て支援コーディネーターにとっても判然とせず，因子がまとまらなかった可能性がある。

表5-5　子育て支援コーディネーターに求められる「力量」に関する因子分析（考え）

質問項目	抽出因子 1	抽出因子 2
第1因子：人を援助する基本的姿勢を維持する力（α=0.97）		
1-53. 利用者に対して誠実である	0.866	0.104
1-52. 利用者に対してあたたかく接することができる	0.848	0.108
1-57. 人を思いやる気持ち（コンパッション）を持つことができる	0.844	0.163
1-66. 自分（コーディネーター）の感情の働きをよく自覚したうえで適切に表現する	0.829	0.231
1-54. 利用者と信頼関係を結ぶことができる	0.822	0.116
1-64. 利用者を個人として尊重する	0.818	0.233
1-59. 個別のケースにあわせて適切な距離を保つことができる	0.815	0.193
1-72. 子どもの権利を尊重する	0.812	0.260
1-60. 親の視点に立って支援することができる	0.802	0.157
1-58. 組織のルールに従って行動できる（コンプライアンス）	0.792	0.128
1-79. 地域の特性を把握する	0.782	0.278
1-55. ケースにあわせて柔軟な対応ができる	0.780	0.199
1-51. 利用者に対して共感できる	0.774	0.106
1-67. 利用者をあるがままに受け止める	0.771	0.194
1-65. 利用者が感情表現をしやすい雰囲気づくりをする	0.733	0.283
1-71. コーディネートを行う際に倫理的配慮をする	0.732	0.267
1-74. 子育てや子育て支援を尊重する姿勢を示す	0.715	0.247
1-77. 情報管理に責任をもつ	0.683	0.189
1-69. 利用者の行いや考えについて善悪の判断をしない	0.677	0.164
1-40. 一般常識を持っている	0.654	0.286
1-56. 事務処理ができる	0.642	0.274
1-68. 利用者の秘密を守る	0.586	0.103
1-33. 子育ての悩みについて相談に応じて助言をする	0.522	0.231
1-61. パソコンの基本的な操作ができる	0.508	0.259
第2因子：ケースマネジメント援助技術（α=0.93）		
1-32. 家族・親戚・友人などの利用者の私的な資源に働きかける	0.017	0.766
1-8. 警察と協働する	0.074	0.750
1-29. 必要な場合は利用者と一緒にサービスの申請に出向く	0.169	0.745
1-21. 利用者のニーズに対する利用可能な家族・親戚・友人などの私的なサポートを把握する	0.103	0.738
1-11. 教育系部署と協働する	0.176	0.694
1-5. 学校と協働する	-0.036	0.681
1-30. 必要な場合は利用者に代わってサービスの申請をする	0.164	0.676
1-20. 利用者が潜在的にもっている力を把握する	0.250	0.669
1-24. 利用者の予算に見合ったサービス計画をたてる	0.077	0.659
1-27. 利用者の潜在的にもつ力を高めることができるような計画をたてる	0.180	0.646
1-7. 児童相談所と協働する	0.108	0.637
1-23. どの子育て支援サービスにつなげるか援助計画をたてる	0.223	0.620
1-16. 家庭の生活状況について緊急性の判断をする	0.279	0.596

1-9.	障害関係部署と協働する	0.271	0.571
1-3.	保育所と協働する	0.272	0.550
1-91.	他専門職に対して助言をする	0.154	0.547
1-4.	幼稚園と協働する	0.210	0.543
1-6.	民生児童委員,主任児童委員と協働する	0.202	0.526
1-2.	医療機関と協働する	0.232	0.489
1-18.	書面または口頭で利用者と契約をする	0.196	0.476
1-35.	利用者の生活全般の幅広い悩みについて相談に応じて助言をする	0.234	0.457
1-34.	夫婦関係の悩みについて相談に応じて助言をする	0.212	0.347
1-88.	連携機関のスタッフと飲み会などの非公式な交流の場を持つ	0.079	0.324
	寄 与 率	30.306	20.293

因子分析の結果の考察

「市区町担当者対象の調査」、「子育て支援コーディネーター対象の調査」それぞれの「円滑な推進に必要であると考えられる項目」を「現状」と「考え」ごとに探索的因子分析(主因子法,バリマックス回転)を行った。また,因子分析は「子育て支援コーディネーターに求められる力量」と「子育て支援コーディネート環境・システム」に分けて行い,因子の抽出を試みた。

「子育て支援コーディネーターに求められる力量」について「市区町担当者対象の調査」では,「現状」、「考え」ともに3つの因子が抽出され,因子の構造も似ていた。そのため,因子名についても,「人を援助する基本的姿勢を維持する力」、「他機関・他部署と協働する力」、「計画的に／資源をマネジメントする力」とほぼ同じ名称に統一した。

「人を援助する基本的姿勢を維持する力」は,子育て支援コーディネーター独自の専門的対人援助技術というよりは,対人援助者に共通して欠かせない「力量」が抽出されたといえる。一方,「他機関・他部署と協働する」、「計画的に／資源をマネジメントする力」については,子育て支援コーディネーターの中心的な役割に関する因子であり,探索的因子分析において,ケースマネジメント援助技術に関する要因が抽出されたと考えられる。

「子育て支援コーディネーター対象の調査」では,「現状」、「考え」ともに2つの因子が抽出され,因子構造も似ていた。そのため,因子名についても,「人を援助する基本的姿勢を維持する力」、「ケースマネジメント援助技術」と同一名称とした。

「人を援助する基本的姿勢を維持する力」については，「市区町担当者対象の調査」の「現状」，「考え」と同じような因子構造であったため，因子の名称は「市区町担当者対象の調査」と共通にした。「人を援助する基本的姿勢を維持する力」は「市区町担当者対象の調査」，「子育て支援コーディネーター対象の調査」の「現状」，「考え」のすべてで同じような因子が抽出されており，この要因は子育て支援コーディネーター独自の対人援助技術ではないものの，子育て支援コーディネーターに欠かせない重要な「力量」であることが示唆された。

　また，「ケースマネジメント援助技術」の因子は，「市区町担当者対象の調査」の「他機関・他部署と協働する力」と「計画的に／資源をマネジメントする力」を1つにしたような因子構造になっており，「市区町担当者対象の調査」回答者はマネジメントと他機関・他部署との協働を別に捉えているが，「子育て支援コーディネーター対象の調査」回答者はこれらを1つに捉えていると考えられる。また，この因子については子育て支援コーディネート理論仮説の「ケースマネジメント援助技術」に関する項目がそのまま抽出されている。しかしながら，「考え」の中の「ケースマネジメント援助技術」の因子の中身をよく見てみると，理論仮説のケースマネジメント援助技術（図3-1）に盛り込んだ，本来の子育て支援コーディネーターの役割ではない直接的援助に関する項目である，「1-34．夫婦関係の悩みについて相談に応じて助言をする」，「1-35．利用者の生活全般の幅広い悩みについて相談に応じて助言をする」といった項目が含まれている（表5-5）。子育て支援コーディネーターがこれらの援助をまったくしない専門職であるとはいえないが，子育て支援コーディネーターが直接的援助（ケア）と間接的援助であるケースマネジメントを十分に分けて認識していない可能性がある。

　このように，因子数や因子の中身は多少異なったものの，「市区町担当者対象の調査」及び「子育て支援コーディネーター対象の調査」の分析によって，「子育て支援コーディネーターに求められる力量」の因子が抽出され，それらは同じような因子構造を示した。この分類は子育て支援コーディネート理論仮説（図3-1）と大きく異なるものではないが，理論仮説で示したように，詳細に因子が分かれることはなく，大きな枠組みで因子が抽出される結果になった。

　「子育て支援コーディネート環境・システム」について「市区町担当者対象

第5章　子育て支援コーディネートの推進要因と課題

の調査」では，「現状」では，「コーディネート業務のICT化」と「市区町としてのコーディネートサービス提供に関する取り組み」の2つの因子が抽出された。しかし，「考え」ではうまく因子がまとまらず，因子は抽出されなかった。また，「現状」ではかろうじて因子が抽出されたものの，子育て支援コーディネート理論仮説で示した多くの項目は抽出された因子から抜け落ちている。つまり，「子育て支援コーディネート環境・システム」については，必要な要因が十分に抽出されなかった。

そこで，改めて子育て支援コーディネート理論仮説のカテゴリーごとの記述統計の結果（表4-12）をみると，「現状」，「考え」ともに「子育て支援コーディネーターに求められる力量」よりも「子育て支援コーディネート環境・システム」の平均値の低いところが多い。つまり，環境的な部分については，よりその重要性や必要性について回答者が十分に認識できていない可能性がある。

そして「子育て支援コーディネーター対象の調査」では，「現状」，「考え」ともにうまく因子を抽出できなかった。子育て支援コーディネーターが活躍する基盤となる「子育て支援コーディネート環境・システム」は重要であるものの，何が必要かについては探索的因子分析ではうまく示されなかった。つまり，「市区町担当者対象の調査」の回答者と同じく，「子育て支援コーディネーター対象の調査」の回答者も「子育て支援コーディネート環境・システム」について何が重要かを理解していない可能性がある。

以上のように，「子育て支援コーディネート環境・システム」については，「市区町担当者対象の調査」の「現状」において，「子育て支援コーディネート環境・システム」に関する因子が一部抽出されたが，「市区町担当者対象の調査」の「考え」と「子育て支援コーディネーター対象の調査」の「現状」と「考え」においてうまく因子が抽出されなかった。

その理由として，既に示したようにケースマネジメント実践が十分に行われていない，必要性が認識されていない中で（第4章），必要な環境やシステムに関して，回答者が十分に理解していない可能性をあげることができる。

今回の探索的因子分析による方法では，うまく「子育て支援コーディネート環境・システム」に関する因子を抽出できなかった。したがって，以後の「貴市区町のコーディネートはうまくいっている」（従属変数）に与える要因に関す

る分析については,「子育て支援コーディネーター対象の調査」の「現状」のみ,「子育て支援コーディネーターに求められる力量」と「子育て支援コーディネート環境・システム」の要因を独立変数として導入して分析する。それ以外の「市区町担当者対象の調査」の「考え」,「子育て支援コーディネーター対象の調査」の「現状」と「考え」は,「子育て支援コーディネーターに求められる力量」のみの影響について検証する。

2 重回帰分析による推進要因の影響の検討

市区町担当者対象の調査

「人を援助する基本的姿勢を維持する力」,「他機関・他部署と協働する力」,「計画的にマネジメントする力」,「コーディネートサービスシステム」,「市区町としてのコーディネートサービス提供に関する取り組み」の5つの要因の「現状」の値を強制投入法によって独立変数に投入し,「貴市区町のコーディネートはうまくいっている」を従属変数として投入して重回帰分析を実施した。

その結果,「計画的にマネジメントする力」と「コーディネートサービスシステム」は「貴市区町のコーディネートはうまくいっている」に影響が示されなかった。そのため,残りの「人を援助する基本的姿勢を維持する力」,「他機関・他部署と協働する力」,「市区町としてのコーディネートサービス提供に関する取り組み」の値を強制投入法によって独立変数に投入し,「貴市区町のコーディネートはうまくいっている」を従属変数として投入して,再度重回帰分析を実施した。

その結果,有意なモデルを得ることができた（$F(3, 429) = 55.44$, $p<0.01$, 調整済み $R^2 = 0.27$）。各要因が従属変数に与える影響をみていくと,「人を援助する基本的姿勢を維持する力」（$\beta=0.17$, $p<0.01$）,「他機関・他部署と協働する力」（$\beta=0.23$, $p<0.01$）,「市区町としてのコーディネートサービス提供に関する取り組み」（$\beta=0.25$, $p<0.01$）が従属変数に有意な影響を及ぼしていることが示された（表5-6）。

次に,「人を援助する基本的姿勢を維持する力」,「資源をマネジメントする力」,「他機関・他部署と協働する力」の3つの要因の「考え」の値を強制投入

第5章　子育て支援コーディネートの推進要因と課題

表5-6　「子育て支援コーディネーターに求められる力量」,「子育て支援コーディネート環境・システム」(現状) の要因と従属変数の重回帰分析 (強制投入法)

	非標準化係数		標準化係数	t値
	b	標準誤差	β	
人を援助する基本的な姿勢を維持する力	0.15	0.05	0.17	2.89**
他機関・他部署と協働する力	0.21	0.04	0.23	4.98**
市区町としてのコーディネートサービス提供に関する取り組み	0.21	0.05	0.25	4.33**

注：$F(3, 429) = 55.44$, $p<0.01$, 調整済み $R^2 = 0.27$, **$p<0.01$。

法によって独立変数に投入し,「貴市区町のコーディネートはうまくいっている」を従属変数として投入して重回帰分析を実施した。

その結果, 有意なモデルを得ることができたが, 説明力は非常に弱い結果が示された ($F(3, 731) = 17.60$, $p<0.01$, $R^2 = 0.06$)。各要因が従属変数に及ぼす影響を見ると,「人を援助する基本的姿勢を維持する力」($\beta = 0.19$, $p<0.01$),「他機関・他部署と協働する力」($\beta = 0.09$, $p<0.05$) の2要因は非常に弱いながらも従属変数に対する影響を示したが, モデルを十分に説明できる結果は得られなかった。

子育て支援コーディネーター対象の調査

「人を援助する基本的姿勢を維持する力」,「ソーシャルワーク援助技術」の2つの要因の「現状」の値を強制投入法によって独立変数に投入し,「貴市区町のコーディネートはうまくいっている」を従属変数として投入して重回帰分析を実施した。

その結果, 有意なモデルを得ることができた ($F(2, 162) = 33.48$, $p<0.01$, 調整済み $R^2 = 0.28$)。各要因が従属変数に与える影響を見ると「人を援助する基本的姿勢を維持する力」($\beta = 0.35$, $p<0.01$),「ケースマネジメント援助技術」($\beta = 0.31$, $p<0.01$) と, すべての独立変数が従属変数に有意な影響を及ぼしていることが示された (表5-7)。

次に,「人を援助する基本的姿勢を維持する力」,「ケースマネジメント援助技術」の2つの要因の「考え」の値を強制投入法によって独立変数に投入し,

表5-7 「子育て支援コーディネーターに求められる力量」(現状) の要因と従属変数の重回帰分析 (強制投入法)

	非標準化係数		標準化係数 β	t 値
	b	標準誤差		
人を援助する基本的姿勢を維持する力	0.41	0.08	0.35	4.92**
ケースマネジメント援助技術	0.29	0.07	0.31	4.43**

注：$F(2, 162) = 33.48$, $p < 0.01$, 調整済み $R^2 = 0.28$, **$p < 0.01$。

「貴市区町のコーディネートはうまくいっている」を従属変数として投入して重回帰分析を実施した。

その結果、2要因の投入では有意なモデルを得ることができなかった。「人を援助する基本的姿勢を維持する力」のみを投入する単回帰分析では有意なモデルとなったが ($F(1, 197) = 5.48$, $p < 0.05$, 調整済み $R^2 = 0.02$)、説明力が非常に弱く、モデルを十分に説明できる結果は得られなかった。

重回帰分析の結果の考察

探索的因子分析で抽出された因子 (要因) を独立変数とし、「貴市区町のコーディネートはうまくいっている」を従属変数として重回帰分析を行った。

その結果、「市区町担当者対象の調査」の「現状」では、「子育て支援コーディネーターに求められる力量」の「計画的にマネジメントする力」と、「子育て支援コーディネート環境・システム」の「コーディネートサービスシステム」がそれぞれ「貴市区町のコーディネートはうまくいっている」(従属変数) に、影響が示されなかった。重回帰分析によって、これらの要因の影響が示されないということは、本来、子育て支援コーディネートの円滑な推進に影響しないと解釈できる。しかしながら、第4章の記述統計を用いた分析による実態の検証で、市区町担当者はケースマネジメントによる子育て支援コーディネートを行う必要性を十分に認識できていないことが示唆されていた。

したがって、子育て支援コーディネート理論仮説で示したようなケースマネジメントによる子育て支援コーディネートの必要性や、そのために整備すべき「子育て支援コーディネート環境・システム」に関する必要な要因の影響が重回帰分析によって検証できなかったと推測される。

なお,「子育て支援コーディネーター対象の調査」の「現状」では,「子育て支援コーディネート環境・システム」に関する要因が抽出できなかったために,やむを得ず「子育て支援コーディネーターに求められる力量」の2要因の投入のみで,重回帰分析を行った。その結果,「人を援助する基本的姿勢を維持する力」と「ケースマネジメント援助技術」の両要因とも子育て支援コーディネートが円滑に推進することに影響を示した。しかし,「子育て支援コーディネーター対象の調査」では,「子育て支援コーディネート環境・システム」による因子(要因)を投入できないなど,「市区町担当者対象の調査」と同じように,子育て支援コーディネーター自身も子育て支援コーディネートに何が必要かについて十分に理解していないことが示された。

「考え」については,「市区町担当者対象の調査」,「子育て支援コーディネーター対象の調査」ともに重回帰分析の結果,独立変数が従属変数である「貴市区町のコーディネートはうまくいっている」に影響を示さなかった。「考え」が直接子育て支援コーディネートが円滑に推進することに影響するのではなく,間に何等かの媒介要因があると考えられる。

3 属性による「子育て支援コーディネーターに求められる力量」の関係

子育て支援コーディネーターとして働く専門職が,真に「子育て支援コーディネーターに求められる力量」を所持しているのかについて分析する。

子育て支援総合コーディネート事業創設案では,子育て支援コーディネーターとして,「社会福祉士」の雇用がめざされていたが(厚生労働省,2002),本調査によって実際には多くが保育士や幼稚園教員免許保持者であることがわかった(図4-6)。「子育て支援コーディネーター対象の調査」の探索的因子分析及び重回帰分析の結果,子育て支援コーディネーターには,多くの対人援助職に共通するような人を援助する基本的な姿勢を維持する力のみではなく,ケースマネジメント援助技術が必要であることが示された。現在採用されている専門職が,子育て支援コーディネーターとして必要な「力量」をもち合わせているかを検討することは,今後の子育て支援コーディネートを円滑に実施し

表5-8 「子育て支援コーディネーターに求められる力量」の記述統計
（「子育て支援コーディネーター対象の調査」）

	現状 (n=165)		考え (n=199)	
	平均	標準偏差	平均	標準偏差
人を援助する基本的姿勢を維持する力	7.77	1.47	8.88	1.06
ケースマネジメント援助技術	5.35	1.85	7.20	1.44

ていくための方向性を明らかにするために重要である。なお，あわせて年齢や経験年数などその他の属性も「子育て支援コーディネーターに求められる力量」に関わっているのかを一元配置分散分析によって検証する。

「考え」については，重回帰分析の結果，直接「子育て支援コーディネーターに求められる力量」の要因が「貴市区町のコーディネートはうまくいっている」に影響しなかった。しかしながら，因子としては「現状」と同じようなまとまりを示しているため，子育て支援コーディネーターとして働く専門職が必要な援助を「現状」としてできていないだけなのか，「考え」としてもその必要性を認識していないのかを明らかにするため，同じように属性によって「子育て支援コーディネーターに求められる力量」に関する「考え」に差があるのかを，一元配置分散分析などを用いて検証する。

そこでまず，「現状」の回答（165件）の要因ごとの記述統計を示す。「人を援助する基本的姿勢を維持する力」は平均値7.77（標準偏差1.47），「ソーシャルワーク援助技術」は平均値5.35（標準偏差1.85）であった。「考え」の回答（199件）では，「人を援助する基本的姿勢を維持する力」は平均値8.88（標準偏差1.06），「ケースマネジメント援助技術」は平均値7.20（標準偏差1.44）であった（表5-8）。

次に，子育て支援コーディネーターの属性によって，2つの要因の「現状」と「考え」に差があるかを一元配置分散分析（等分散性の検定によって等分散でないとされた場合は，クラスカルウォリス検定，マンホイットニー検定）によって分析した。そこで，属性によって差が見られた項目の結果を記す。

「現状」について

性別によって「子育て支援コーディネーターに求められる力量」の「現状」

第5章 子育て支援コーディネートの推進要因と課題

表5-9 性別と「子育て支援コーディネーターに求められる力量」の要因（現状）の関係

	女性 (n=143)		男性 (n=22)	
	平均	標準偏差	平均	標準偏差
人を援助する基本的姿勢を維持する力	7.93	1.39	6.77	1.75**
ケースマネジメント援助技術	5.34	1.90	5.42	1.58

注：一元配置分散分析を行った。$F(1, 163) = 12.33$, $p < 0.01$, **$p < 0.01$。

表5-10 保育士資格の有無と「子育て支援コーディネーターに求められる力量」の要因（現状）の関係

	資格あり (n=99)		資格なし (n=66)	
	平均	標準偏差	平均	標準偏差
人を援助する基本的姿勢を維持する力	8.03	1.23	7.39	1.75*
ケースマネジメント援助技術	5.24	1.89	5.53	1.80

注：マンホイットニー検定を行った。*$p < 0.05$。

に差があるのかを明らかにするために，一元配置分散分析を実施した。

その結果，性別によって「人を援助する基本的姿勢を維持する力」に差がみられ（$F(1, 163) = 12.33$, $p < 0.01$），女性（143件）が男性（22件）より有意に高いことが示された（表5-9）。

次に，資格・免許によって「子育て支援コーディネーターに求められる力量」の「現状」に差があるのかを明らかにするために，一元配置分散分析とマンホイットニー検定を実施した。

その結果，保育士資格所持者（99件）と非所持者（66件）では，「人を援助する基本的姿勢を維持する力」に差がみられ（$p < 0.05$），所持者が有意に高いことが示された（表5-10）。幼稚園教諭免許所持者（66件）と非所持者（99件）では，「ケースマネジメント援助技術」に差がみられ（$F(1, 163) = 8.10$, $p < 0.01$），非所持者が有意に高いことが示された（表5-11）。

「考え」について

性別によって「子育て支援コーディネーターに求められる力量」の「考え」

表5-11 幼稚園教員免許の有無と「子育て支援コーディネーターに求められる力量」の要因（現状）の関係

	資格あり (n=66)		資格なし (n=99)	
	平均	標準偏差	平均	標準偏差
人を援助する基本的姿勢を維持する力	7.93	1.22	7.66	1.64
ケースマネジメント援助技術	4.86	1.76	5.68	1.86**

注：一元配置分散分析を行った。$F(1, 163)=8.10$, $p<0.01$, **$p<0.01$。

表5-12 性別と「子育て支援コーディネーターに求められる力量」の要因（考え）の関係

	女性 (n=176)		男性 (n=23)	
	平均	標準偏差	平均	標準偏差
人を援助する基本的姿勢を維持する力	9.03	0.90	7.74	1.47**
ケースマネジメント援助技術	7.22	1.45	7.01	1.29

注：マンホイットニー検定を行った。**$p<0.01$。

に差があるのかを明らかにするために，マンホイットニー検定を実施した。

その結果，「考え」でも女性（176件）は男性（23件）より，「人を援助する基本的姿勢を維持する力」が有意に高いことが示された（$p<0.01$）（表5-12）。

次に，資格・免許によって「子育て支援コーディネーターに求められる力量」の「考え」に差があるのかを明らかにするために，一元配置分散分析とマンホイットニー検定を実施した。

その結果，保育士資格所持者（123件）が非所持者（76件）よりも「人を援助する基本的姿勢を維持する力」が有意に高いことが示された（$p<0.01$）（表5-13）。幼稚園教員免許所持者（83件）と非所持者（116件）では，「人を援助する基本的姿勢を維持する力」は所持者が有意に高かったが（$p<0.05$），逆に「ケースマネジメント援助技術」では，非所持者が有意に高いことが示された（$F(1, 197)=5.09$, $p<0.05$）（表5-14）。

その他の属性（その他の資格，年齢，キャリア，雇用形態，給料など）では有意な差は示されなかった。

表5-13 保育士資格の有無と「子育て支援コーディネーターに求められる力量」の要因（考え）の関係

	資格あり (n=123)		資格なし (n=76)	
	平均	標準偏差	平均	標準偏差
人を援助する基本的姿勢を維持する力	9.19	0.78	8.38	1.26**
ケースマネジメント援助技術	7.27	1.45	7.08	1.41

注：「人を援助する基本的姿勢を維持する力」はマンホイットニー検定を行った。
　　「ケースマネジメント援助技術」は一元配置分散分析を行った。
　**$p<0.01$。

表5-14 幼稚園教員免許の有無と「子育て支援コーディネーターに求められる力量」の要因（考え）の関係

	資格あり (n=83)		資格なし (n=116)	
	平均	標準偏差	平均	標準偏差
人を援助する基本的姿勢を維持する力	9.12	0.81	8.71	1.18*
ケースマネジメント援助技術	6.93	1.35	7.39	1.47*

注：「人を援助する基本的姿勢を維持する力」はマンホイットニー検定を行った。
　　「ケースマネジメント援助技術」は一元配置分散分析を行った。
　$F(1, 197)=5.09$, $p<0.05$, *$p<0.05$。

分析結果の考察

「子育て支援コーディネーターに求められる力量」のうち，「現状」，「考え」ともに「人を援助する基本的姿勢を維持する力」が「ケースマネジメント援助技術」よりも平均値が高い結果となった。「ケースマネジメント援助技術」は，理論的にも実証的にも，子育て支援コーディネーターに欠かせない専門性であることを本研究で繰り返し強調してきたが，この要因は，他の対人援助職と共通する「人を援助する基本的姿勢を維持する力」よりも平均値が低く，現場の子育て支援コーディネーターはケースマネジメント援助技術を十分にもち合わせておらず，また，その必要性も十分に認識していないことが示された。

一元配置分散分析及びマンホイットニー検定の結果，「女性」は「男性」よりも「現状」，「考え」ともに「人を援助する基本的姿勢を維持する力」が高い結果となった。この理由について考察することは難しいが，様々な対人援助職で多くの女性が活躍していることから，女性がこのような「力量」をもち合わ

せていることが多い可能性がある。しかし，この点については本書で十分な考察をすることは困難であり，今後の課題としたい。

資格・免許では，保育士資格所持者が「現状」と「考え」において，幼稚園教員免許所持者が「考え」において「人を援助する基本的姿勢を維持する力」が資格・免許非所持者よりも高い結果となった。「人を援助する基本的姿勢を維持する力」は他の対人援助職と共通する専門性であると考えられるため，対人援助職の資格である保育士資格所持者と幼稚園教員免許所持者は，資格・免許非所持者よりもこのような「力量」をもち合わせ，必要性を認識していると考えられる。

一方，子育て支援コーディネーターが専門性を発揮するために必要である「ケースマネジメント援助技術」に関しては，保育士資格所持者も幼稚園教員免許所持者も，資格・免許非所持者よりも「現状」，「考え」ともに有意に高い結果とはならなかった。つまり，現時点で，実質的に子育て支援コーディネーターの採用基準とされている保育士資格や幼稚園教員免許は，子育て支援コーディネーターに求められる専門性を保証する資格・免許ではないことが実証的に示されたといえる。さらに特筆すべきは，幼稚園教員免許所持者は「現状」，「考え」ともに「ケースマネジメント援助技術」が非所持者よりも有意に低い結果となったことである。これは，教員の専門性がソーシャルワークの専門性と異なることを示しているといえる。しかしながら，幼稚園教員免許所持者の83件のうち，71件（幼稚園教員免許所持者の85.5％）が保育士資格所持者である。したがって，本調査では保育士資格所持者と幼稚園教員免許所持者の多くの回答者が重複している。本来，両資格をもっている場合と，片方の資格のみもっている場合に差があるのかを検討する必要があるが，幼稚園教員免許のみを所持している回答者が少数であったために違いを検証できなかった。この点についての詳細な検討は，今後の課題である。

なお，今回の調査では，社会福祉士資格所持者は8名しかおらず，資格所持者と非所持者を比較するのに十分な回答数が得られなかった。そのため，社会福祉士が「ケースマネジメント援助技術」など，子育て支援コーディネーターに必要であると考えられる「力量」をもち合わせているのかを実証的に検証するにまで至らなかった。

しかしながら，探索的因子分析及び重回帰分析によって導き出された子育て支援コーディネーターに求められる専門性は，社会福祉士資格取得課程によって得られる価値・知識・技術である（才村, 2005）。したがって，本書では，最も子育て支援コーディネーターにふさわしい専門職は社会福祉士であると結論づける。

終　章
より効果的な支援を行うために

1　本書の結論

　本書の目的は，子育て支援コーディネートの理論的枠組みを示すことで曖昧なままとなっている子育て支援コーディネートのあるべき姿を明確にし，その枠組みを用いて実践の課題及び問題点を明らかにすることであった。
　第1章では，これまでの子育て支援コーディネートの変遷について述べた。その結果，政策としてめざすべき子育て支援コーディネートの方向性にブレが生じている，子育て支援コーディネートとは何なのかが具体的に示されておらず，実施主体である市町村でうまくサービスが実施されていないことなどが示された。
　そこで，第2章では，ケースマネジメントによる子育て支援コーディネートの必要性と推進要因について，理論的に検証した。本来，ケースマネジメントは，既に起こった生活上の問題の解決を援助する対人援助技術である。したがって，「予防」段階におけるケースマネジメントの機能を理論的に明らかにするために，岡村（1974）の予防的社会福祉の概念枠組みを用いて子育て支援コーディネートが担うべき機能について整理した。
　そして第3章では，子育て支援のエキスパートを含む実践家及び研究者に協力を得て，ブレインストーミングを実施し，子育て支援コーディネートの推進に必要な要素の抽出を行った。その結果，エキスパートらによる調査においても，ケースマネジメントに関する要素が抽出された。そこで，第2章で示した理論的枠組みとブレインストーミングで抽出された要素を組み合わせて，「子育て支援コーディネート理論仮説」を立てた。
　続いて，第4章では，第3章で提示した子育て支援コーディネート理論仮説

を実証的に検証するために，量的調査のツールとして用いた自記式質問紙の作成，実施，及び記述統計を用いた調査の結果について詳述した。調査は，市区町の子育て支援担当部局の職員と子育て支援コーディネーターにそれぞれ行った。

「市区町担当者対象の調査」の結果，事業として子育て支援コーディネートが実施されていたのは，わずか6.1％の市区町であり，その他の方法でもあまり実施されていないことが示された。

また，「子育て支援コーディネーター対象の調査」の結果，子育て支援コーディネーターとして実際に働いている専門職は保育士（61.8％）が多く，ケースマネジメント援助技術を修得していると考えられる社会福祉士はわずか4.0％であった。

次に，「子育て支援コーディネート理論仮説」上，子育て支援コーディネートの推進に必要な項目の「現状」と「考え」の値の平均値を算出した。その結果，「市区町担当者対象の調査」，「子育て支援コーディネーター対象の調査」ともに，理論仮説において最も重要であると考えられるケースマネジメント援助技術について直接尋ねた項目の「現状」と「考え」の平均値が低い結果となった。つまり，ケースマネジメントが実施できていないのみならず，必要性や重要性についても認識されていないことが示唆された。これは，「市区町担当者対象の調査」の回答者が現在の担当部局に就いて平均3.13年目とキャリアが短く，十分に子育て支援サービス提供における課題等を理解していないためであると考える。また，「子育て支援コーディネーター対象の調査」の回答者は，ケアワークを専門とする保育士が半数以上を占めたため，「つなぐ」機能について十分に理解していない可能性がある。なお，「子育て支援コーディネーター対象の調査」の回答者の子育て支援コーディネーターとしての意識には，差があったと予想される。しかしながら，少なくとも市区町の子育て支援担当部局職員が子育て支援コーディネーターの役割を担っていると判断した人材が，このように子育て支援コーディネーターとして必要な力量を発揮しておらず，また必要性や重要性も認識していないという結果は，子育て支援コーディネートが，全体として理論的・実証的枠組みをもった実践となっていないという問題点と課題を明確にするために非常に重要であったと考える。

終　章　より効果的な支援を行うために

　第5章では，多変量解析を用いて，ケースマネジメントによる子育て支援コーディネートの推進要因と課題の検証を行った。探索的因子分析の結果，「市区町担当者対象の調査」，「子育て支援コーディネーター対象の調査」ともに子育て支援コーディネーターに求められる「力量」として「ケースマネジメント援助技術」に関する要因と，対人援助職に共通する「人を援助する基本的姿勢を維持する力」に関する要因が抽出された。ただし，「子育て支援コーディネート環境・システム」については，因子がうまくまとまらなかった。また，重回帰分析の結果，「市区町担当者対象の調査」においては，理論上，子育て支援コーディネートが円滑に推進されるために最も重要な「計画的にマネジメントする力」に関する要因の影響が示されなかった。

　以上の結果から，本来ならば，子育て支援コーディネーターに「計画的にマネジメントする力」は必要なく，子育て支援コーディネートを実施するための環境・システムを整える必要もないと解釈できる。しかし，第4章の記述統計を用いた分析により，実質的に市区町で子育て支援コーディネートが実施されていないことが示唆される結果になった。そのため，子育て支援コーディネートについて熟知している必要のある市区町担当者や子育て支援コーディネーターが，現時点では専門職として未成熟であり，個々の回答者が子育て支援コーディネートの実践者として推進要因や課題，問題点を十分に把握できていなかったものと考えられる。そのため，多変量解析を用いた分析では，子育て支援コーディネートの推進に必要であると考えられる要因の影響について検証できなかった部分があると推測される。このように，多変量解析を用いた分析によっても，記述統計を用いた分析の結果と同じように，子育て支援コーディネートについて現場で理論的な枠組みに基づいた援助や理解が十分になされていないという課題が示された。

　「子育て支援コーディネーター対象の調査」の結果，子育て支援コーディネーターとして採用されることの多い保育士資格所持者は，非所持者よりも「現状」，「考え」ともに「人を援助する基本的姿勢を維持する力」は有意に高いことが示された。しかし，保育士資格所持者と非所持者は「現状」，「考え」ともに「ケースマネジメント援助技術」に有意な差がみられず，現時点で，保育士が子育て支援コーディネーターとして必要な「力量」を兼ね備えた専門職

とはいえないことが示された。

　これは，非常に重要な点であり，本調査によって，子育て支援コーディネーターに求められる専門性と，実際に働く人材の専門性が一致していないという問題点を実証的に示したといえる。

　保育士の専門性の中心は，言うまでもなく保育（ケアワーク）であり，『保育所保育指針解説書』にも保育士は，ソーシャルワークの専門職ではないと明記されている（厚生労働省編，2008：184）。したがって，今後保育士に子育て支援コーディネーター研修を行うことで，専門性の乖離の問題を解決することは，望ましいとはいえないだろう。

　岡村（1974）は，ソーシャルワーカーに対して，ソーシャルワーク専門職の役割とは何かを自覚し，担うべき役割をしっかりと果たし，他の専門職と協働することが必要であると述べている。これはすべての専門職に共通していえることであり，保育士が保育という専門性を磨く時間を割いてまで，ソーシャルワークの役割を担おうとし，保育とソーシャルワークの専門性をそれぞれ中途半端に修得することは，本来の保育士の専門職としての価値を低下させると考えられ，推奨できない。

　子ども家庭福祉分野における保育士の多方面での活躍は目覚ましいものがあるが，保育士は子ども家庭福祉分野の仕事であれば何でもできるという訳ではない。子ども家庭福祉分野ですでに活躍しているという理由で，専門性の異なる機能を他の専門職に担わせるということは，子ども家庭福祉分野で必要とされるはずの多様な機能を曖昧にすることになり，子ども家庭福祉全体の発展を妨げるだろう。

　仮に，保育士資格所持者が子育て支援コーディネーターとなるのであれば，保育士としてではなく，ソーシャルワーカーとして1から専門性を修得する必要がある。なぜならソーシャルワークの専門性は，短期間の研修で身に着けることのできるものではないからである（才村，2005）。

　加えて，一度身についた専門職としての価値観を変えることは容易ではない。今回の調査では，幼稚園教員免許所持者は，非所持者に比べてケースマネジメント援助技術を行っておらず，また考えとしても非所持者に比べて重要視していなかった。これは，教員の専門性を修得している子育て支援コーディネー

ターが，求められている役割に合った価値・知識・技術をもって援助するのではなく，すでに修得している教育の専門職としての価値・知識・技術によって，援助を行ってしまっていることを示しているといえる。仕事が変わり，専門職として求められる役割が変化した時に，すでにもっている専門職としての価値・知識・技術を一旦置いて，新しい価値観や方法に基づいて援助を行うということは，言葉で言うほど容易ではないのではないだろうか。その意味で，すでに何らかの対人援助職の専門性を修得した人が，続いて他の専門性を修得し，求められる専門職としての力量を発揮するということは，何らかの対人援助に関わる専門をバックグラウンドにもたない人よりも一層の努力を求められると考える。

したがって本書では，子育て支援コーディネーターとしてふさわしい専門職として，わが国のソーシャルワーカーである社会福祉士がその職に就く必要があると結論付ける。しかし，「子育て支援コーディネーター対象の調査」回答者のうち，社会福祉士資格所持者は少なく，現時点で社会福祉士が真に子育て支援コーディネーターとしてふさわしい「力量」をもち合わせているのかを実証的に検証するには至っていない。この点を明確にすることは，今後の課題である。

以上のように，本書では一貫して，ケースマネジメントによる子育て支援コーディネートの理論的枠組みと課題について明らかにしようと試みた。その結果，子育て支援コーディネートを円滑に推進するためには，ケースマネジメントとして実施される必要があることを理論的に示すことができた。今後，本書で理論的枠組みとして提示した子育て支援コーディネートのあるべき姿が現場で理解され，実践されていくことを期待したい。

2　本書の研究の限界

今回，従属変数である「貴市区町のコーディネートはうまくいっている」は，サービス提供者側である市区町担当者や子育て支援コーディネーターに，「現状に対して『住民』がどう考えているのかを想定して」答えてもらった。そのため，サービス利用者が市区町の子育て支援コーディネートをどの程度うまく

いっていると評価しているのかについて明らかにできていない。今後，サービス提供者側だけでなく，サービス利用者側に対しても子育て支援コーディネートに関する調査を実施し，サービス利用者側が求める子育て支援コーディネートの機能について明らかにしたい。

　また，本書に示した調査では，サービス提供者側である市区町担当者と子育て支援コーディネーターに量的調査を実施した。ほとんどの市区町において，子育て支援コーディネートは実質的に実施されておらず，本来子育て支援コーディネートについて熟知しているはずの市区町担当者も子育て支援コーディネーターも子育て支援コーディネートについてよく理解できていなかった。つまり，専門職として未成熟であり，そのために多変量解析を用いて必要な要因を抽出することができなかった。したがって，今後子育て支援コーディネートに力を入れている自治体や，実際に子育て支援コーディネーターとして活躍している人に業務の詳細や課題等について質的に調査を実施し，より詳細に子育て支援コーディネートに求められる要因について明らかにしていきたい。

3　今後の課題

　子育て支援コーディネートは，2015（平成27）年4月から本格的にスタートした「子ども・子育て支援新制度」において，利用者が必要なサービスに確実に辿り着けるように援助する，子ども・子育て支援新制度の要となる役割を果たすサービスである。そのため，子育て支援コーディネート（利用者支援事業）の提供方法について，より具体的に検討していく必要がある。子育て支援コーディネーターの設置場所，権限，担当ケース数，すべての子どもと家庭の状況を適切に把握できる仕組み，資格や待遇などについてである。今回，多変量解析においては，このような子育て支援コーディネートを実施していくための，環境・システムについて十分に検討できなかった。しかしながら，ケースマネジメントを実施するための環境やシステムを整える必要性は繰り返し指摘されており，(Intagliata, 1987；Austin, 1983；Rubin, 1987；副田, 1995など)，これらについてより詳しく検討していくことは非常に重要である。

　一方，子育て支援コーディネーターは，子ども・子育て支援新制度における

サービス資源のみを調整する専門職ではない。重要なのは，子育て支援コーディネーターが子ども・子育て支援新制度におけるサービスの枠組みに捉われることなく，利用者の立場に立って，利用者が必要な資源に確実に辿りつけるように支援していくことである（Johnson & Rubin, 1983；Rubin, 1987；芝野，2002）。

　仮に，子ども・子育て支援新制度に従って，その範囲内でサービスを調整してつなぐ機能のみを担うのであれば，子育て支援コーディネート（利用者支援事業）は真に子どもと家庭にとって国が掲げる「子育てしやすい国」となるようなサービスとはならないだろう。

　第2章で詳しく述べたように，利用者が必要な資源に辿りつけるように利用者の生活者としての視点に立って援助するということは，サービスシステムに不備があれば，それらが利用者のニーズに沿ったサービスになるように働きかけたり，必要なサービスがなければ，それぞれの専門職にそのようなサービスの必要性を訴えたりするなど，あらゆる方法を用いて利用者の生活ニーズに応えていくことを含む。

　したがって子育て支援コーディネート（利用者支援事業）は，子ども・子育て支援新制度の枠に捉われないサービス展開（民間の資源やインフォーマルな資源に積極的につないでいく，また資源がなければ開発していくなど）をしていくことも期待されるだろう。

引用・参考文献

American Hospital Association (1987) Case Management : An Aid to Quality and Continuity of Care. *American Hospital Association*, 1-11.
Austin, C. D. (1983) Case management in long-term care : Options and opportunities. *Health and Social Work*, 8, 16-30.
Austin, C. D. (1990) Case Management : Myths and Realities. *Families in Society : The Journal of Contemporary Human Services*, 71, 398-407.
Biestek, F. P. (1957) *Casework Relationship*, Loyola University Press.（＝2006, 尾崎新・福田俊子・原田和幸訳『ケースワークの原則――援助関係を形成する技法』誠信書房.）
Briar, S. & Miller, H. (1971) *Problem and Issues in Social Casework*. New York : Columbia University Press.
Frankel, A. J. & Gelman, S. R. (2004) *Case Management : An Introduction to Concepts and Skills Second Edition*, Lyseum Bools, Inc.（＝2006, 野中猛監訳・羽根潤子訳『ケースマネージメントの技術』金剛出版.）
外務省「児童の権利に関する条約（全文）」(http://www.mofa.go.jp/mofaj/gaiko/jido/zenbun.html, 2012.11.19).
Germain, C. B. & Gitterman. (1996) *The Life Model of Social Work Practice : Advance in Theory and Practice (2nd edition)*, New York : Columbia University Press.（＝2008, 田中禮子・小寺全世・橋本由紀子監訳『ソーシャルワーク実践と生活モデル』上下, ふくろう出版.）
Harris, M. & Bergman, H. C. (1987) Case management with the chronically mentally ill : A clinical perspective. *American Journal of Orthopsychiatry*, 57(2), 296-302.
橋本真紀 (2009)「地域子育て支援における保育所や保育士の役割――地域子育て支援センター事業実施要綱改正の経過から」『こども環境学研究』5(3), 25-34.
橋本真紀 (2011)「地域を基盤とした子育て支援実践の現状と課題――地域子育て支援拠点事業センター型実践の検証から」『社会福祉学』52(1), 41-54.
橋本真紀・扇田朋子・多田みゆき・藤井豊子・西村真美 (2005)「保育所併設型地域子育て支援センターの現状と課題――A県下の地域子育て支援センター職員と地域活動事業担当者, 保育所保育従事者の比較調査から」『保育学研究』43(1), 76-89.
平田祐子 (2011)「育児ストレスへのコーピングスタイルから見られる母親の認知するソーシャルサポートニーズ――母親が使用するコーピング方略タイプとその種類数に着目して」『子ども家庭福祉学』10, 11-21.
平田祐子 (2012)「子育て支援総合コーディネート事業の変遷――子ども家庭福祉分野のケースマネジメントとしての必要性」『Human Welfare』4, 55-68.

平田祐子（2013）『ケースマネジメントとしての子育て支援コーディネートの推進要因と課題の検証』関西学院大学博士学位論文．

平田祐子（2014）「相談援助の意義」相澤譲治・井村圭壯・安田誠人編著『児童家庭福祉の相談援助』建帛社．

平田祐子（2015）「子ども・子育て支援新制度における利用者支援事業の実施に向けての課題――ケースマネジメントの理論的枠組みを用いて」『滋賀大学教育学部紀要』，64，53-62．

平田祐子・芝野松次郎・小野セレスタ摩耶（2012）「子育て支援総合コーディネーターに必要な「力量」に関する研究」『子ども家庭福祉学』12，93-105．

Holt, B. J. (2000) *The Practice of Generalist Case Management.* Allyn & Bacon.（＝2005，白澤政和監訳・所道彦・清水由香編訳『相談援助職のためのケースマネージメント入門』中央法規出版．）

一番ヶ瀬康子（1963）『アメリカ社会福祉発達史』光生館．

IFSW（2001）国際ソーシャルワーク連盟と国際ソーシャルワーク学校連盟が2000年7月に示したモントリオールにおける総会において採択されたソーシャルワークの定義．

生田正幸（2000）「福祉情報システムの課題と展望――福祉情報の活用と共有のあり方をめぐって」『社会福祉研究』78，48-56．

Intagliata, J. (1982) Improving the Quality of Community Care for the Chronically Mentally Disabled : The Role of Case Management, *Schizophrenia Bulletin*, 8(4), 655-672.

板野美紀（2006）「子育て支援サービスの情報提供に関する実態の多角的分析――A市における市民意識調査より」『関西学院大学社会学部紀要』100，155-166．

伊藤淑子（1991）「ケースマネジメントを問い直す」『社会福祉研究』52，96-101．

伊藤淑子（1997）「アメリカにおけるソーシャルワークとケースマネジメントの動向」『海外社会保障情報』118，18-28．

伊藤良高・桐原誠・宮﨑由紀子・香崎智郁代・永野典詞（2013）「保育ソーシャルワークの視点からの「子育て支援コーディネーター」に関する研究――資格・資質・養成を中心に」『熊本学園大学論集総合科学』，19(2)，1-25．

岩間信之（2010）「社会福祉士の役割と意義」社会福祉士養成講座編集委員会編『新・社会福祉士養成講座6 相談援助の基盤と専門職（第2版）』中央法規出版，2-6．

児童福祉六法編集委員会（2006）『児童福祉六法（平成19年版）』中央法規出版．

児童福祉六法編集委員会（2009）『児童福祉六法（平成22年版）』中央法規出版．

Johnson, P. J. & Rubin, A. (1983) Case management in mental health : A social work domain? *Social Work*, 28(1), 49-55.

閣議決定（2009）「明日の安心と成長のための緊急経済対策」．

金子恵美（2010）「第6章 子ども家庭に関わる専門職の今後」藤岡孝志監修・日本社会事業大学児童ソーシャルワーク課程編著『これからの子ども家庭ソーシャルワーカー』ミネルヴァ書房，59-75．

Kanter, J. S. (1987) Mental Health Case Management : A Professional Domain? *Social Work*, NASW, 32(5), 461-462.

柏女霊峰（2008）『子ども家庭福祉サービス供給体制――切れめのない支援をめざして』中

央法規出版.
柏女霊峰（2011）『子ども家庭福祉・保育の幕開け──緊急提言 平成期の改革はどうあるべきか』誠信書房.
柏女霊峰・山本真実・尾木まり・谷口和加子・林茂男・網野武博・新保幸男・中谷茂一（1999）「保育所実施型地域子育て支援センターの運営及び相談活動の分析」『日本子ども家庭総合研究所紀要』36，29-39.
木村容子（2012）『被虐待児の専門里親支援── M-D&D にもとづく実践モデル開発』相川書房.
Kisthardt, W. E., & Rapp, A., (1992) Bridging the Gap between Principales and Practice : Implementing a Strengths Perspective in Case Management Stephen M. Rose *CASE MANAGEMENT AND SOCIAL WORK PRACTICE.*, Longman, 157-173.
子育て支援コーディネーター調査研究委員会（2013）『子育て支援コーディネーターの役割と位置付け』報告書.
子育て支援総合コーディネーターを考えるプロジェクト（2003）「子育て支援総合コーディネーター（仮称）に望むこと」（平成20年11月11日）第17回社会保障審議会少子化対策特別部会参考資料３.
厚生労働省（2002）「2002（平成14）年に実施した評価の結果」資料.
厚生労働省（2003）『平成15年版　厚生労働白書』ぎょうせい.
厚生労働省（2004）『平成16年版　厚生労働白書』ぎょうせい.
厚生労働省（2008）『保育所保育指針』フレーベル館.
厚生労働省編（2008）『保育所保育指針解説書』フレーベル館.
厚生労働省「雇用均等・児童家庭局　資料　次世代育成支援の人材養成事業（新規）」（http://www.mhlw.go.jp/topics/2009/02/tp0226-1/dl_10koyou/10koyoua_0051.pdf, 2011.10.17）.
厚生労働省「子育て支援」（http://www.mhlw.go.jp/seisakunitsuite/bunya/kodomo/kodomo_kosodate/kosodate/index.html, 2012.9.9）.
厚生労働省雇用均等・児童家庭局（2003）「全国厚生労働関係部局長会議（厚生分科会）資料　雇用均等・児童家庭局　連絡事項　少子化対策について」資料.
厚生労働省雇用均等・児童家庭局（2004）「雇用均等・児童家庭局　予算（案）の概要」資料.
厚生労働省雇用均等・児童家庭局総務課少子化対策企画室（2004a）「子育て支援総合推進モデル市町村一覧」資料.
厚生労働省雇用均等・児童家庭局総務課少子化対策企画室（2004b）「子育て支援総合推進モデル市町村について」資料.
厚生労働省雇用均等・児童家庭局総務課少子化対策企画室（2004c）「モデル市町村における主な取組事例」資料.
厚生労働省雇用均等・児童家庭局総務課少子化対策企画室（2007）「地域子育て支援事業実施のご案内」資料.
厚生労働省雇用均等・児童家庭局総務課少子化対策企画室（2010）「地域子育て支援拠点事業の概要と展望」資料.

厚生労働省社会保障審議会少子化社会特別部会（2009）「石川県のマイ保育園登録制度について」少子化対策特別部会（第28回）参考資料．
久保紘章（2005）「序　ソーシャルワークの実践モデル」久保紘章・副田あけみ（編著）『ソーシャルワークの実践モデル——心理社会的アプローチからナラティブまで』川島書店，i-vii．
Lamb, H. R. (1980) Therapist-Case Managers: More Than Brokers of Services. *Hospital and Community Psychiatry*. 31(11), 762-764.
Libassi, M. F. (1988) The Chronically Mentally Ill: A Practice Approach Family Service America. *Social Casework: The Journal of Contemporary Social Work*, 88-96.
Loomis, J. F. (1988) Case Management in Health Care. *Health and Social Work*, 13(3), 219-225.
前橋信和（2009a）「第4章第2節　児童虐待の防止等に関する法律（児童虐待防止法）」芝野松次郎・高橋重宏・松原康雄編著『児童や家庭に対する支援と子ども家庭福祉制度』ミネルヴァ書房．
前橋信和（2009b）「子ども家庭福祉制度とその運用」岸井勇雄・無藤隆・柴崎正行監修・網野武博・柏女霊峰編著・前橋信和・尾木まり・才村純・加藤博仁『子ども家庭福祉の新展開』同文書院．
三品桂子（1999）「利用者主導モデルの精神障碍者のケースマネージメントとソーシャルワーカーの役割」『ソーシャルワーク研究』25(3)，195-197．
民主党・自民党・公明党（2012）「社会保障・税一体改革に関する確認書」資料．
文部科学省（2008）『幼稚園教育要領』フレーベル館．
内閣府（2003）「第10回社会保障審議会児童部会議事録」資料．
内閣府（2004）『平成16年版　少子化社会白書』ぎょうせい．
内閣府（2005）『平成17年版　少子化社会白書——少子化対策の現状と課題』ぎょうせい．
内閣府（2006）『平成18年版　少子化社会白書——新しい少子化対策の推進』ぎょうせい．
内閣府（2007a）『平成19年版　少子化社会白書』佐伯印刷．
内閣府（2007b）「少子化社会対策に関する先進的取組事例集」資料．
内閣府（2008a）『平成20年版　少子化社会白書』佐伯印刷．
内閣府（2008b）「第16回社会保障審議会少子化対策特別部会議事録」資料．
内閣府（2009）『平成21年版　少子化社会白書』佐伯印刷．
内閣府（2010a）『子ども・子育てビジョン～子どもの笑顔があふれる社会のために～』少子化社会対策基本法（平成15年法律第133号）第7条の規定に基づく大綱．
内閣府（2010b）『平成22年版　子ども・子育て白書』佐伯印刷．
内閣府（2011）『平成23年版　子ども・子育て白書』勝美印刷．
内閣府（2012）『平成24年版　子ども・子育て白書』勝美印刷．
内閣府（2013a）『平成25年版　少子化社会対策白書』勝美印刷．
内閣府（2013b）「子ども・子育て会議基準検討部会（第1回）議事録」資料．
内閣府（2013c）「子ども・子育て会議基準検討部会（第2回）議事録」資料．
内閣府（2013d）「子ども・子育て会議基準検討部会（第3回）議事録」資料．
内閣府（2013e）「子ども・子育て会議基準検討部会（第4回）議事録」資料．

内閣府（2013f）「子ども・子育て会議基準検討部会（第9回）議事録」資料.
内閣府（2013g）「子ども・子育て会議基準検討部会（第11回）議事録」資料.
内閣府（2013h）「地域子ども・子育て支援事業について（平成25年5月8日）」資料.
内閣府（2013i）「地域子ども・子育て支援事業について（平成25年6月28日）」資料.
内閣府（2013j）「地域子ども・子育て支援事業の主な検討課題と考え方について（平成25年7月25日）」資料.
内閣府（2013k）「利用者支援事業について（平成25年8月29日）」資料.
内閣府（2013l）「利用者支援事業について（平成25年12月11日）」資料.
内閣府（2013m）「利用者支援事業について（平成25年12月26日）」資料.
内閣府（2014a）『平成26年版　少子化社会対策白書』日経印刷.
内閣府（2014b）「利用者支援事業について（平成26年1月24日）」資料.
内閣府（2014c）「利用者支援事業（案）ガイドライン」資料.
内閣府（2015a）「子ども・子育て会議基準検討部会（第25回）議事録」資料.
内閣府（2015b）「地域子ども・子育て支援事業について（平成27年1月22日）」資料.
内閣府（2015c）「子育て支援員研修について（平成27年3月10日）」子ども・子育て支援新制度説明会資料.
内閣府子ども・子育て支援新制度施行準備室（2014）「子ども・子育て支援新制度について（平成26年4月）」資料.
内閣府・文部科学省・厚生労働省（2012）「子ども・子育て関連3法について」資料.
内閣府少子化社会対策会議（2010）「子ども・子育て新システムの基本制度案要綱」資料.
内閣府少子化社会対策会議（2011）「子ども・子育て新システムに関する中間とりまとめについて」資料.
内藤雅子（1999）「介護保険導入後のソーシャルワークに問われるもの」『ソーシャルワーク研究』25(1)，42-45.
中川千恵美（2011）「地域における子育て支援コーディネーターの業務内容と役割の検討について」『大阪人間科学大学紀要』10，21-29.
National Association of Social Workers（1987）Case Management in Health, and Human Service Settings, NASW, *Policy Statement*.
新津ふみ子（1995）『ケア・コーディネーション入門』医学書院.
野田市（2005）「野田市子育て支援総合コーディネート事業実施要綱」資料.
野津町（2004）「野津町子育て支援総合コーディネート事業実施要綱」資料.
NPO法人子育てひろば全国連絡協議会HP（http://kosodatehiroba.com/, 2012.9.9）.
岡本民夫（1973）『ケースワーク研究』ミネルヴァ書房.
岡村重夫（1957）『社会福祉学——総論』柴田書店
岡村重夫（1963）『社会福祉学——各論』柴田書店.
岡村重夫（1974）『地域福祉論』光生館.
岡村重夫（1983）『社会福祉原論』全国社会福祉協議会.
大津町（2004）「大津町子育て支援総合コーディネート事業実施要綱」資料.
小野セレスタ摩耶（2011）『次世代育成支援行動計画の総合的評価——住民参加を重視した新しい評価手法の試み』関西学院大学出版会.

大日向雅美（2005）『「子育て支援が親をダメにする」なんて言わせない』岩波書店.
Pelham, A. O. & Clark, W. F.（1983）*Managing home care for the elderly*. Springer Publishing company, New York.（= 1987, 浅野仁・西尾祐吾監訳『ケースマネージメント——老人に対する在宅ケアの実践例』相川書房.）
Perlman, H. H.（1967）Casework is dead. *Social Case Work*, 48, 22-25.
Richmond, M. E.（1917）*Social Diagnosis*. Russel Sage Foundation.（= 2012, 杉本一義監修・佐藤哲三監訳『社会診断』あいり出版.）
Rose, S. M.（1992）*CASE MANAGEMENT AND SOCIAL WORK PRACTICE.*, Longman.
Rose, S. M.（1992）*CASE MANAGEMENT AND SOCIAL WORK PRACTICE.*, Longman.（= 1997, 白澤政和・渡部律子・岡田進一監訳『ケースマネージメントと社会福祉』ミネルヴァ書房.）
Rose, S. M. & Moore, R. H.（1995）Case Management, *Encyclopedia of Social Work (19th Edition)*, New York：NASW, 335-340.
Rubin, A（1987）Case Management, *Social Work*, 28(1), 49-54.
才村純（2005）『子ども虐待ソーシャルワーク論——制度と実践への考察』有斐閣.
才村純（2007）「児童虐待防止制度改正後の運用実態の把握・課題整理及び制度のあり方に関する調査研究」『平成18年度児童関連サービス調査研究等事業報告書』財団法人こども未来財団.
才村純（2008）『図表でわかる子ども虐待——保育・教育・養育の現場で活かすために』明石書店.
才村純（2011）「子ども虐待防止制度の現状と課題」『月報司法書士』467, 10-15.
栄町（2004）「栄町子育て支援総合コーディネート事業実施要綱」資料.
佐野市（2005）「佐野市子育て支援総合コーディネート事業実施要綱」資料.
笹岡市（2004）「笹岡市子育て支援総合コーディネート事業実施要綱」資料.
芝野松次郎（2002）『社会福祉実践モデル開発の理論と実際——プロセティック・アプローチに基づく実践モデルのデザイン・アンド・ディベロップメント』有斐閣.
芝野松次郎（2004）「今日的課題 施設ケアとファミリーソーシャルワーク」『社会福祉研究』90, 77-87.
芝野松次郎（2005）「エビデンスに基づくソーシャルワークの実践的理論化——アカウンタブルな実践へのプラグマティック・アプローチ」『ソーシャルワーク研究』31(1), 20-29.
芝野松次郎（2007）「社会福祉領域における援助」望月昭編『対人援助の心理学』朝倉書店, 51-81.
芝野松次郎（2009）「第10章 児童・家庭にかかわる専門職」芝野松次郎・高橋重宏・松原康雄編著『児童や家庭に対する支援と子ども家庭福祉』ミネルヴァ書房, 150-170.
芝野松次郎（2011a）「ソーシャルワークとしての「子育て支援総合コーディネート」実践モデルの開発的研究 平成22年度調査研究報告書」報告書.
芝野松次郎（2011b）「ソーシャルワークの実践と理論をつなぐもの——実践モデル開発のすすめ」『ソーシャルワーク学会誌』23, 1-17.

芝野松次郎（2012a）『ソーシャルワークとしての「子育て支援総合コーディネート」実践モデルの開発的研究　平成23年度調査研究報告書』報告書．

芝野松次郎（2012b）「ソーシャルワークにおける開発的研究と実践のイノベーション――子育て支援総合コーディネート実践モデルの開発を例として」芝野松次郎・小西加保留（編著）『社会福祉学への展望』相川書房，253-273．

芝野松次郎（2012c）「社会福祉系大学における人材養成の意義と課題――いかに研究と実践の成果をソーシャルワーク教育課程に反映させるか」『社会福祉研究』115, 21-29．

芝野松次郎・小野セレスタ摩耶・平田祐子（2013）『ソーシャルワークとしての子育て支援コーディネート――子育てコンシェルジュのための実践モデル開発』関西学院大学出版会．

芝野松次郎編（2001）『子ども虐待ケース・マネジメント・マニュアル』有斐閣．

芝野松次郎・山田茂治（1991）「ソーシャルワーカーの専門機能としてのケース・マネジメント――在宅障害児への援助実践をとおして」『関西学院大学社会学部紀要』63, 571-592．

白澤政和（1992）『ケースマネージメントの理論と実際――生活を支える援助システム』中央法規出版．

白澤政和（2005）「岡村理論とケアマネジメント研究」『ソーシャルワーク研究』31(1), 30-38．

白澤政和（2010）「日本でのコーディネーション機能・方法の展開と課題」『リハビリテーション研究』144, 2-7．

副田あけみ（1995）「在宅介護支援センターにおけるケースマネジメント実践とソーシャルサポート・ネットワークの形成(1)」『人文学報．社会福祉学』11, 133-176．

副田あけみ（1996）「在宅介護支援センターにおけるケースマネジメント」『社会福祉研究』66, 127-133．

副田あけみ（1999）「ケアマネジメントが社会福祉実践に与える意味」『社会福祉研究』75, 41-48．

副田あけみ（2001）「ケアマネジメントの問題点と課題」『別冊発達』25, 113-122．

副田あけみ（2003）「ソーシャルワークとケアマネジメント――概念の異同を中心に」『ソーシャルワーク研究』29(3), 188-193．

副田あけみ（2008）「ソーシャルワークのアイデンティティ――ケアマネジメントの展開が及ぼした影響」『人文学報．社会福祉学』24, 83-110．

Speckt, H (1988) *NEW DIRECTIONS FOR SOCIAL WORK PRACTICE*, prentice-Hall.（＝1991, 京極高宣・高木邦明監訳『福祉実践の新方向――人間関係と相互作用の実践理論』中央法規出版．）

Speckt, H. & Courtney, M. E. (1997) *Unifaithful Anfels : How Social Work Has Abandoned Its Mission*, New York：Free Press.

杉山千佳（2007）「資料４　保育所保育指針改定に関する検討会ヒアリング」厚生労働省第4回「保育所保育指針」改定に関する検討会議資料．

鈴鹿市（2011）「鈴鹿市子育て支援総合コーディネート事業実施要綱」資料．

高橋信行（2000）「福祉実践とコンピュータの利用」『ソーシャルワーク研究』26(2), 134-

139.
高橋重宏（1994）『ウェルフェアからウェルビーイングへ──子どもと親のウェルビーイングの促進：カナダの取り組みに学ぶ』川島書店．
高橋重宏編（1998）『子ども家庭福祉論　子どもと親のウェルビーイングの促進』放送大学教育振興会．
武田信子（2002）『社会で子どもを育てる──子育て支援都市トロントの発想』平凡社．
高根沢町（2007）「高根沢町子育て支援総合コーディネート事業実施要綱」資料．
民秋言編（2008）『幼稚園教育要領・保育所保育指針の成立と変遷』萌文書林．
多々良紀夫（2000）『アメリカのケースマネジメント実務基準と資格認定』筒井書房．
八重樫牧子（2012）『児童館の子育ち・子育て支援──児童館施策の動向と実践評価』相川書房．
山縣文治（2000）「地域への情報提供」古川孝順編『子どもの権利と情報公開──福祉の現場で子どもの権利は守られているか！』ミネルヴァ書房，134-148．
山縣文治（2002）『現代保育論』ミネルヴァ書房．
山縣文治（2004）「子ども社会と子育て支援サービス」『子ども社会研究』10，17-24．
山縣文治（2010）「親と子の福祉の向上に資する子ども家庭福祉研究と実践のために」岩田正美監修・山縣文治編著『リーディングス日本の社会福祉8　子ども家庭福祉』日本図書センター，3-31．
山縣文治（2011）「子ども家庭福祉とソーシャルワーク」『ソーシャルワーク学会誌』21，1-13．
山本真実（2000）「保育所機能の多様化とソーシャルワーク」『ソーシャルワーク研究』26(3)，193-200．
山本真実（2010）「子育て支援」社会福祉士養成講座編集委員会編『児童や家庭に対する支援と児童・家庭福祉制度（第2版）──児童福祉』中央法規出版，139-147．
山崎道子（2000）「ソーシャルワークを定義すること──時代と環境の変化の中で」『ソーシャルワーク研究』25(4)，262-270．
横山豊治（2011）「社会福祉士資格がソーシャルワークにもたらしたもの──社会福祉士の実践領域を概観して」『ソーシャルワーク研究』37(2)，103-110．
吉野諒三・千野直仁・山岸侯彦（2007）『数理心理学──心理表現の論理と実際』培風館．
財団法人　地方自治体情報センターHP（http://www.lasdec.nippon-net.ne.jp/cms/index.html, 2010.10.1）．

おわりに

　本書では，一貫して子育て支援コーディネートはケースマネジメント実践であるべきだと主張した。あわせて，ケースマネジメント実践を担うための専門性を兼ね備えた人材として社会福祉士の活用の必要性について訴えた。そして，他の対人援助の専門職が子育て支援コーディネーターとなる場合の注意点として，すでに修得した対人援助の専門職としての価値や視点を一端おいて，ソーシャルワークの価値や視点をもって子育て支援コーディネーターとしての役割を担う必要があり，それは言葉でいうほど簡単ではないと述べた。なぜなら一度身に付けた価値観はそう容易く変えることはできないからである。大切なことは子どもと家庭の幸せを願って各専門職がそれぞれの役割をきちんと果たし，協働することである。

　筆者は本書を通して述べてきたことを誰よりも真摯に受け止めなければいけない立場にある。筆者はソーシャルワークの近接領域である保育学や教育学を先に学んでおり，そこからソーシャルワークに辿り着いた。その時，浅はかにも１から対人援助の専門性を身に付けようとする人よりも容易にソーシャルワークを修得できると考えていたのである。しかし，ソーシャルワークに向き合おうとすればするほど，保育学や教育学の視点が自分自身の中で混ざってしまい，うまくソーシャルワークの視点をもてていないことを痛感した。それは今でも感じている。

　筆者は本書に示した研究を通して，専門職としての「役割分担」がいかに重要かを改めて学ぶことができ，専門職としての自身の立ち位置を定める必要があることを強く感じた。本書で示した研究内容は筆者にとって学ぶことが非常に多くあり，研究に関わってくださった多くの方々に心から感謝している。

　本書は「国立大学法人滋賀大学教育研究支援基金による出版助成制度」の助成を受けて刊行した。

また，本書で実施した調査は，平成22年度日本学術振興会科学研究費補助金（基盤研究B（課題番号：22330178））『ソーシャルワークとしての「子育て支援総合コーディネート」実践モデルの開発的研究』（研究代表者：芝野松次郎）の助成による。

　第1章は，平田祐子（2012）「子育て支援総合コーディネート事業の変遷——子ども家庭福祉分野のケースマネジメントとしての必要性」『Human Welfare』4, 55-68. 及び平田祐子（2013）「第1章子育て支援コーディネートとは　2．子育て支援総合コーディネート事業から子ども・子育て新システムにおける子育て支援コーディネーターへ」芝野松次郎・小野セレスタ摩耶・平田祐子著『ソーシャルワークとしての子育て支援コーディネート——子育てコンシェルジュのための実践モデル開発』関西学院大学出版会を大幅に加筆・修正したものである。

　第3章，第4章，第5章は，平田祐子・芝野松次郎・小野セレスタ摩耶（2012）「子育て支援総合コーディネーターに必要な「力量」に関する研究」『子ども家庭福祉学』12, 93-105. 及び平田祐子「第4章子育て支援総合コーディネートの実態調査（平田担当箇所）」芝野松次郎・小野セレスタ摩耶・平田祐子著『ソーシャルワークとしての子育て支援コーディネート——子育てコンシェルジュのための実践モデル開発』関西学院大学出版会を大幅に加筆・修正したものである。

謝　辞

　ブレインストーミングにご協力いただいた関西学院大学教育学部教授の橋本真紀先生，大阪市立大学大学院生活科学研究科特任講師の中島尚美先生，西宮市係長住宅部の北田晋一様，そして芝野先生のもとでともに学んだ大阪府社会福祉協議会の福本洋子様には，多忙にも関わらず貴重な時間を割いていただき，示唆に富む意見を多くいただきました。また，実態調査にご協力いただいた全国市区町の子育て支援担当部局職員の皆様，そして，子育て支援コーディネーターの皆様には，お忙しい中，時間のかかる質問紙に回答していただきました。心より感謝申し上げます。

　博士学位論文の主査であり，指導教授である関西学院大学人間福祉学部教授

おわりに

の芝野松次郎先生には，先生の科研に研究協力者として加わる機会をいただきました。また，その成果の一部を使用して，博士学位論文を執筆させていただき，本書の出版も後押ししていただきました。

芝野先生には，博士課程を修了した後もいつも気にかけていただいています。博士課程入学当初は思ったように研究を進めることができませんでしたが，芝野先生はそんな筆者をあたたかく見守ってくださいました。そして，自分で課題に気付けるように時間をかけて指導してくださり，必要な時には背中を押してくださいました。本書のテーマである子育て支援コーディネートについて研究することができたのも，芝野先生が「今度新しい研究をすることになったので手伝ってくれませんか」と筆者に声をかけてくださったことがはじまりでした。芝野先生はいつもこのように自分自身で考えて結論を出せるようにあたたかくご指導してくださっています。お世辞にも優秀とは言えない筆者に対して，いつも愛情をもって指導していただいていることが何よりもの励ましになっています。記して感謝申し上げます。

博士学位論文の副査である関西学院大学人間福祉学部教授の才村純先生には，先生が主任研究者を務められた研究に加わる機会をいただくなど，折々に大変お世話になっています。才村先生は，学内外の研究や実践活動で大変お忙しい中，副査を快く引き受けてくださり，貴重なアドバイスばかりでなく，励ましもくださいました。本当にありがとうございました。

関西学院大学人間福祉学部教授の前橋信和先生も，才村先生同様大変お忙しい中，博士学位論文の副査を快く引き受けてくださいました。前橋先生には，厚生労働省での勤務のご経験を踏まえ，筆者に欠けている視点について丁寧に指導していただきました。前橋先生に教えていただいたことは，今後の研究にも大きく役立つものばかりで大変感謝しております。

関西学院大学芝野研究室の先輩，後輩のみなさま，そして人間福祉研究科でともに学んだみなさまにも深謝いたします。

滋慶医療科学大学院大学専任講師の小野セレスタ摩耶先生は，芝野科研の分担研究者であり，芝野先生とともに研究を通して筆者を育ててくださいました。小野先生は，科研の成果を使用して博士学位論文を執筆すること，そして本として出版することを快く許してくださいました。小野先生の，研究者として常

に妥協することなく取り組まれる姿から学ぶものがたくさんありました。龍谷大学短期大学部非常勤講師の知念奈美子先生は，いつもやさしく接してくださり，英語文献の解釈など，筆者が研究で困っていると自分のことのように親身になって助けてくださいました。

　また，母校である園田学園女子大学，滋賀大学の先生にも大変お世話になりました。

　園田学園女子大学元学長の今井章子先生には，筆者の研究の関心は社会福祉にあると教えていただき，関西学院大学への進学を勧めていただきました。また，今井先生はいつも母校に帰るとあたたかく迎えてくださいました。

　修士論文のご指導をいただいた滋賀大学教育学部教授の菅眞佐子先生には，真摯に取り組めば実力は必ずついてくるといつも励ましていただいていました。相変わらず未熟なままではありますが，菅先生のこの言葉に支えられて研究を続けることができています。そして現在，菅先生をはじめ，母校である滋賀大学の先生方の側で働かせていただけていることに感謝しています。

　ここには書ききれませんが，未熟な筆者をいつも笑顔で迎え入れ，時には叱ってくださるたくさんの方に感謝いたします。曲がりなりにも本書を書きあげることができたのは，改めて周りで支えてくださっている方々のおかげだと強く感じています。

　そして，本書の意図を理解し，少しでも多くの方に手にとっていただけるようにと心を配って出版に向けて取り組んでくださったミネルヴァ書房編集部の日和由希さんに感謝申し上げます。日和さんに本書の出版をご担当いただき，とても心強く感じました。

　最後に，両親には20代の最後まで学生をさせていただきました。いつまでも巣立たない筆者を辛抱強く見守り，プレッシャーにならないように控えめに応援してくれたことを心から感謝しています。

2015年5月

平田祐子

資 料 編

＊著作権は全て著者に帰属するため，無断転載不可。

資料1 子育て支援コーディネート理論仮説　カテゴリーと要素の分類

大カテゴリー	中カテゴリー	小カテゴリー	要　素
子育て支援コーディネーターに求められる力量	ケースマネジメント援助技術	1．導　入	①アウトリーチ ②他機関・他部署との協働 ③相談経路の明確化 ④スクリーニング（緊急性の判断） ⑤インテーク
		2．アセスメント	①ニーズの把握 ②インフォーマル資源の把握 ③フォーマル資源の把握 ④ストレングスの把握
		3．プランニング	①どのフォーマル資源につなぐか計画する ②予算にみあったサービス計画をたてる ③利用者が求めるサービス計画をたてる ④コンピテンスを高めるような計画をたてる
		4．リンキング	①フォーマルな資源につなぐ ②インフォーマルな資源につなぐ ③コーディネーターによる相談と助言[1]
		5．モニタリング	①利用者のモニタリング ②サービスのモニタリング ③フォローアップ
		6．再アセスメント	①再アセスメント
		7．知　識	①一般常識 ②法制度に関する知識 ③虐待などについての専門的知識 ④コーディネートについての知識
		8．技　術	①事務処理ができる ②パソコンの基本的な操作ができる ③ソーシャルワーカーとしてのキャリア ④サービスをわかりやすく説明できる ⑤記録ができる ⑥必要な情報を把握できる

資料編

子育て支援コーディネーターに求められる力量		9．価値・態度	①バイスティックの7原則 ②人間性 ③柔軟性 ④姿勢 ⑤倫理観 ⑥謙虚 ⑦必要な情報を得ようとする ⑧モチベーションを維持する ⑨ソーシャルワークの価値を尊重する ⑩情報管理に責任をもつ
		10．コンサルテーション	①他職種に対する助言
子育て支援コーディネート環境・システム		1．働きやすい職場環境	①権限の委任 ②職場の理解 ③機関内の連携体制 ④他団体・機関との連携システム
		2．コーディネーターの採用システム	①人員配置要件 ②予算 ③資格要件
		3．力を発揮するためのシステム	①社会資源の整理 ②定型化された用紙 ③管理システム ④インフォームド・コンセントの用紙 ⑤設置環境
		4．教育・研修システム	①現任研修 ②コンサルテーションとスーパービジョンの機会
		5．広　　報	①広報システム
		6．評　　価	①評価

注：1）「4．リンキング③コーディネーターによる相談と助言」は，直接的サービス（ケア）を行っているかを問う要素である。本来の子育て支援コーディネーターに求められる役割ではないが，この役割を子育て支援コーディネーターがどれくらい行っているのかを知るために，要素とそれに伴う項目を追加している。

資料2 子育て支援コーディネート理論仮説　カテゴリーおよび要素ごとの質問項目

大カテゴリー	中カテゴリー	小カテゴリー	要　素	項　目
子育て支援コーディネーターに求められる力量	ケースマネジメント援助技術	1．導　入	①アウトリーチ	1-1．母親が集まりやすいところに出向く
			②他機関・他部署との協働	1-2．医療機関と協働する 1-3．保育所と協働する 1-4．幼稚園と協働する 1-5．学校と協働する 1-6．民生児童委員，主任児童委員と協働する 1-7．児童相談所と協働する 1-8．警察と協働する 1-9．障害関係部署と協働する 1-10．保育系部署と協働する 1-11．教育系部署と協働する 1-12．医療保健部署と協働する
			③相談経路の明確化	1-13．相談経路（どこから相談がきてどこにつなぐか）を把握する
			④スクリーニング（緊急性の判断）	1-14．虐待ケースについて緊急性の判断をする 1-15．利用者の精神的健康について緊急性の判断をする 1-16．家庭の生活状況について緊急性の判断をする
			⑤インテーク	1-17．コーディネートについて説明する 1-18．書面または口頭で利用者と契約をする
		2．アセスメント	①ニーズの把握	1-19．利用者のニーズの内容を把握する
			②インフォーマル資源の把握	1-21．利用者のニーズに対する利用可能な家族・親戚・友人などの私的なサポートを把握する
			③フォーマル資源の把握	1-22．利用者のニーズに対する公的なサービスを把握する
			④ストレングスの把握	1-20．利用者が潜在的にもっている力を把握する
		3．プランニング	①どのフォーマル資源につなぐか計画する	1-23．どの子育て支援サービスにつなげるか援助計画をたてる
			②予算にみあったサービス計画をたてる	1-24．利用者の予算に見合ったサービス計画をたてる
			③利用者が求めるサービス計画をたてる	1-25．利用者が求めているサービスを紹介し，つなぐ
			④コンピテンスを高めるような計画をたてる	1-26．利用者自身がサービスを選択できるようにする 1-27．利用者の潜在的にもつ力を高めることができるような計画をたてる
		4．リンキング	①フォーマルな資源につなぐ	1-28．利用者に必要なサービスの申請の仕方を伝える 1-29．必要な場合は利用者と一緒にサービスの申請に出向く 1-30．必要な場合は利用者に代わってサービスの申請をする 1-31．必要な場合は他の機関・団体に連絡をとる

資料編

大カテゴリー	中カテゴリー	小カテゴリー	要素	項目
子育て支援コーディネーターに求められる力量	ケースマネジメント援助技術	4．リンキング	②インフォーマルな資源につなぐ	1-32．家族・親戚・友人などの利用者の私的な資源に働きかける
			③コーディネーターによる相談と助言	1-33．子育ての悩みについて相談に応じて助言をする
				1-34．夫婦関係の悩みについて相談に応じて助言をする
				1-35．利用者の生活全般の幅広い悩みについて相談に応じて助言をする
		5．モニタリング	①利用者のモニタリング	1-36．利用者のサービス利用状況を把握する（利用者のモニタリング）
			②サービスのモニタリング	1-37．つないだサービスがどのように提供されているか把握する
			③フォローアップ	1-38．サービスにつないだケースのその後を把握する（フォローアップ）
		6．再アセスメント	①再アセスメント	1-39．つないだサービスが適切でなかった場合，もう一度個別情報を把握する
		7．知識	①一般常識	1-40．一般常識を持っている
			②法制度に関する知識	1-41．行政が行っている子育て関連事業を熟知する
				1-42．必要な法制度を理解する
				1-43．コーディネーターの役割を熟知する
			③虐待などについての専門的知識	1-44．虐待について専門的知識をもつ
				1-45．精神障害について専門的知識をもつ
				1-46．発達障害について専門的知識をもつ
			④コーディネートについての知識	1-47．コーディネートの専門性を認識する
				1-48．子育て支援に関する専門的知識と技術をもつ
				1-49．利用者とサービスをつなぐための専門的知識と技術をもつ
				1-50．コーディネートの目的・機能を熟知する
		8．技術	①事務処理ができる	1-56．事務処理ができる
			②パソコンの基本的な操作ができる	1-61．パソコンの基本的な操作ができる
			③ソーシャルワーカーとしてのキャリア	1-62．ソーシャルワーカーとして十分な勤務経験がある
			④サービスをわかりやすく説明できる	1-63．サービスをわかりやすく説明できる
			⑤記録ができる	1-80．ケース記録をつける
				1-85．相談件数や相談内容などの記録をつける
				1-89．利用者をどのサービスにつないだか記録する
				1-90．つないだサービス提供者から実際の利用状況を問い，記録する

大カテゴリー	中カテゴリー	小カテゴリー	要　素	項　目
子育て支援コーディネーターに求められる力量		8．技　術	⑥必要な情報を把握できる	1-82．地域の子育て支援ニーズを把握する 1-83．子育て支援ニーズに関わらず住民のニーズを把握する 1-84．障害，要保護，育児相談などのニーズ別の社会資源を把握する
		9．価値・態度	①バイスティックの7原則	1-64．利用者を個人として尊重する 1-65．利用者が感情表現をしやすい雰囲気づくりをする 1-66．自分（コーディネーター）の感情の働きをよく自覚したうえで適切に表現する 1-67．利用者をあるがままに受け止める 1-68．利用者の秘密を守る 1-69．利用者の行いや考えについて善悪の判断をしない 1-70．利用者が自己決定をできるように促す
			②人間性	1-51．利用者に対して共感できる 1-52．利用者に対してあたたかく接することができる 1-53．利用者に対して誠実である 1-54．利用者と信頼関係を結ぶことができる 1-57．人を思いやる気持ち（コンパッション）を持つことができる
			③柔軟性	1-55．ケースにあわせて柔軟な対応ができる 1-59．個別のケースにあわせて適切な距離を保つことができる 1-60．親の視点に立って支援することができる
			④姿　勢	1-58．組織のルールに従って行動できる（コンプライアンス） 1-72．子どもの権利を尊重する 1-73．地域住民の福祉のために活動しているという姿勢を示す 1-74．子育てや子育て支援を尊重する姿勢を示す
			⑤倫理観	1-71．コーディネートを行う際に倫理的配慮をする
			⑥謙　虚	1-78．利用者に対して謙虚である
			⑦必要な情報を得ようとする	1-79．地域の特性を把握する 1-81．コーディネーター同士で連携する 1-86．援助の質を高めるための事例検討をする（ケース・スタディ） 1-87．コーディネートに関わる関係機関での検討会議に出席する 1-88．連携機関のスタッフと飲み会などの非公式な交流の場を持つ
			⑧モチベーションを維持する	1-76．援助に対するモチベーションを維持する

大カテゴリー	中カテゴリー	小カテゴリー	要　素	項　目
子育て支援コーディネーターに求められる力量			⑨ソーシャルワークの価値を尊重する	1-75. ソーシャルワークの理念を尊重する
			⑩情報管理に責任をもつ	1-77. 情報管理に責任をもつ
		10. コンサルテーション	①他職種に対する助言	1-91. 他専門職に対して助言をする
子育て支援コーディネート環境・システム		1．働きやすい職場環境	①権限の委任	2-18. コーディネーターとしての業務を明確にする 2-19. コーディネーター間の業務担当を明確にする 2-20. 一定の職位を確立する 2-21. コーディネーターとしての権限を明確にする
			②職場の理解	2-22. 職場がコーディネーターの役割を理解する 2-23. 職場がコーディネーターの仕事を重要な役割として評価する 2-24. 職場がコーディネーターを専門職として理解する
			③機関内の連携体制	2-10. 市区町担当者と現場コーディネーターの意思疎通を図る 2-11. コーディネート事業を市区町が責任をもって推進する 2-12. 市区町が子育て支援事業に積極的に取り組む 2-13. 行政の縦割（例えば，福祉関係の課と教育関係の課など）によって子育て支援事業を分断しないようにする 2-14. 市区町の相談機関に子育て支援事業全体を見渡し，統括できる人材がいる 2-15. 子育て支援に関連する法改正に組織として対応する 2-16. コーディネーター同士の人間関係がうまくいく 2-17. コーディネーター事業管轄の上司と人間関係がうまくいく
			④他団体・機関との連携システム	2-3. ケース発見で他機関と協力するシステムがある
		2．コーディネーターの採用システム	①人員配置要件	2-34. コーディネーターの適切な配置体制をとる 2-35. コーディネート専任職員を確保する 2-36. コーディネート専任職員を常駐する 2-37. コーディネーターの福利厚生を保証する 2-38. 異動による引き継ぎを保証する 2-39. 適切な勤務時間を確保する

大カテゴリー	中カテゴリー	小カテゴリー	要素	項目
子育て支援コーディネート環境・システム		2．コーディネーターの採用システム	②予算	2-27．コーディネート事業に対する予算措置がある
				2-28．コーディネーターの人材育成費用を確保する
				2-29．コーディネーターの人材にふさわしい給与を保証する
			③資格要件	2-25．コーディネーターの資格要件を定める
				2-26．コーディネーターに有資格者（社会福祉士・保育士等）を雇用する
		3．力を発揮するためのシステム	①社会資源の整理	2-8．子育て支援に関する情報をとりまとめ，整理する
				2-9．子育て支援の窓口の一元化（ワンストップ）を図る
			②定型化された用紙	2-1．日報の書式を作成している
				2-2．ケース記録の書式を作成している
			③管理システム	2-43．ケース記録を電子化し，蓄積（データベース化）する
				2-44．コーディネート業務のマニュアル化を図る
				2-45．コーディネート業務のICT化（電子化）を図る
				2-46．情報提供ツール（広報誌・子育てマップ・HPなど）をもつ
				2-47．子育て支援サービスに関する情報のデータベース化を図る
				2-48．市区町としてコーディネート事業の事業評価をする
				2-49．相談ケースの情報を集計し，分析（統計処理）する
				2-50．コーディネートの手引き・ガイドラインがある
			④インフォームド・コンセントの用紙	2-4．利用者と契約を交わすための様式がある
			⑤設置環境	2-30．コーディネーター専有の電話を設置する
				2-31．コーディネーター専有のパソコンを設置する
				2-32．コーディネーターを利用者にわかりやすい場所に配置する
				2-33．利用者がコーディネーターと話しやすい空間設定をする
		4．教育・研修システム	①現任研修	2-5．コーディネーターの継続的研修体制を整備する
			②コンサルテーションとスーパービジョンの機会	2-6．コーディネーターが他専門職からの助言を受けることができる環境を用意する
				2-7．現場で必要な時に指導が受けられる

大カテゴリー	中カテゴリー	小カテゴリー	要　素	項　目
子育て支援コーディネート環境・システム		5．広　報	①広報システム	2-40．コーディネート事業を子育て家庭に広報する
				2-41．コーディネーターの存在を住民にわかりやすく広報する
				2-42．子育て支援事業を子育て家庭に広報する
		6．評　価	①評　価	2-51．利用者がコーディネート事業を評価する

注：1)「4．リンキング③コーディネーターによる相談と助言」は，直接的サービス（ケア）を行っているかを尋ねている項目である。本来の子育て支援コーディネーターに求められる役割ではないが，この役割を子育て支援コーディネーターがどれくらい行っているのかを知るために，要素とそれに伴う項目を追加している。

資料3 市区町担当者用「コーディネーターに求められる力量」の項目別平均値

項　　目	現　状			考　え		
	n	平均	標準偏差	n	平均	標準偏差
1-1．母親が集まりやすいところに出向く	429	5.31	2.35	730	7.08	1.75
1-2．医療機関と協働する	425	4.62	2.41	730	6.71	1.81
1-3．保育所と協働する	432	7.20	2.29	733	8.03	1.61
1-4．幼稚園と協働する	406	5.02	2.67	704	7.39	2.08
1-5．学校と協働する	428	5.47	2.47	733	7.45	1.86
1-6．民生児童委員、主任児童委員と協働する	428	5.74	2.25	732	7.35	1.70
1-7．児童相談所と協働する	431	6.29	2.71	733	7.73	1.91
1-8．警察と協働する	428	4.80	2.64	734	6.62	2.07
1-9．障害関係部署と協働する	433	6.31	2.44	734	7.53	1.71
1-10．保育系部署と協働する	430	7.70	2.28	732	8.12	1.62
1-11．教育系部署と協働する	431	6.13	2.49	735	7.65	1.80
1-12．医療保健部署と協働する	431	6.81	2.42	732	7.87	1.69
1-13．相談経路（どこから相談がきてどこにつなぐか）を把握する	432	7.09	2.09	733	8.39	1.57
1-14．虐待ケースについて緊急性の判断をする	432	7.14	2.26	734	8.54	1.76
1-15．利用者の精神的健康について緊急性の判断をする	426	6.30	2.24	731	7.98	1.82
1-16．家庭の生活状況について緊急性の判断をする	429	6.45	2.17	731	7.98	1.77
1-17．コーディネートについて説明する	415	4.44	2.56	726	6.74	1.97
1-18．書面または口頭で利用者と契約をする	382	3.09	2.63	708	5.54	2.37
1-19．利用者のニーズの内容を把握する	433	5.98	2.25	732	8.03	1.67
1-20．利用者が潜在的にもっている力を把握する	418	4.93	2.27	729	7.03	1.83
1-21．利用者のニーズに対する利用可能な家族・親戚・友人などの私的なサポートを把握する	423	4.98	2.39	732	6.90	1.89
1-22．利用者のニーズに対する公的なサービスを把握する	431	6.33	2.43	731	7.86	1.70
1-23．どの子育て支援サービスにつなげるか援助計画をたてる	430	4.78	2.64	732	7.30	1.88
1-24．利用者の予算に見合ったサービス計画をたてる	414	4.23	2.57	723	6.64	2.05
1-25．利用者が求めているサービスを紹介し，つなぐ	433	6.18	2.42	734	7.84	1.66
1-26．利用者自身がサービスを選択できるようにする	429	5.71	2.37	734	7.55	1.71
1-27．利用者の潜在的にもつ力を高めることができるような計画をたてる	420	4.08	2.37	731	6.65	1.92
1-28．利用者に必要なサービスの申請の仕方を伝える	432	5.92	2.51	735	7.30	1.84
1-29．必要な場合は利用者と一緒にサービスの申請に出向く	427	4.50	2.74	733	6.22	2.09
1-30．必要な場合は利用者に代わってサービスの申請をする	414	3.50	2.51	730	5.44	2.18
1-31．必要な場合は他の機関・団体に連絡をとる	432	6.58	2.55	735	7.66	1.84
1-32．家族・親戚・友人などの利用者の私的な資源に働きかける	420	4.28	2.42	728	6.07	2.12
1-33．子育ての悩みについて相談に応じて助言をする	433	7.32	2.32	735	8.36	1.65
1-34．夫婦関係の悩みについて相談に応じて助言をする	424	5.54	2.64	733	6.71	2.14
1-35．利用者の生活全般の幅広い悩みについて相談に応じて助言をする	430	5.69	2.49	733	6.87	2.04

資料編

項　　目	現状			考え		
	n	平均	標準偏差	n	平均	標準偏差
1-36. 利用者のサービス利用状況を把握する（利用者のモニタリング）	428	4.68	2.62	730	6.72	1.95
1-37. つないだサービスがどのように提供されているか把握する	427	4.72	2.39	731	6.91	1.80
1-38. サービスにつないだケースのその後を把握する（フォローアップ）	429	4.83	2.43	731	7.07	1.84
1-39. つないだサービスが適切でなかった場合，もう一度個別情報を把握する	428	4.65	2.51	732	7.04	1.85
1-40. 一般常識を持っている	425	7.20	2.35	733	8.20	1.76
1-41. 行政が行っている子育て関連事業を熟知する	433	7.00	2.23	732	8.49	1.60
1-42. 必要な法制度を理解する	432	6.18	2.13	733	8.18	1.66
1-43. コーディネーターの役割を熟知する	424	5.75	2.66	732	8.15	1.87
1-44. 虐待について専門的知識をもつ	432	6.22	2.46	734	8.11	1.78
1-45. 精神障害について専門的知識をもつ	432	5.20	2.41	734	7.65	1.80
1-46. 発達障害について専門的知識をもつ	432	5.74	2.43	732	7.86	1.72
1-47. コーディネートの専門性を認識する	425	5.40	2.61	731	7.80	1.90
1-48. 子育て支援に関する専門的知識と技術をもつ	432	6.34	2.34	735	8.20	1.59
1-49. 利用者とサービスをつなぐための専門的知識と技術をもつ	430	5.86	2.28	732	7.93	1.65
1-50. コーディネートの目的・機能を熟知する	427	5.52	2.53	732	7.91	1.74
1-51. 利用者に対して共感できる	431	6.68	2.29	732	7.64	1.81
1-52. 利用者に対してあたたかく接することができる	432	7.35	2.27	735	8.30	1.60
1-53. 利用者に対して誠実である	433	7.47	2.27	735	8.50	1.55
1-54. 利用者と信頼関係を結ぶことができる	431	7.04	2.27	735	8.54	1.54
1-55. ケースにあわせて柔軟な対応ができる	433	6.85	2.21	734	8.45	1.50
1-56. 事務処理ができる	432	6.73	2.29	735	7.60	1.75
1-57. 人を思いやる気持ち（コンパッション）を持つことができる	432	7.24	2.25	735	8.29	1.58
1-58. 組織のルールに従って行動できる（コンプライアンス）	430	7.30	2.25	733	8.24	1.58
1-59. 個別のケースにあわせて適切な距離を保つことができる	428	6.47	2.23	731	7.96	1.55
1-60. 親の視点に立って支援することができる	431	6.63	2.17	734	7.62	1.61
1-61. パソコンの基本的な操作ができる	432	6.90	2.34	734	7.07	1.83
1-62. ソーシャルワーカーとして十分な勤務経験がある	414	4.36	2.80	727	6.85	1.95
1-63. サービスをわかりやすく説明できる	433	6.31	2.23	735	7.97	1.60
1-64. 利用者を個人として尊重する	433	7.19	2.22	735	8.22	1.59
1-65. 利用者が感情表現をしやすい雰囲気づくりをする	430	6.64	2.20	735	7.87	1.66
1-66. 自分（コーディネーター）の感情の働きをよく自覚したうえで適切に表現する	424	6.35	2.22	733	7.65	1.63
1-67. 利用者をあるがままに受け止める	428	6.30	2.22	734	7.37	1.88
1-68. 利用者の秘密を守る	432	8.54	2.34	735	9.31	1.35
1-69. 利用者の行いや考えについて善悪の判断をしない	422	6.65	2.27	732	7.72	1.80
1-70. 利用者が自己決定をできるように促す	433	6.49	2.21	733	7.88	1.58

項　目	現状			考え		
	n	平均	標準偏差	n	平均	標準偏差
1-71. コーディネートを行う際に倫理的配慮をする	426	6.42	2.23	733	7.68	1.62
1-72. 子どもの権利を尊重する	433	7.36	2.29	734	8.53	1.59
1-73. 地域住民の福祉のために活動しているという姿勢を示す	425	6.26	2.31	734	7.16	1.89
1-74. 子育てや子育て支援を尊重する姿勢を示す	430	6.93	2.26	733	7.68	1.78
1-75. ソーシャルワークの理念を尊重する	411	5.68	2.48	728	7.14	1.80
1-76. 援助に対するモチベーションを維持する	428	6.29	2.17	733	7.47	1.63
1-77. 情報管理に責任をもつ	432	7.70	2.38	735	8.71	1.63
1-78. 利用者に対して謙虚である	431	6.97	2.22	734	7.86	1.66
1-79. 地域の特性を把握する	431	6.68	2.19	734	7.72	1.64
1-80. ケース記録をつける	432	7.22	2.73	735	8.41	1.73
1-81. コーディネーター同士で連携する	411	6.53	2.85	732	8.14	1.75
1-82. 地域の子育て支援ニーズを把握する	433	6.30	2.09	732	8.03	1.59
1-83. 子育て支援ニーズに関わらず住民のニーズを把握する	430	5.60	2.13	733	7.36	1.74
1-84. 障害，要保護，育児相談などのニーズ別の社会資源を把握する	428	6.11	2.33	732	7.72	1.72
1-85. 相談件数や相談内容などの記録をつける	433	7.42	2.59	734	8.21	1.73
1-86. 援助の質を高めるための事例検討をする（ケース・スタディ）	431	5.91	2.53	730	7.76	1.72
1-87. コーディネートに関わる関係機関での検討会議に出席する	431	6.24	2.91	735	7.75	1.78
1-88. 連携機関のスタッフと飲み会などの非公式な交流の場を持つ	400	3.12	2.42	727	4.65	2.33
1-89. 利用者をどのサービスにつないだか記録する	432	6.26	2.86	731	7.80	1.83
1-90. つないだサービス提供者から実際の利用状況を問い，記録する	427	5.05	2.72	733	7.28	1.93
1-91. 他専門職に対して助言をする	425	4.63	2.52	725	6.35	2.00

資料4 市区町担当者用「コーディネート環境・システム」の項目別平均値

項　　目	現　状			考　え		
	n	平均	標準偏差	n	平均	標準偏差
2-1．日報の書式を作成している	415	4.96	3.49	731	6.66	2.17
2-2．ケース記録の書式を作成している	425	6.24	3.40	733	7.36	2.08
2-3．ケース発見で他機関と協力するシステムがある	429	6.33	3.03	732	7.82	1.94
2-4．利用者と契約を交わすための様式がある	389	3.05	2.85	717	5.99	2.37
2-5．コーディネーターの継続的研修体制を整備する	424	4.03	2.68	732	7.05	1.87
2-6．コーディネーターが他専門職からの助言を受けることができる環境を用意する	427	4.44	2.69	733	7.26	1.81
2-7．現場で必要な時に指導が受けられる	422	4.37	2.60	730	7.14	1.79
2-8．子育て支援に関する情報をとりまとめ，整理する	432	5.93	2.53	733	7.67	1.70
2-9．子育て支援の窓口の一元化（ワンストップ）を図る	427	4.74	2.82	733	7.51	1.96
2-10．市区町担当者と現場コーディネーターの意思疎通を図る	419	5.57	2.88	730	7.77	1.78
2-11．コーディネート事業を市区町が責任をもって推進する	419	5.02	2.83	729	7.18	2.03
2-12．市区町が子育て支援事業に積極的に取り組む	433	6.85	2.24	734	8.12	1.69
2-13．行政の縦割（例えば，福祉関係の課と教育関係の課など）によって子育て支援事業を分断しないようにする	430	5.67	2.47	732	7.96	1.75
2-14．市区町の相談機関に子育て支援事業全体を見渡し，統括できる人材がいる	425	5.30	2.68	731	7.88	1.68
2-15．子育て支援に関連する法改正に組織として対応する	417	5.53	2.52	725	7.48	1.86
2-16．コーディネーター同士の人間関係がうまくいく	400	6.14	2.80	730	7.69	1.77
2-17．コーディネーター事業管轄の上司と人間関係がうまくいく	413	6.15	2.70	727	7.58	1.76
2-18．コーディネーターとしての業務を明確にする	420	5.18	2.72	733	7.62	1.79
2-19．コーディネーター間の業務担当を明確にする	408	5.20	2.75	727	7.39	1.92
2-20．一定の職位を確立する	401	4.41	2.64	723	6.67	1.88
2-21．コーディネーターとしての権限を明確にする	410	4.34	2.64	727	6.96	1.87
2-22．職場がコーディネーターの役割を理解する	426	5.14	2.76	731	7.52	1.73
2-23．職場がコーディネーターの仕事を重要な役割として評価する	426	5.29	2.81	730	7.52	1.76
2-24．職場がコーディネーターを専門職として理解する	426	5.06	2.85	729	7.41	1.83
2-25．コーディネーターの資格要件を定める	411	4.03	2.90	723	6.85	2.02
2-26．コーディネーターに有資格者（社会福祉士・保育士等）を雇用する	424	5.40	3.53	729	7.27	2.05
2-27．コーディネート事業に対する予算措置がある	415	4.33	3.33	726	7.36	2.08
2-28．コーディネーターの人材育成費用を確保する	418	3.60	2.75	727	7.16	2.06
2-29．コーディネーターの人材にふさわしい給与を保証する	406	3.92	2.75	727	7.12	1.99
2-30．コーディネーター専有の電話を設置する	432	4.17	3.42	732	6.49	2.37
2-31．コーディネーター専有のパソコンを設置する	431	5.06	3.58	730	6.89	2.24

項　　目	現　状			考　え		
	n	平均	標準偏差	n	平均	標準偏差
2-32. コーディネーターを利用者にわかりやすい場所に配置する	432	4.54	2.95	730	7.24	1.93
2-33. 利用者がコーディネーターと話しやすい空間設定をする	429	4.81	2.98	730	7.57	1.82
2-34. コーディネーターの適切な配置体制をとる	427	4.58	2.91	731	7.42	1.86
2-35. コーディネート専任職員を確保する	433	4.06	3.10	732	7.22	2.11
2-36. コーディネート専任職員を常駐する	432	4.09	3.18	730	7.10	2.22
2-37. コーディネーターの福利厚生を保証する	422	4.27	3.06	724	6.85	2.13
2-38. 異動による引き継ぎを保証する	411	4.64	2.87	725	7.43	1.95
2-39. 適切な勤務時間を確保する	424	5.35	3.09	727	7.45	1.90
2-40. コーディネート事業を子育て家庭に広報する	428	4.56	2.95	727	7.57	1.89
2-41. コーディネーターの存在を市民にわかりやすく広報する	426	4.18	2.75	731	7.52	1.92
2-42. 子育て支援事業を子育て家庭に広報する	432	6.27	2.63	731	8.08	1.69
2-43. ケース記録を電子化し，蓄積（データベース化）する	428	3.58	2.80	734	6.79	2.12
2-44. コーディネート業務のマニュアル化を図る	428	3.18	2.31	731	6.90	2.01
2-45. コーディネート業務のICT化（電子化）を図る	415	2.65	2.18	729	6.19	2.13
2-46. 情報提供ツール（広報誌・子育てマップ・HPなど）をもつ	431	6.03	2.94	734	7.57	1.90
2-47. 子育て支援サービスに関する情報のデータベース化を図る	427	4.30	2.79	732	7.02	1.97
2-48. 市区町としてコーディネート事業の事業評価をする	418	3.81	2.78	730	6.79	1.97
2-49. 相談ケースの情報を統計化する	429	4.36	2.88	733	7.06	1.98
2-50. コーディネートの手引き・ガイドラインがある	419	2.60	2.28	725	6.93	2.02
2-51. 利用者がコーディネート事業を評価する	411	2.36	2.04	722	6.52	2.01

資料編

資料5 子育て支援コーディネーター用「コーディネーターに求められる力量」の項目別平均値

項　目	現状			考え		
	n	平均	標準偏差	n	平均	標準偏差
1-1．母親が集まりやすいところに出向く	165	5.32	2.38	198	7.57	1.77
1-2．医療機関と協働する	164	4.60	2.66	197	7.37	2.17
1-3．保育所と協働する	164	7.20	2.48	198	8.37	1.64
1-4．幼稚園と協働する	158	5.33	2.79	196	7.82	2.09
1-5．学校と協働する	164	4.79	2.77	198	7.37	2.18
1-6．民生児童委員，主任児童委員と協働する	165	5.47	2.80	199	7.91	1.75
1-7．児童相談所と協働する	164	5.54	3.17	199	8.04	2.08
1-8．警察と協働する	162	3.81	2.75	197	6.30	2.59
1-9．障害関係部署と協働する	165	5.90	2.85	199	7.85	1.97
1-10．保育系部署と協働する	165	7.30	2.56	198	8.52	1.58
1-11．教育系部署と協働する	163	5.78	2.69	199	7.78	2.03
1-12．医療保健部署と協働する	165	6.67	2.76	197	8.40	1.83
1-13．相談経路（どこから相談がきてどこにつなぐか）を把握する	165	7.43	2.12	199	8.96	1.41
1-14．虐待ケースについて緊急性の判断をする	164	6.89	2.60	199	8.92	1.70
1-15．利用者の精神的健康について緊急性の判断をする	163	6.36	2.37	198	8.47	1.75
1-16．家庭の生活状況について緊急性の判断をする	164	6.27	2.50	198	8.44	1.82
1-17．コーディネートについて説明する	159	5.60	2.50	194	7.34	1.95
1-18．書面または口頭で利用者と契約をする	138	4.07	3.11	175	5.95	2.78
1-19．利用者のニーズの内容を把握する	165	6.74	1.96	199	8.58	1.60
1-20．利用者が潜在的にもっている力を把握する	164	5.76	2.08	197	8.02	1.80
1-21．利用者のニーズに対する利用可能な家族・親戚・友人などの私的なサポートを把握する	163	5.45	2.48	193	7.46	2.04
1-22．利用者のニーズに対する公的なサービスを把握する	164	6.73	2.33	194	8.52	1.52
1-23．どの子育て支援サービスにつなげるか援助計画をたてる	161	5.73	2.68	198	7.78	1.91
1-24．利用者の予算に見合ったサービス計画をたてる	152	4.82	2.94	195	6.94	2.45
1-25．利用者が求めているサービスを紹介し，つなぐ	165	6.79	2.26	198	8.39	1.64
1-26．利用者自身がサービスを選択できるようにする	163	6.66	2.45	198	8.39	1.66
1-27．利用者の潜在的にもつ力を高めることができるような計画をたてる	163	4.83	2.39	198	7.28	2.18
1-28．利用者に必要なサービスの申請の仕方を伝える	165	6.33	2.69	198	7.80	1.96
1-29．必要な場合は利用者と一緒にサービスの申請に出向く	159	4.92	3.25	196	6.56	2.59
1-30．必要な場合は利用者に代わってサービスの申請をする	156	3.62	2.88	189	5.59	2.58
1-31．必要な場合は他の機関・団体に連絡をとる	164	7.48	2.41	199	8.59	1.60
1-32．家族・親戚・友人などの利用者の私的な資源に働きかける	156	4.20	2.77	192	6.15	2.42
1-33．子育ての悩みについて相談に応じて助言をする	164	8.09	1.93	199	8.95	1.57
1-34．夫婦関係の悩みについて相談に応じて助言をする	163	6.09	2.77	198	7.32	2.42

項　　　目	現　状			考　え		
	n	平均	標準偏差	n	平均	標準偏差
1-35. 利用者の生活全般の幅広い悩みについて相談に応じて助言をする	162	6.61	2.54	197	7.72	2.19
1-36. 利用者のサービス利用状況を把握する（利用者のモニタリング）	163	5.75	2.89	197	7.49	2.08
1-37. つないだサービスがどのように提供されているか把握する	164	5.26	2.60	198	7.40	1.89
1-38. サービスにつないだケースのその後を把握する（フォローアップ）	164	5.51	2.67	198	7.62	1.93
1-39. つないだサービスが適切でなかった場合，もう一度個別情報を把握する	164	5.15	2.82	193	7.70	1.96
1-40. 一般常識を持っている	165	7.59	1.69	197	8.80	1.38
1-41. 行政が行っている子育て関連事業を熟知する	165	7.34	1.81	198	8.95	1.36
1-42. 必要な法制度を理解する	162	6.07	2.09	198	8.45	1.68
1-43. コーディネーターの役割を熟知する	164	6.80	2.06	198	8.80	1.46
1-44. 虐待について専門的知識をもつ	164	6.63	2.33	197	8.73	1.70
1-45. 精神障害について専門的知識をもつ	165	5.64	2.34	198	8.31	1.75
1-46. 発達障害について専門的知識をもつ	165	6.32	2.16	198	8.60	1.55
1-47. コーディネートの専門性を認識する	164	6.46	2.27	198	8.69	1.62
1-48. 子育て支援に関する専門的知識と技術をもつ	165	6.76	1.93	199	8.93	1.34
1-49. 利用者とサービスをつなぐための専門的知識と技術をもつ	164	6.23	2.04	197	8.66	1.53
1-50. コーディネートの目的・機能を熟知する	165	6.45	2.07	198	8.66	1.52
1-51. 利用者に対して共感できる	165	7.83	1.81	199	8.76	1.58
1-52. 利用者に対してあたたかく接することができる	165	8.27	1.67	199	9.20	1.23
1-53. 利用者に対して誠実である	165	8.29	1.65	199	9.26	1.20
1-54. 利用者と信頼関係を結ぶことができる	165	7.80	1.62	199	9.25	1.15
1-55. ケースにあわせて柔軟な対応ができる	165	7.44	1.86	199	9.14	1.17
1-56. 事務処理ができる	165	7.28	1.96	199	8.48	1.50
1-57. 人を思いやる気持ち（コンパッション）を持つことができる	165	8.09	1.61	199	9.08	1.31
1-58. 組織のルールに従って行動できる（コンプライアンス）	165	7.98	1.75	199	8.96	1.26
1-59. 個別のケースにあわせて適切な距離を保つことができる	164	7.28	1.94	199	8.82	1.29
1-60. 親の視点に立って支援することができる	164	7.44	1.85	198	8.74	1.39
1-61. パソコンの基本的な操作ができる	165	7.33	2.10	199	8.14	1.57
1-62. ソーシャルワーカーとして十分な勤務経験がある	157	4.17	2.74	197	7.47	1.99
1-63. サービスをわかりやすく説明できる	165	6.68	2.09	199	8.53	1.50
1-64. 利用者を個人として尊重する	165	8.13	1.83	199	9.08	1.24
1-65. 利用者が感情表現をしやすい雰囲気づくりをする	164	7.52	1.78	198	8.76	1.37
1-66. 自分（コーディネーター）の感情の働きをよく自覚したうえで適切に表現する	165	6.90	1.88	199	8.60	1.47
1-67. 利用者をあるがままに受け止める	163	7.39	1.97	198	8.59	1.60
1-68. 利用者の秘密を守る	164	9.15	1.49	199	9.65	0.86

項　　目	現状			考え		
	n	平均	標準偏差	n	平均	標準偏差
1-69. 利用者の行いや考えについて善悪の判断をしない	162	7.61	1.91	199	8.73	1.58
1-70. 利用者が自己決定をできるように促す	164	7.12	2.00	199	8.70	1.43
1-71. コーディネートを行う際に倫理的配慮をする	160	7.08	2.04	194	8.51	1.49
1-72. 子どもの権利を尊重する	165	8.04	1.95	199	9.13	1.42
1-73. 地域住民の福祉のために活動しているという姿勢を示す	162	6.77	2.25	198	7.85	1.99
1-74. 子育てや子育て支援を尊重する姿勢を示す	165	7.72	1.93	197	8.56	1.70
1-75. ソーシャルワークの理念を尊重する	155	6.42	2.38	196	7.89	1.93
1-76. 援助に対するモチベーションを維持する	164	6.91	1.96	196	8.36	1.57
1-77. 情報管理に責任をもつ	164	8.15	2.01	199	9.32	1.23
1-78. 利用者に対して謙虚である	165	7.62	1.86	199	8.74	1.49
1-79. 地域の特性を把握する	165	7.19	1.89	199	8.57	1.42
1-80. ケース記録をつける	165	7.78	2.31	198	9.06	1.38
1-81. コーディネーター同士で連携する	163	7.43	2.46	199	8.87	1.62
1-82. 地域の子育て支援ニーズを把握する	165	6.80	1.82	199	8.65	1.29
1-83. 子育て支援ニーズに関わらず住民のニーズを把握する	161	5.60	2.17	197	7.66	1.84
1-84. 障害，要保護，育児相談などのニーズ別の社会資源を把握する	164	6.44	2.32	199	8.42	1.68
1-85. 相談件数や相談内容などの記録をつける	165	8.02	2.34	199	9.02	1.44
1-86. 援助の質を高めるための事例検討をする（ケース・スタディ）	165	6.19	2.59	199	8.50	1.65
1-87. コーディネートに関わる関係機関での検討会議に出席する	163	6.49	2.90	199	8.44	1.61
1-88. 連携機関のスタッフと飲み会などの非公式な交流の場を持つ	164	3.53	2.76	199	4.93	2.60
1-89. 利用者をどのサービスにつないだか記録する	165	6.93	2.83	197	8.51	1.64
1-90. つないだサービス提供者から実際の利用状況を問い，記録する	165	5.20	2.75	198	7.68	2.04
1-91. 他専門職に対して助言をする	161	4.51	2.72	198	6.36	2.43

資料6 子育て支援コーディネーター用「コーディネート環境・システム」の項目別平均値

項　目	現状 n	現状 平均	現状 標準偏差	考え n	考え 平均	考え 標準偏差
2-1．日報の書式を作成している	161	6.66	3.31	198	7.54	2.31
2-2．ケース記録の書式を作成している	164	7.48	2.97	198	8.21	2.01
2-3．ケース発見で他機関と協力するシステムがある	162	7.36	2.58	196	8.79	1.73
2-4．利用者と契約を交わすための様式がある	147	4.38	3.50	188	6.59	2.75
2-5．コーディネーターの継続的研修体制を整備する	160	5.20	2.69	195	8.00	1.97
2-6．コーディネーターが他専門職からの助言を受けることができる環境を用意する	164	5.54	2.69	198	8.25	1.72
2-7．現場で必要な時に指導が受けられる	163	5.33	2.79	198	8.12	1.73
2-8．子育て支援に関する情報をとりまとめ，整理する	165	6.78	2.12	199	8.45	1.54
2-9．子育て支援の窓口の一元化（ワンストップ）を図る	158	5.46	2.78	197	8.05	1.89
2-10．市区町担当者と現場コーディネーターの意思疎通を図る	164	6.59	2.37	198	8.39	1.53
2-11．コーディネート事業を市区町が責任をもって推進する	162	6.46	2.50	199	8.37	1.61
2-12．市区町が子育て支援事業に積極的に取り組む	163	7.39	2.04	199	8.86	1.36
2-13．行政の縦割（例えば，福祉関係の課と教育関係の課など）によって子育て支援事業を分断しないようにする	157	6.32	2.12	198	8.73	1.37
2-14．市区町の相談機関に子育て支援事業全体を見渡し，統括できる人材がいる	151	6.04	2.69	197	8.78	1.48
2-15．子育て支援に関連する法改正に組織として対応する	148	5.99	2.73	194	8.19	1.86
2-16．コーディネーター同士の人間関係がうまくいく	158	7.70	2.23	196	8.86	1.44
2-17．コーディネーター事業管轄の上司と人間関係がうまくいく	159	7.47	2.26	197	8.74	1.43
2-18．コーディネーターとしての業務を明確にする	163	6.61	2.45	197	8.44	1.56
2-19．コーディネーター間の業務担当を明確にする	160	6.62	2.41	197	8.17	1.72
2-20．一定の職位を確立する	156	5.77	2.71	198	7.38	2.11
2-21．コーディネーターとしての権限を明確にする	154	5.18	2.52	197	7.32	1.99
2-22．職場がコーディネーターの役割を理解する	162	6.46	2.52	198	8.21	1.78
2-23．職場がコーディネーターの仕事を重要な役割として評価する	163	6.35	2.43	199	8.15	1.78
2-24．職場がコーディネーターを専門職として理解する	161	6.25	2.58	199	8.09	1.79
2-25．コーディネーターの資格要件を定める	152	5.72	3.07	194	7.61	2.09
2-26．コーディネーターに有資格者（社会福祉士・保育士等）を雇用する	160	7.57	3.06	197	8.19	2.08
2-27．コーディネート事業に対する予算措置がある	145	6.58	3.07	195	8.37	1.79
2-28．コーディネーターの人材育成費用を確保する	144	5.59	3.04	196	8.07	1.86
2-29．コーディネーターの人材にふさわしい給与を保証する	144	5.81	2.80	195	8.07	1.88
2-30．コーディネーター専有の電話を設置する	165	5.94	3.62	198	7.67	2.41
2-31．コーディネーター専有のパソコンを設置する	165	7.22	3.31	198	8.23	2.12

項　　目	現状			考え		
	n	平均	標準偏差	n	平均	標準偏差
2-32. コーディネーターを利用者にわかりやすい場所に配置する	165	6.20	2.59	199	8.14	1.88
2-33. 利用者がコーディネーターと話しやすい空間設定をする	164	6.32	2.74	197	8.57	1.60
2-34. コーディネーターの適切な配置体制をとる	159	6.21	2.67	198	8.34	1.73
2-35. コーディネート専任職員を確保する	162	6.00	3.13	199	8.30	1.83
2-36. コーディネート専任職員を常駐する	163	5.91	3.31	197	8.34	1.89
2-37. コーディネーターの福利厚生を保証する	156	5.78	3.17	195	7.92	2.16
2-38. 異動による引き継ぎを保証する	148	5.72	2.86	194	8.40	1.99
2-39. 適切な勤務時間を確保する	164	6.97	2.62	199	8.36	1.84
2-40. コーディネート事業を子育て家庭に広報する	165	6.19	2.79	198	8.36	1.81
2-41. コーディネーターの存在を市民にわかりやすく広報する	163	5.63	2.71	198	8.18	1.84
2-42. 子育て支援事業を子育て家庭に広報する	164	7.48	2.18	199	8.88	1.47
2-43. ケース記録を電子化し，蓄積（データベース化）する	159	3.93	3.00	197	7.20	2.28
2-44. コーディネート業務のマニュアル化を図る	155	4.21	2.76	193	7.11	2.24
2-45. コーディネート業務のICT化（電子化）を図る	150	3.39	2.41	190	6.46	2.35
2-46. 情報提供ツール（広報誌・子育てマップ・HPなど）をもつ	164	7.33	2.61	198	8.65	1.75
2-47. 子育て支援サービスに関する情報のデータベース化を図る	157	5.06	2.94	196	7.71	2.07
2-48. 市区町としてコーディネート事業の事業評価をする	143	4.80	2.93	192	7.37	2.05
2-49. 相談ケースの情報を統計化する	161	5.35	3.07	196	7.77	1.99
2-50. コーディネートの手引き・ガイドラインがある	158	3.99	2.90	196	7.47	2.12
2-51. 利用者がコーディネート事業を評価する	147	3.10	2.51	193	6.83	2.18

資料7 「市区町担当者対象の調査」質問紙

子育て支援総合コーディネート事業に関する実態調査

　本調査は、平成22年度日本学術振興会（文部科学省）科学研究費補助金（基盤研究（B）、課題番号 22330178）『ソーシャルワークとしての「子育て支援総合コーディネート」実践モデルの開発的研究』に関する実態調査です。

　この調査は、子育て支援総合コーディネート事業推進の実施状況を把握するために全市区町を対象に実施するものです。実態把握し、総合コーディネートを実践する具体的な手続き（実践モデル）を開発することによって事業の資質向上に資することを目的としています。

　ご多忙の折とは存じますが、何卒ご協力を賜わりますようお願い申し上げます。

　なお、調査結果は、統計的に処理されますので、個別の市区町が特定できるような情報は一切公開いたしません。安心してお答えください。

市区町担当者用アンケート用紙

〈ご記入に関してのお願い〉

1. 本質問紙は、各市区町の**子育て支援担当部局宛**にお送りしていますが、**担当以外の部局に届きました場合は、お手数ですが担当部局へまわしていただきますよう**お願いいたします。
2. **子育て支援総合コーディネート事業を実施しておられない場合もお考えをお聞かせください。**
3. 質問紙は全部で20ページあります。ページ数が多くなっていますが、**くれぐれもご記入漏れのないように最後まで質問にお答えいただきますよう**お願い申し上げます。
4. アンケートの2ページ目に子育て支援総合コーディネート事業の法的根拠について説明しておりますので、よくお読みください。また別紙「**厚生労働省よりのご協力願い**」の裏面、「**子育て支援総合コーディネートとは**」をご参照の上、その定義に基づいてお答えください。
5. 質問は、ほとんどが選択肢式となっています。選択肢式では、「**ひとつだけチェック☑**」をつけていただく場合と「**複数回答可☑**」である場合があります。各質問の指示に従ってお答えください。
6. お答えいただきましたアンケート用紙は、アンケートに同封しております封筒に封入・厳封後、**12月10日（金）必着**でご返送いただきますようお願いいたします（切手は不要です）。
7. 同封のペンとクリアファイルはご返送いただく必要はございません。ご自由にお使いください。

※本アンケートには子育て支援総合コーディネート事業を貴市区町が実施していない場合も必ずお答えください。

この調査についてご不明な点やご質問等ありましたら下記までお問い合わせください。

　　日本学術振興会（文部科学省）科学研究　研究代表者　芝野松次郎
　《連絡先》
　　関西学院大学人間福祉学部　芝野松次郎研究室
　　〒662-8501　兵庫県西宮市上ヶ原1番町1-155
　　　　　　　　　　　TEL/FAX　●●●●●●
　　　　　　　　　　　E-mail　　●●●●●●

スタート

回答進捗状況

資料編

本アンケートにお答えいただくにあたってのお願い
※必ず読んでからアンケートにお答えください。

〈子育て支援総合コーディネート事業について〉

　子育て支援総合コーディネート事業は、すべての子育て家庭の親と地域子育て支援事業において提供されているサービスとをつなぐ重要な役割をになっています。平成15年に厚生労働省の予算で国庫補助化された制度ですが、現在は一般財源化されています。現行の児童福祉法第二十一条の十一にその規定があり、「**当該保護者が最も適切な子育て支援事業の利用ができるよう、相談に応じ、必要な助言を行うものとする**」と明記されているように、本事業が地域子育て支援の要であることがわかります。以下に条文の内容を転載しますので、参照してください。

児童福祉法（昭和二十二年十二月十二日法律第百六十四号）

最終改正：平成二〇年一二月一九日法律第九三号

第二十一条の十一　市町村は、子育て支援事業に関し必要な情報の提供を行うとともに、保護者から求めがあつたときは、当該保護者の希望、その児童の養育の状況、当該児童に必要な支援の内容その他の事情を勘案し、当該保護者が最も適切な子育て支援事業の利用ができるよう、相談に応じ、必要な助言を行うものとする。

○2　市町村は、前項の助言を受けた保護者から求めがあつた場合には、**必要に応じて、子育て支援事業の利用についてあつせん又は調整を行うとともに、子育て支援事業を行う者に対し、当該保護者の利用の要請を行うものとする**。

○3　市町村は、第一項の情報の提供、相談及び助言並びに前項のあつせん、調整及び要請の事務を当該市町村以外の者に委託することができる。

○4　子育て支援事業を行う者は、前二項の規定により行われるあつせん、調整及び要請に対し、できる限り協力しなければならない。

　本アンケートでは、上記の下線部に示された業務を「子育て支援総合コーディネート」と呼びます。また、「子育て支援総合コーディネート事業」は、平成15年に国庫補助により制定され、現在も一般財源の中で認められている事業を指しています。

　本アンケートは「子育て支援総合コーディネート」を実際に行っている人を「**子育て支援総合コーディネーター**」と呼びます。

※なお、アンケートの中では、「子育て支援総合コーディネート事業」を「コーディネート事業」、「子育て支援総合コーディネート」を「コーディネート」、「子育て支援総合コーディネーター」を「コーディネーター」と記す場合があります。

［本アンケートの構成］

　本アンケートは次のような質問の構成になっています。

1 貴市区町について
2 貴市区町の子育て環境について
3 貴市区町の子育て支援総合コーディネート事業の実施状況について
4 貴市区町の子育て支援総合コーディネートに関するお考えと現状

1　貴市区町について
　　（データの処理は匿名で行いますので安心してお答えください。）

Ⅰ．貴市区町所在の都道府県名をお答えください。　　　　　　　　　　※事務処理用

　　　　　　　　　　　　　　　　都・道
　　＿＿＿＿＿＿＿＿＿＿＿＿＿＿　府・県

Ⅱ．貴市区町の分類をお答えください。（**ひとつだけチェック**☑）
　　① □ 中核市　　　② □ 市（中核市以外の市）　　③ □ 東京23区
　　④ □ 区（東京23区以外）　　⑤ □ 町

Ⅲ．貴市区町の人口規模、世帯数および18歳未満の人口をお答えください（平成22年4月現在）。
　　※100未満は切捨てをお願いいたします。
　　1．人口　　　　　　（　　　　　　）人
　　2．世帯数　　　　　（　　　　　　）世帯
　　3．18歳未満の人口　（　　　　　　）人

Ⅳ．本質問紙にお答えくださった方についてお答えください。
　　1．あなたの性別をお答えください。（**ひとつだけチェック**☑）
　　　　① □ 女性　　　　　② □ 男性

　　2．担当部局の名称をお答えください。（例：子ども未来部　子育て支援課）

　　3．本質問紙をお答えくださった方の職位をお答えください。（例：子育て支援課　係長）

　　　　職位：＿＿＿＿＿＿＿＿＿＿＿＿＿＿＿＿＿＿＿

　　4．今の部署に来られて何年目かをお答えください。
　　　　約（　　　　　）年

　　5．子ども関係の部署に来られて何年目かをお答えください。
　　　　約（　　　　　）年

3

回答進捗状況

資料編

2 貴市区町の子育て環境について

以下の質問に対してそれぞれ、**現状に対して貴市区町の『住民』がどう考えているかを想定して**□「全く」そう思わないから□「十分」そう思う、までの10段階でお答えください。
（それぞれ、ひとつだけチェック☑）

1．貴市区町の子育て支援サービスはわかりやすい　　　全く □□□□□□□□□□ 十分（1 2 3 4 5 6 7 8 9 10）

2．貴市区町の子育て支援サービスは利用しやすい　　　全く □□□□□□□□□□ 十分（1 2 3 4 5 6 7 8 9 10）

3．貴市区町の子育て支援に関する情報提供に満足している　全く □□□□□□□□□□ 十分（1 2 3 4 5 6 7 8 9 10）

4．貴市区町のコーディネートはうまくいっている　　　全く □□□□□□□□□□ 十分（1 2 3 4 5 6 7 8 9 10）

3 貴市区町の子育て支援総合コーディネート事業の実施状況について

Ⅰ．貴市区町の「子育て支援総合コーディネート事業」の実施状況についてお答えください。
（ひとつだけチェック☑）
- □1 同名の事業を現在実施している
- □2 同名ではないが類似の事業を現在実施している
  具体名（　　　　　　　　　　　　　　　　　　　　　　　　　）
- □3 同名の事業、類似の事業ともに一度も実施したことがない
- □4 同名の事業を現在実施していないが過去に実施していた
- □5 類似の事業を現在実施していないが過去に実施していた
  具体名（　　　　　　　　　　　　　　　　　　　　　　　　　）
- □6 今後、同名または類似の事業を実施する予定がある
- □7 今後の実施については未定である

Ⅱ．今後、本事業が発展していくには次の何が必要であるとお考かをお答えください。
（複数回答可☑）
- □1 市区町内での予算の確保　　□2 国・都道府県からの交付金
- □3 市区町担当部局の人員の確保　□4 コーディネート業務をする人員の確保
- □5 事業を実施できる場所の確保　□6 コーディネーターの人材育成の機会
- □7 コーディネート実施手法の明確化　□8 子育て支援に関する情報のとりまとめと整理
- □9 子育て支援に関する情報のICT（電子）化　□10 子育て支援窓口の一本化
- □11 その他　具体的に（　　　　　　　　　　　　　　　　　　　　　）

Ⅲ．今後、貴市区町は本事業にどの程度力を入れて実施していく予定ですか。□1「全く」力を入れないから□10「十分」力を入れる、までの10段階でお答えください。
（ひとつだけチェック☑）
全く □□□□□□□□□□ 十分（1 2 3 4 5 6 7 8 9 10）

回答進捗状況

Ⅳ. ③のⅠ.で、「①☐同名の事業を現在実施している」、「②☐同名ではないが類似の事業を現在実施している」にチェックをされた場合のみ、お答えください。

1. 貴市区町でのコーディネーターの数（常勤・非常勤合わせて）についてお答えください。
   ＿＿＿＿＿＿人

2. コーディネーターの配置場所についてお答えください。**(複数回答可☑)**
   ①☐ 子育て支援センター　②☐ 幼稚園　③☐ 保育所　④☐ 認定こども園
   ⑤☐ 市区町役所　⑥☐ 児童館
   ⑦☐ その他　具体的に（　　　　　　　　　　　　　　　　　　）

3. 貴市区町が直接事業をしているかについてお答えください。**(複数回答可☑)**
   ①☐ 市区町直営　②☐ 委託

4. 3.で「②☐委託」とお答えになった場合のみ、お答えください。
   委託先をお答えください。**(複数回答可☑)**
   ①☐ 社会福祉協議会　②☐ NPO
   ③☐ 民間企業
   ④☐ その他　具体的に（　　　　　　　　　　　　　　　　　　）

5. 次世代育成支援行動計画に位置づけているかをお答えください。
   (ひとつだけチェック☑)
   ①☐ 位置づけている　②☐ 位置づけていない

6. 本事業の本年（平成22年）度の年間予算（人件費を含む）についておおよその額をお答えください。※1,000未満切り捨てをお願いいたします。
   （　　　　　　　　　　　）円

7. 今後本事業の年間予算を増額する予定があるかについてお答えください。
   (ひとつだけチェック☑)
   ①☐ ある　②☐ ない　③☐ わからない

8. 現在、貴市区町は本事業にどの程度力を入れて実施していますか。①「全く」力を入れていないから、⑩「十分」力を入れている、までの10段階でお答えください。
   (ひとつだけチェック☑)
   　　　　　　　　　　　　　　1 2 3 4 5 6 7 8 9 10
   　　　　　　　　　　　全く ☐☐☐☐☐☐☐☐☐☐ 十分

「子育て支援総合コーディネート事業」を実施しておられない場合にも以下の質問にお答えください。

回答進捗状況　　　　　　　　　　　　　　　ちょっとひと休み…

資料編

4 貴市区町の子育て支援総合コーディネートに関するお考えと現状

市区町の担当者として子育て支援総合コーディネート事業の現状をどのように見ておられるかについてお尋ねします。

貴市区町の子育て支援総合コーディネートに関する「現状」と「お考え」をお尋ねします。
下記の質問に対し、「①現状」では、**貴市区町の現状としてどれくらい（実施）できているのか**を10段階で記入してください。チェック欄☐は、最も左側の「まったく（実施）できていない」☐から、最も右側の「十分（実施）できている」☐までの10段階を示しています。また、現状がどうしてもわからない場合のみ、「わからない」☐にチェックをしてください。

また、下記の質問に対し、「②お考え」では、**貴市区町としてどれくらい重要であると「お考え」なのか**を10段階で記入してください。チェック欄☐は、最も左側の「まったく重要でない」☐から、最も右側の「最も重要である」☐までの10段階を示しています。（お考えについては、必ず10段階の中でお答えください。）また、答えにくい質問もあるかと思いますが、**以下すべての質問にお答えいただきますよう**、お願いいたします。

Ⅰ．コーディネーターの役割や力量についてお尋ねします。

	①現状 まったく（実施）できていない ⇔ 十分（実施）できている	わからない	②お考え まったく重要でない ⇔ 最も重要である
例．誰もが住みやすい市区町にする	1 2 3 ☑4 5 6 7 8 9 10	0	1 2 3 4 5 6 ☑7 8 9 10
1．母親が集まりやすいところに出向く	1 2 3 4 5 6 7 8 9 10	0	1 2 3 4 5 6 7 8 9 10
2．医療機関と協働する	1 2 3 4 5 6 7 8 9 10	0	1 2 3 4 5 6 7 8 9 10
3．保育所と協働する	1 2 3 4 5 6 7 8 9 10	0	1 2 3 4 5 6 7 8 9 10
4．幼稚園と協働する	1 2 3 4 5 6 7 8 9 10	0	1 2 3 4 5 6 7 8 9 10

回答進捗状況　　　　　　　　　さあ、はじめましょう

I．コーディネーターの役割や力量についてお尋ねします。（つづき）

	①現状 まったくできていない ⇔ 十分（実施）できている	わからない	②お考え まったく重要でない ⇔ 最も重要である
5．学校と協働する	1 2 3 4 5 6 7 8 9 10	0	1 2 3 4 5 6 7 8 9 10
6．民生児童委員、主任児童委員と協働する	1 2 3 4 5 6 7 8 9 10	0	1 2 3 4 5 6 7 8 9 10
7．児童相談所と協働する	1 2 3 4 5 6 7 8 9 10	0	1 2 3 4 5 6 7 8 9 10
8．警察と協働する	1 2 3 4 5 6 7 8 9 10	0	1 2 3 4 5 6 7 8 9 10
9．障害関係部署と協働する	1 2 3 4 5 6 7 8 9 10	0	1 2 3 4 5 6 7 8 9 10
10．保育系部署と協働する	1 2 3 4 5 6 7 8 9 10	0	1 2 3 4 5 6 7 8 9 10
11．教育系部署と協働する	1 2 3 4 5 6 7 8 9 10	0	1 2 3 4 5 6 7 8 9 10
12．医療保健部署と協働する	1 2 3 4 5 6 7 8 9 10	0	1 2 3 4 5 6 7 8 9 10
13．相談経路（どこから相談がきてどこにつなぐか）を把握する	1 2 3 4 5 6 7 8 9 10	0	1 2 3 4 5 6 7 8 9 10
14．虐待ケースについて緊急性の判断をする	1 2 3 4 5 6 7 8 9 10	0	1 2 3 4 5 6 7 8 9 10
15．利用者の精神的健康について緊急性の判断をする	1 2 3 4 5 6 7 8 9 10	0	1 2 3 4 5 6 7 8 9 10
16．家庭の生活状況について緊急性の判断をする	1 2 3 4 5 6 7 8 9 10	0	1 2 3 4 5 6 7 8 9 10

回答進捗状況

資料編

Ⅰ．コーディネーターの役割や力量についてお尋ねします。（つづき）

	①現状 まったくできていない ⇔ 十分（実施）できている ／ わからない	②お考え まったく重要でない ⇔ 最も重要である
17. コーディネートについて説明する	1 2 3 4 5 6 7 8 9 10　0	1 2 3 4 5 6 7 8 9 10
18. 書面または口頭で利用者と契約をする	1 2 3 4 5 6 7 8 9 10　0	1 2 3 4 5 6 7 8 9 10
19. 利用者のニーズの内容を把握する	1 2 3 4 5 6 7 8 9 10　0	1 2 3 4 5 6 7 8 9 10
20. 利用者が潜在的にもっている力を把握する	1 2 3 4 5 6 7 8 9 10　0	1 2 3 4 5 6 7 8 9 10
21. 利用者のニーズに対する利用可能な家族・親戚・友人などの私的なサポートを把握する	1 2 3 4 5 6 7 8 9 10　0	1 2 3 4 5 6 7 8 9 10
22. 利用者のニーズに対する公的なサービスを把握する	1 2 3 4 5 6 7 8 9 10　0	1 2 3 4 5 6 7 8 9 10
23. どの子育て支援サービスにつなげるか援助計画をたてる	1 2 3 4 5 6 7 8 9 10　0	1 2 3 4 5 6 7 8 9 10
24. 利用者の予算に見合ったサービス計画をたてる	1 2 3 4 5 6 7 8 9 10　0	1 2 3 4 5 6 7 8 9 10
25. 利用者が求めているサービスを紹介し、つなぐ	1 2 3 4 5 6 7 8 9 10　0	1 2 3 4 5 6 7 8 9 10
26. 利用者自身がサービスを選択できるようにする	1 2 3 4 5 6 7 8 9 10　0	1 2 3 4 5 6 7 8 9 10

回答進捗状況

I．コーディネーターの役割や力量についてお尋ねします。（つづき）

	①現状 まったく（実施）できていない ⇔ 十分（実施）できている ／ わからない	②お考え まったく重要でない ⇔ 最も重要である
27. 利用者の潜在的にもつ力を高めることができるような計画をたてる	1 2 3 4 5 6 7 8 9 10　0	1 2 3 4 5 6 7 8 9 10
28. 利用者に必要なサービスの申請の仕方を伝える	1 2 3 4 5 6 7 8 9 10　0	1 2 3 4 5 6 7 8 9 10
29. 必要な場合は利用者と一緒にサービスの申請に出向く	1 2 3 4 5 6 7 8 9 10　0	1 2 3 4 5 6 7 8 9 10
30. 必要な場合は利用者に代わってサービスの申請をする	1 2 3 4 5 6 7 8 9 10　0	1 2 3 4 5 6 7 8 9 10
31. 必要な場合は他の機関・団体に連絡をとる	1 2 3 4 5 6 7 8 9 10　0	1 2 3 4 5 6 7 8 9 10
32. 家族・親戚・友人などの利用者の私的な資源に働きかける	1 2 3 4 5 6 7 8 9 10　0	1 2 3 4 5 6 7 8 9 10
33. 子育ての悩みについて相談に応じて助言をする	1 2 3 4 5 6 7 8 9 10　0	1 2 3 4 5 6 7 8 9 10
34. 夫婦関係の悩みについて相談に応じて助言をする	1 2 3 4 5 6 7 8 9 10　0	1 2 3 4 5 6 7 8 9 10
35. 利用者の生活全般の幅広い悩みについて相談に応じて助言をする	1 2 3 4 5 6 7 8 9 10　0	1 2 3 4 5 6 7 8 9 10
36. 利用者のサービス利用状況を把握する（利用者のモニタリング）	1 2 3 4 5 6 7 8 9 10　0	1 2 3 4 5 6 7 8 9 10

回答進捗状況　9

I．コーディネーターの役割や力量についてお尋ねします。（つづき）

	①現状 まったく（実施）できていない ⇔ 十分（実施）できている ／ わからない	②お考え まったく重要でない ⇔ 最も重要である
37. つないだサービスがどのように提供されているか把握する	1 2 3 4 5 6 7 8 9 10 ／ 0	1 2 3 4 5 6 7 8 9 10
38. サービスにつないだケースのその後を把握する（フォローアップ）	1 2 3 4 5 6 7 8 9 10 ／ 0	1 2 3 4 5 6 7 8 9 10
39. つないだサービスが適切でなかった場合、もう一度個別情報を把握する	1 2 3 4 5 6 7 8 9 10 ／ 0	1 2 3 4 5 6 7 8 9 10
40. 一般常識を持っている	1 2 3 4 5 6 7 8 9 10 ／ 0	1 2 3 4 5 6 7 8 9 10
41. 行政が行っている子育て関連事業を熟知する	1 2 3 4 5 6 7 8 9 10 ／ 0	1 2 3 4 5 6 7 8 9 10
42. 必要な法制度を理解する	1 2 3 4 5 6 7 8 9 10 ／ 0	1 2 3 4 5 6 7 8 9 10
43. コーディネーターの役割を熟知する	1 2 3 4 5 6 7 8 9 10 ／ 0	1 2 3 4 5 6 7 8 9 10
44. 虐待について専門的知識をもつ	1 2 3 4 5 6 7 8 9 10 ／ 0	1 2 3 4 5 6 7 8 9 10
45. 精神障害について専門的知識をもつ	1 2 3 4 5 6 7 8 9 10 ／ 0	1 2 3 4 5 6 7 8 9 10
46. 発達障害について専門的知識をもつ	1 2 3 4 5 6 7 8 9 10 ／ 0	1 2 3 4 5 6 7 8 9 10
47. コーディネートの専門性を認識する	1 2 3 4 5 6 7 8 9 10 ／ 0	1 2 3 4 5 6 7 8 9 10

回答進捗状況　ちょっとひと休み…

Ⅰ．コーディネーターの役割や力量についてお尋ねします。（つづき）

	①現状	②お考え
	まったくできていない ⇔ 十分（実施）できている （実施） / わからない	まったく重要でない ⇔ 最も重要である
48. 子育て支援に関する専門的知識と技術をもつ	1 2 3 4 5 6 7 8 9 10　0 □□□□□□□□□□　□	1 2 3 4 5 6 7 8 9 10 □□□□□□□□□□
49. 利用者とサービスをつなぐための専門的知識と技術をもつ	1 2 3 4 5 6 7 8 9 10　0 □□□□□□□□□□　□	1 2 3 4 5 6 7 8 9 10 □□□□□□□□□□
50. コーディネートの目的・機能を熟知する	1 2 3 4 5 6 7 8 9 10　0 □□□□□□□□□□　□	1 2 3 4 5 6 7 8 9 10 □□□□□□□□□□
51. 利用者に対して共感できる	1 2 3 4 5 6 7 8 9 10　0 □□□□□□□□□□　□	1 2 3 4 5 6 7 8 9 10 □□□□□□□□□□
52. 利用者に対してあたたかく接することができる	1 2 3 4 5 6 7 8 9 10　0 □□□□□□□□□□　□	1 2 3 4 5 6 7 8 9 10 □□□□□□□□□□
53. 利用者に対して誠実である	1 2 3 4 5 6 7 8 9 10　0 □□□□□□□□□□　□	1 2 3 4 5 6 7 8 9 10 □□□□□□□□□□
54. 利用者と信頼関係を結ぶことができる	1 2 3 4 5 6 7 8 9 10　0 □□□□□□□□□□　□	1 2 3 4 5 6 7 8 9 10 □□□□□□□□□□
55. ケースにあわせて柔軟な対応ができる	1 2 3 4 5 6 7 8 9 10　0 □□□□□□□□□□　□	1 2 3 4 5 6 7 8 9 10 □□□□□□□□□□
56. 事務処理ができる	1 2 3 4 5 6 7 8 9 10　0 □□□□□□□□□□　□	1 2 3 4 5 6 7 8 9 10 □□□□□□□□□□
57. 人を思いやる気持ち（コンパッション）を持つことができる	1 2 3 4 5 6 7 8 9 10　0 □□□□□□□□□□　□	1 2 3 4 5 6 7 8 9 10 □□□□□□□□□□
58. 組織のルールに従って行動できる（コンプライアンス）	1 2 3 4 5 6 7 8 9 10　0 □□□□□□□□□□　□	1 2 3 4 5 6 7 8 9 10 □□□□□□□□□□

回答進捗状況　　　さあ、はじめましょう

資料編

Ⅰ．コーディネーターの役割や力量についてお尋ねします。（つづき）

	①現状　まったく（実施）できていない ⇔ 十分（実施）できている	わからない	②お考え　まったく重要でない ⇔ 最も重要である
59. 個別のケースにあわせて適切な距離を保つことができる	1 2 3 4 5 6 7 8 9 10	0	1 2 3 4 5 6 7 8 9 10
60. 親の視点に立って支援することができる	1 2 3 4 5 6 7 8 9 10	0	1 2 3 4 5 6 7 8 9 10
61. パソコンの基本的な操作ができる	1 2 3 4 5 6 7 8 9 10	0	1 2 3 4 5 6 7 8 9 10
62. ソーシャルワーカーとして十分な勤務経験がある	1 2 3 4 5 6 7 8 9 10	0	1 2 3 4 5 6 7 8 9 10
63. サービスをわかりやすく説明できる	1 2 3 4 5 6 7 8 9 10	0	1 2 3 4 5 6 7 8 9 10
64. 利用者を個人として尊重する	1 2 3 4 5 6 7 8 9 10	0	1 2 3 4 5 6 7 8 9 10
65. 利用者が感情表現をしやすい雰囲気づくりをする	1 2 3 4 5 6 7 8 9 10	0	1 2 3 4 5 6 7 8 9 10
66. 自分（コーディネーター）の感情の動きをよく自覚したうえで適切に表現する	1 2 3 4 5 6 7 8 9 10	0	1 2 3 4 5 6 7 8 9 10
67. 利用者をあるがままに受け止める	1 2 3 4 5 6 7 8 9 10	0	1 2 3 4 5 6 7 8 9 10
68. 利用者の秘密を守る	1 2 3 4 5 6 7 8 9 10	0	1 2 3 4 5 6 7 8 9 10
69. 利用者の行いや考えについて善悪の判断をしない	1 2 3 4 5 6 7 8 9 10	0	1 2 3 4 5 6 7 8 9 10

回答進捗状況

I．コーディネーターの役割や力量についてお尋ねします。（つづき）

	①現状 まったく（実施）できていない ⇔ 十分（実施）できている / わからない	②お考え まったく重要でない ⇔ 最も重要である
70．利用者が自己決定をできるように促す	1 2 3 4 5 6 7 8 9 10 / 0	1 2 3 4 5 6 7 8 9 10
71．コーディネートを行う際に倫理的配慮をする	1 2 3 4 5 6 7 8 9 10 / 0	1 2 3 4 5 6 7 8 9 10
72．子どもの権利を尊重する	1 2 3 4 5 6 7 8 9 10 / 0	1 2 3 4 5 6 7 8 9 10
73．地域住民の福祉のために活動しているという姿勢を示す	1 2 3 4 5 6 7 8 9 10 / 0	1 2 3 4 5 6 7 8 9 10
74．子育てや子育て支援を尊重する姿勢を示す	1 2 3 4 5 6 7 8 9 10 / 0	1 2 3 4 5 6 7 8 9 10
75．ソーシャルワークの理念を尊重する	1 2 3 4 5 6 7 8 9 10 / 0	1 2 3 4 5 6 7 8 9 10
76．援助に対するモチベーションを維持する	1 2 3 4 5 6 7 8 9 10 / 0	1 2 3 4 5 6 7 8 9 10
77．情報管理に責任をもつ	1 2 3 4 5 6 7 8 9 10 / 0	1 2 3 4 5 6 7 8 9 10
78．利用者に対して謙虚である	1 2 3 4 5 6 7 8 9 10 / 0	1 2 3 4 5 6 7 8 9 10
79．地域の特性を把握する	1 2 3 4 5 6 7 8 9 10 / 0	1 2 3 4 5 6 7 8 9 10
80．ケース記録をつける	1 2 3 4 5 6 7 8 9 10 / 0	1 2 3 4 5 6 7 8 9 10
81．コーディネーター同士で連携する	1 2 3 4 5 6 7 8 9 10 / 0	1 2 3 4 5 6 7 8 9 10

回答進捗状況

I．コーディネーターの役割や力量についてお尋ねします。（つづき）

	①現状		②お考え
	まったくできていない（実施）　⇔　十分（実施）できている	わからない	まったく重要でない　⇔　最も重要である
82. 地域の子育て支援ニーズを把握する	1 2 3 4 5 6 7 8 9 10 ☐☐☐☐☐☐☐☐☐☐	0 ☐	1 2 3 4 5 6 7 8 9 10 ☐☐☐☐☐☐☐☐☐☐
83. 子育て支援ニーズに関わらず住民のニーズを把握する	1 2 3 4 5 6 7 8 9 10 ☐☐☐☐☐☐☐☐☐☐	0 ☐	1 2 3 4 5 6 7 8 9 10 ☐☐☐☐☐☐☐☐☐☐
84. 障害、要保護、育児相談などのニーズ別の社会資源を把握する	1 2 3 4 5 6 7 8 9 10 ☐☐☐☐☐☐☐☐☐☐	0 ☐	1 2 3 4 5 6 7 8 9 10 ☐☐☐☐☐☐☐☐☐☐
85. 相談件数や相談内容などの記録をつける	1 2 3 4 5 6 7 8 9 10 ☐☐☐☐☐☐☐☐☐☐	0 ☐	1 2 3 4 5 6 7 8 9 10 ☐☐☐☐☐☐☐☐☐☐
86. 援助の質を高めるための事例検討をする（ケース・スタディ）	1 2 3 4 5 6 7 8 9 10 ☐☐☐☐☐☐☐☐☐☐	0 ☐	1 2 3 4 5 6 7 8 9 10 ☐☐☐☐☐☐☐☐☐☐
87. コーディネートに関わる関係機関での検討会議に出席する	1 2 3 4 5 6 7 8 9 10 ☐☐☐☐☐☐☐☐☐☐	0 ☐	1 2 3 4 5 6 7 8 9 10 ☐☐☐☐☐☐☐☐☐☐
88. 連携機関のスタッフと飲み会などの非公式な交流の場を持つ	1 2 3 4 5 6 7 8 9 10 ☐☐☐☐☐☐☐☐☐☐	0 ☐	1 2 3 4 5 6 7 8 9 10 ☐☐☐☐☐☐☐☐☐☐
89. 利用者をどのサービスにつないだか記録する	1 2 3 4 5 6 7 8 9 10 ☐☐☐☐☐☐☐☐☐☐	0 ☐	1 2 3 4 5 6 7 8 9 10 ☐☐☐☐☐☐☐☐☐☐
90. つないだサービス提供者から実際の利用状況を問い、記録する	1 2 3 4 5 6 7 8 9 10 ☐☐☐☐☐☐☐☐☐☐	0 ☐	1 2 3 4 5 6 7 8 9 10 ☐☐☐☐☐☐☐☐☐☐
91. 他専門職に対して助言をする	1 2 3 4 5 6 7 8 9 10 ☐☐☐☐☐☐☐☐☐☐	0 ☐	1 2 3 4 5 6 7 8 9 10 ☐☐☐☐☐☐☐☐☐☐

回答進捗状況　　　ちょっとひと休み…

Ⅱ．コーディネーターのおかれている環境についてお尋ねします。

	①現状		②お考え
	まったくできていない（実施）　⇔　十分（実施）できている	わからない	まったく重要でない　⇔　最も重要である
1．日報の書式を作成している	1 2 3 4 5 6 7 8 9 10 □□□□□□□□□□	0 □	1 2 3 4 5 6 7 8 9 10 □□□□□□□□□□
2．ケース記録の書式を作成している	1 2 3 4 5 6 7 8 9 10 □□□□□□□□□□	0 □	1 2 3 4 5 6 7 8 9 10 □□□□□□□□□□
3．ケース発見で他機関と協力するシステムがある	1 2 3 4 5 6 7 8 9 10 □□□□□□□□□□	0 □	1 2 3 4 5 6 7 8 9 10 □□□□□□□□□□
4．利用者と契約を交わすための様式がある	1 2 3 4 5 6 7 8 9 10 □□□□□□□□□□	0 □	1 2 3 4 5 6 7 8 9 10 □□□□□□□□□□
5．コーディネーターの継続的研修体制を整備する	1 2 3 4 5 6 7 8 9 10 □□□□□□□□□□	0 □	1 2 3 4 5 6 7 8 9 10 □□□□□□□□□□
6．コーディネーターが他専門職からの助言を受けることができる環境を用意する	1 2 3 4 5 6 7 8 9 10 □□□□□□□□□□	0 □	1 2 3 4 5 6 7 8 9 10 □□□□□□□□□□
7．現場で必要な時に指導が受けられる	1 2 3 4 5 6 7 8 9 10 □□□□□□□□□□	0 □	1 2 3 4 5 6 7 8 9 10 □□□□□□□□□□
8．子育て支援に関する情報をとりまとめ、整理する	1 2 3 4 5 6 7 8 9 10 □□□□□□□□□□	0 □	1 2 3 4 5 6 7 8 9 10 □□□□□□□□□□
9．子育て支援の窓口の一本化（ワンストップ）を図る	1 2 3 4 5 6 7 8 9 10 □□□□□□□□□□	0 □	1 2 3 4 5 6 7 8 9 10 □□□□□□□□□□
10．市区町担当者と現場コーディネーターの意思疎通を図る	1 2 3 4 5 6 7 8 9 10 □□□□□□□□□□	0 □	1 2 3 4 5 6 7 8 9 10 □□□□□□□□□□

回答進捗状況　　もうひとふんばり…

資料編

Ⅱ．コーディネーターのおかれている環境についてお尋ねします。（つづき）

	①現状 まったく（実施）できていない ⇔ 十分（実施）できている／わからない	②お考え まったく重要でない ⇔ 最も重要である
11. コーディネート事業を市区町が責任をもって推進する	1 2 3 4 5 6 7 8 9 10　0 ☐☐☐☐☐☐☐☐☐☐　☐	1 2 3 4 5 6 7 8 9 10 ☐☐☐☐☐☐☐☐☐☐
12. 市区町が子育て支援事業に積極的に取り組む	1 2 3 4 5 6 7 8 9 10　0 ☐☐☐☐☐☐☐☐☐☐　☐	1 2 3 4 5 6 7 8 9 10 ☐☐☐☐☐☐☐☐☐☐
13. 行政の縦割（例えば、福祉関係の課と教育関係の課など）によって子育て支援事業を分断しないようにする	1 2 3 4 5 6 7 8 9 10　0 ☐☐☐☐☐☐☐☐☐☐　☐	1 2 3 4 5 6 7 8 9 10 ☐☐☐☐☐☐☐☐☐☐
14. 市区町の相談機関に子育て支援事業全体を見渡し、統括できる人材がいる	1 2 3 4 5 6 7 8 9 10　0 ☐☐☐☐☐☐☐☐☐☐　☐	1 2 3 4 5 6 7 8 9 10 ☐☐☐☐☐☐☐☐☐☐
15. 子育て支援に関連する法改正に組織として対応する	1 2 3 4 5 6 7 8 9 10　0 ☐☐☐☐☐☐☐☐☐☐　☐	1 2 3 4 5 6 7 8 9 10 ☐☐☐☐☐☐☐☐☐☐
16. コーディネーター同士の人間関係がうまくいく	1 2 3 4 5 6 7 8 9 10　0 ☐☐☐☐☐☐☐☐☐☐　☐	1 2 3 4 5 6 7 8 9 10 ☐☐☐☐☐☐☐☐☐☐
17. コーディネーター事業管轄の上司と人間関係がうまくいく	1 2 3 4 5 6 7 8 9 10　0 ☐☐☐☐☐☐☐☐☐☐　☐	1 2 3 4 5 6 7 8 9 10 ☐☐☐☐☐☐☐☐☐☐
18. コーディネーターとしての業務を明確にする	1 2 3 4 5 6 7 8 9 10　0 ☐☐☐☐☐☐☐☐☐☐　☐	1 2 3 4 5 6 7 8 9 10 ☐☐☐☐☐☐☐☐☐☐
19. コーディネーター間の業務担当を明確にする	1 2 3 4 5 6 7 8 9 10　0 ☐☐☐☐☐☐☐☐☐☐　☐	1 2 3 4 5 6 7 8 9 10 ☐☐☐☐☐☐☐☐☐☐

回答進捗状況

Ⅱ．コーディネーターのおかれている環境についてお尋ねします。（つづき）

	①現状 まったくできていない ⇔ 十分（実施）できている	わからない	②お考え まったく重要でない ⇔ 最も重要である
20. 一定の職位を確立する	1 2 3 4 5 6 7 8 9 10	0	1 2 3 4 5 6 7 8 9 10
21. コーディネーターとしての権限を明確にする	1 2 3 4 5 6 7 8 9 10	0	1 2 3 4 5 6 7 8 9 10
22. 職場がコーディネーターの役割を理解する	1 2 3 4 5 6 7 8 9 10	0	1 2 3 4 5 6 7 8 9 10
23. 職場がコーディネーターの仕事を重要な役割として評価する	1 2 3 4 5 6 7 8 9 10	0	1 2 3 4 5 6 7 8 9 10
24. 職場がコーディネーターを専門職として理解する	1 2 3 4 5 6 7 8 9 10	0	1 2 3 4 5 6 7 8 9 10
25. コーディネーターの資格要件を定める	1 2 3 4 5 6 7 8 9 10	0	1 2 3 4 5 6 7 8 9 10
26. コーディネーターに有資格者（社会福祉士・保育士等）を雇用する	1 2 3 4 5 6 7 8 9 10	0	1 2 3 4 5 6 7 8 9 10
27. コーディネート事業に対する予算措置がある	1 2 3 4 5 6 7 8 9 10	0	1 2 3 4 5 6 7 8 9 10
28. コーディネーターの人材育成費用を確保する	1 2 3 4 5 6 7 8 9 10	0	1 2 3 4 5 6 7 8 9 10
29. コーディネーターの人材にふさわしい給与を保証する	1 2 3 4 5 6 7 8 9 10	0	1 2 3 4 5 6 7 8 9 10

回答進捗状況

資料編

Ⅱ．コーディネーターのおかれている環境についてお尋ねします。（つづき）

	①現状 まったくできていない（実施）⇔十分（実施）できている	わからない	②お考え まったく重要でない⇔最も重要である
30. コーディネーター専有の電話を設置する	1 2 3 4 5 6 7 8 9 10 ☐☐☐☐☐☐☐☐☐☐	0 ☐	1 2 3 4 5 6 7 8 9 10 ☐☐☐☐☐☐☐☐☐☐
31. コーディネーター専有のパソコンを設置する	1 2 3 4 5 6 7 8 9 10 ☐☐☐☐☐☐☐☐☐☐	0 ☐	1 2 3 4 5 6 7 8 9 10 ☐☐☐☐☐☐☐☐☐☐
32. コーディネーターを利用者にわかりやすい場所に配置する	1 2 3 4 5 6 7 8 9 10 ☐☐☐☐☐☐☐☐☐☐	0 ☐	1 2 3 4 5 6 7 8 9 10 ☐☐☐☐☐☐☐☐☐☐
33. 利用者がコーディネーターと話しやすい空間設定をする	1 2 3 4 5 6 7 8 9 10 ☐☐☐☐☐☐☐☐☐☐	0 ☐	1 2 3 4 5 6 7 8 9 10 ☐☐☐☐☐☐☐☐☐☐
34. コーディネーターの適切な配置体制をとる	1 2 3 4 5 6 7 8 9 10 ☐☐☐☐☐☐☐☐☐☐	0 ☐	1 2 3 4 5 6 7 8 9 10 ☐☐☐☐☐☐☐☐☐☐
35. コーディネート専任職員を確保する	1 2 3 4 5 6 7 8 9 10 ☐☐☐☐☐☐☐☐☐☐	0 ☐	1 2 3 4 5 6 7 8 9 10 ☐☐☐☐☐☐☐☐☐☐
36. コーディネート専任職員を常駐する	1 2 3 4 5 6 7 8 9 10 ☐☐☐☐☐☐☐☐☐☐	0 ☐	1 2 3 4 5 6 7 8 9 10 ☐☐☐☐☐☐☐☐☐☐
37. コーディネーターの福利厚生を保証する	1 2 3 4 5 6 7 8 9 10 ☐☐☐☐☐☐☐☐☐☐	0 ☐	1 2 3 4 5 6 7 8 9 10 ☐☐☐☐☐☐☐☐☐☐
38. 異動による引き継ぎを保証する	1 2 3 4 5 6 7 8 9 10 ☐☐☐☐☐☐☐☐☐☐	0 ☐	1 2 3 4 5 6 7 8 9 10 ☐☐☐☐☐☐☐☐☐☐
39. 適切な勤務時間を確保する	1 2 3 4 5 6 7 8 9 10 ☐☐☐☐☐☐☐☐☐☐	0 ☐	1 2 3 4 5 6 7 8 9 10 ☐☐☐☐☐☐☐☐☐☐

回答進捗状況　あと少し…

Ⅱ．コーディネーターのおかれている環境についてお尋ねします。（つづき）

	①現状		②お考え
	まったく（実施）できていない ⇔ 十分（実施）できている	わからない	まったく重要でない ⇔ 最も重要である
40. コーディネート事業を子育て家庭に広報する	1 2 3 4 5 6 7 8 9 10 □□□□□□□□□□	0 □	1 2 3 4 5 6 7 8 9 10 □□□□□□□□□□
41. コーディネーターの存在を住民にわかりやすく広報する	1 2 3 4 5 6 7 8 9 10 □□□□□□□□□□	0 □	1 2 3 4 5 6 7 8 9 10 □□□□□□□□□□
42. 子育て支援事業を子育て家庭に広報する	1 2 3 4 5 6 7 8 9 10 □□□□□□□□□□	0 □	1 2 3 4 5 6 7 8 9 10 □□□□□□□□□□
43. ケース記録を電子化し、蓄積（データベース化）する	1 2 3 4 5 6 7 8 9 10 □□□□□□□□□□	0 □	1 2 3 4 5 6 7 8 9 10 □□□□□□□□□□
44. コーディネート業務のマニュアル化を図る	1 2 3 4 5 6 7 8 9 10 □□□□□□□□□□	0 □	1 2 3 4 5 6 7 8 9 10 □□□□□□□□□□
45. コーディネート業務のICT化（電子化）を図る	1 2 3 4 5 6 7 8 9 10 □□□□□□□□□□	0 □	1 2 3 4 5 6 7 8 9 10 □□□□□□□□□□
46. 情報提供ツール（広報誌・子育てマップ・HPなど）をもつ	1 2 3 4 5 6 7 8 9 10 □□□□□□□□□□	0 □	1 2 3 4 5 6 7 8 9 10 □□□□□□□□□□
47. 子育て支援サービスに関する情報のデータベース化を図る	1 2 3 4 5 6 7 8 9 10 □□□□□□□□□□	0 □	1 2 3 4 5 6 7 8 9 10 □□□□□□□□□□
48. 市区町としてコーディネート事業の事業評価をする	1 2 3 4 5 6 7 8 9 10 □□□□□□□□□□	0 □	1 2 3 4 5 6 7 8 9 10 □□□□□□□□□□
49. 相談ケースの情報を集計し、分析（統計処理）する	1 2 3 4 5 6 7 8 9 10 □□□□□□□□□□	0 □	1 2 3 4 5 6 7 8 9 10 □□□□□□□□□□

ラストスパート！

回答進捗状況

資料編

Ⅱ．コーディネーターのおかれている環境についてお尋ねします。（つづき）

	①現状			②お考え		
	まったくできていない（実施） ⟷ 十分（実施）できている	わからない		まったく重要でない ⟷ 最も重要である		
50．コーディネートの手引き・ガイドラインがある	1 2 3 4 5 6 7 8 9 10 ☐☐☐☐☐☐☐☐☐☐	0 ☐		1 2 3 4 5 6 7 8 9 10 ☐☐☐☐☐☐☐☐☐☐		
51．利用者がコーディネート事業を評価する	1 2 3 4 5 6 7 8 9 10 ☐☐☐☐☐☐☐☐☐☐	0 ☐		1 2 3 4 5 6 7 8 9 10 ☐☐☐☐☐☐☐☐☐☐		

■最後に

次年度、本研究のヒアリング調査にご協力いただけますでしょうか。（**ひとつだけチェック**☑）

　　　¹☐　はい　　　　　²☐　いいえ

ご協力いただける場合の連絡先

連絡先名

_____市・区・町

電話番号

_____直通・代表

本質問紙、子育て支援総合コーディネート事業について等、何でも結構です。
ご意見等ございましたらお書きください。

質問は以上です。最後に記入漏れがないかもう一度お確かめください。
お答えいただきましてありがとうございました。

20

215

資料8　「子育て支援コーディネーター対象の調査」質問紙

子育て支援総合コーディネート事業に関する実態調査

　本調査は、平成22年度日本学術振興会（文部科学省）科学研究費補助金（基盤研究（B）、課題番号 22330178）『ソーシャルワークとしての「子育て支援総合コーディネート」実践モデルの開発的研究』に関する実態調査です。
　この調査は、子育て支援総合コーディネート事業推進の実施状況を把握するために全市区町を対象に実施するものです。実態把握し、総合コーディネートを実践する具体的な手続き（実践モデル）を開発することによって事業の資質向上に資することを目的としています。
　ご多忙の折とは存じますが、何卒ご協力を賜わりますようお願い申し上げます。
　なお、調査結果は、統計的に処理されますので、個別の市区町が特定できるような情報は一切公開いたしません。安心してお答えください。

〈ご記入に関してのお願い〉

1. 本質問紙は、各市区町の<u>子育て支援総合コーディネーター（子ども家庭と子育て支援事業をつなぐ役割を担っておられる方、詳細は2ページに記載）</u>宛にお送りしています。担当以外の方に届きました場合は、お手数ですが子育て支援担当部局へ再度まわしていただきますようお願いいたします。
2. コーディネーターが複数人おられる場合はもっとも子育て支援総合コーディネート（子ども家庭と子育て支援事業をつなぐこと）に詳しい方にお答えをお願いします。
3. 質問紙は全部で19ページあります。ページ数が多くなっていますが、<u>くれぐれもご記入漏れのないように最後まで質問にお答えいただきますようお願い申し上げます。</u>
4. アンケートの2ページ目に子育て支援総合コーディネート事業の法的根拠について説明しておりますので、よくお読みください。また別紙「厚生労働省よりのご協力願い」の裏面、「子育て支援総合コーディネートとは」をご参照の上、その定義に基づいてお答えください。
5. 質問は、ほとんどが選択肢式となっています。選択肢式では、「ひとつだけチェック☑」をつけていただく場合と「複数回答可☑」である場合があります。各質問の指示に従ってお答えください。
6. お答えいただきましたアンケート用紙は、アンケートに同封しております封筒に封入・厳封後、<u>12月13日(月)必着</u>でご返送いただきますようお願いいたします（切手は不要です）。
7. 同封のペンとクリアファイルはご返送いただく必要はございません。ご自由にお使いください。

この調査についてご不明な点やご質問等ありましたら下記までお問い合わせください。

　　日本学術振興会（文部科学省）科学研究　研究代表者　芝野松次郎
　《連絡先》
　　関西学院大学人間福祉学部　芝野松次郎研究室
　　　〒662-8501　兵庫県西宮市上ヶ原1番町1-155
　　　　　　　　　　TEL/FAX　●●●●●●
　　　　　　　　　　E-mail　　●●●●●●

コーディネーター用アンケート用紙

※コーディネーターが貴市区町におられない場合は、「市区町担当者用アンケート用紙」と一緒に担当者用返信用封筒に入れて白紙のまま本アンケート用紙をご返送ください。

スタート
回答進捗状況

資　料　編

本アンケートにお答えいただくにあたってのお願い
※必ず読んでからアンケートにお答えください。

〈子育て支援総合コーディネート事業について〉

　子育て支援総合コーディネート事業は、すべての子育て家庭の親と地域子育て支援事業において提供されているサービスとをつなぐ重要な役割をになっています。平成15年に厚生労働省の予算で国庫補助化された制度ですが、現在は一般財源化されています。現行の児童福祉法第二十一条の十一にその規定があり、「**当該保護者が最も適切な子育て支援事業の利用ができるよう、相談に応じ、必要な助言を行うものとする**」と明記されているように、本事業が地域子育て支援の要であることがわかります。以下に条文の内容を転載しますので、参照してください。

児童福祉法（昭和二十二年十二月十二日法律第百六十四号）
　　　　　　　　　　　　　　　　　　最終改正：平成二〇年一二月一九日法律第九三号

第二十一条の十一　市町村は、子育て支援事業に関し必要な情報の提供を行うとともに、保護者から求めがあつたときは、当該保護者の希望、その児童の養育の状況、当該児童に必要な支援の内容その他の事情を勘案し、当該保護者が最も適切な子育て支援事業の利用ができるよう、相談に応じ、必要な助言を行うものとする。

○2　市町村は、前項の助言を受けた保護者から求めがあつた場合には、**必要に応じて、子育て支援事業の利用についてあつせん又は調整を行うとともに、子育て支援事業を行う者に対し、当該保護者の利用の要請を行うものとする。**

○3　市町村は、第一項の情報の提供、相談及び助言並びに前項のあつせん、調整及び要請の事務を当該市町村以外の者に委託することができる。

○4　子育て支援事業を行う者は、前二項の規定により行われるあつせん、調整及び要請に対し、できる限り協力しなければならない。

　本アンケートでは、上記の下線部に示された業務を「**子育て支援総合コーディネート**」と呼びます。また、「子育て支援総合コーディネート事業」は、平成15年に国庫補助により制定され、現在も一般財源の中で認められている事業を指しています。
　本アンケートは「子育て支援総合コーディネート」を実際に行っている人を「**子育て支援総合コーディネーター**」と呼びます。

　※なお、アンケートの中では、「子育て支援総合コーディネート事業」を「コーディネート事業」、「子育て支援総合コーディネート」を「コーディネート」、「子育て支援総合コーディネーター」を「コーディネーター」と記す場合があります。

［本アンケートの構成］

　本アンケートは次のような質問の構成になっています。

1　アンケートをお答えいただく方について
2　貴市区町の子育て環境について
3　あなたの子育て支援総合コーディネートに関するお考えと現状について

2

回答進捗状況

217

1 アンケートにお答えいただく方について
（データの処理は匿名で行いますので安心してお答えください。）

1. あなたの職場の都道府県名をお答えください。

　　　　　　　　　　　　　　　都・道
　　_____　府・県

　　　　　　　　　　　　　　　　　　　　　　　　　※事務処理用

2. あなたの職場の市区町の分類をお答えください。**（ひとつだけチェック☑）**
   - ☐¹ 中核市
   - ☐² 市（中核市以外の市）
   - ☐³ 東京23区
   - ☐⁴ 区（東京23区以外）
   - ☐⁵ 町

3. あなたの性別をお答えください。**（ひとつだけチェック☑）**
   - ☐¹ 女
   - ☐² 男

4. あなたの年齢をお答えください。
   （　　　）歳

5. あなたはコーディネーターとして働いて何年目かをお答えください。
   （　　　）年

6. あなたの所持されている免許・資格についてお答えください。**（複数回答可☑）**
   - ☐¹ 社会福祉士
   - ☐² 精神保健福祉士
   - ☐³ 保育士
   - ☐⁴ 臨床心理士
   - ☐⁵ 看護師
   - ☐⁶ 幼稚園教諭
   - ☐⁷ 小学校教諭
   - ☐⁸ 中学校教諭
   - ☐⁹ 高等学校教諭
   - ☐¹⁰ 保健師
   - ☐¹¹ その他　具体的に（　　　　　　　　　　　　　　　　　　）

7. あなたの現在のコーディネーターとしての雇用形態についてお答えください。
   （ひとつだけチェック☑）
   - ☐¹ 非常勤
   - ☐² 常勤

8. あなたの週あたりの出勤日数及び、一日の労働時間についてお答えください。
   週平均（　　）日出勤　　　一日あたり平均（　　）時間勤務

9. あなたのコーディネーターとしての月収についてお答えください。**（ひとつだけチェック☑）**
   - ☐¹ 月5万円未満
   - ☐² 月5万円以上7万円未満
   - ☐³ 月7万円以上10万円未満
   - ☐⁴ 月10万円以上13万円未満
   - ☐⁵ 月13万円以上15万円未満
   - ☐⁶ 月15万円以上20万円未満
   - ☐⁷ 月20万円以上

3

回答進捗状況

資料編

10. あなたの勤務場所の名称をお答えください。（例　子育て支援センター）

11. あなたの職場のコーディネーターの数（常勤・非常勤合わせて）についてお答えください。
　　（　　　　　）人

12. あなたが受け持つ一日の相談件数についてお答えください。
　　約（　　　　　）ケース

13. あなたの子育て経験についてお答えください。（**ひとつだけチェック☑**）
　　□¹　子育て経験あり　　□²　子育て経験なし

14. 過去に就いておられた職業について、あればお答えください。（例　小学校教員）

2　貴市区町の子育て環境について

以下の質問に対してそれぞれ、**現状に対して貴市区町の『住民』がどう考えているか**を想定して□「全く」そう思わないから□「十分」そう思う、までの10段階でお答えください。
（それぞれ、ひとつだけチェック☑）

1．貴市区町の子育て支援サービスはわかりやすい　　全く □1 □2 □3 □4 □5 □6 □7 □8 □9 □10 十分

2．貴市区町の子育て支援サービスは利用しやすい　　全く □1 □2 □3 □4 □5 □6 □7 □8 □9 □10 十分

3．貴市区町の子育て支援に関する情報提供に満足している　　全く □1 □2 □3 □4 □5 □6 □7 □8 □9 □10 十分

4．貴市区町のコーディネートはうまくいっている　　全く □1 □2 □3 □4 □5 □6 □7 □8 □9 □10 十分

「子育て支援総合コーディネート事業」を実施しておられない場合にも以下の質問にお答えください。

4

回答進捗状況　　　　　　　　　　　　　　　ちょっとひと休み…

3 あなたの子育て支援総合コーディネートに関するお考えと現状

貴市区町の子育て支援総合コーディネートに関する「現状」と「お考え」をお尋ねします。

下記の質問に対し、「①現状」では、**あなたがコーディネーターとしてどれくらい（実施）できているのか**を10段階で記入してください。チェック欄□は、最も左側の「まったく（実施）できていない」□から、最も右側の「十分（実施）できている」□までの10段階を示しています。また、現状がどうしてもわからない場合のみ、「わからない」□にチェックをしてください。

また、下記の質問に対し、「②お考え」では、**あなたがコーディネーターとしてどれくらい重要であると「お考え」なのか**を10段階で記入してください。チェック欄□は、最も左側の「まったく重要でない」□から、最も右側の「最も重要である」□までの10段階を示しています。（お考えについては、必ず10段階の中でお答えください。）また、答えにくい質問もあるかと思いますが、**以下すべての質問にお答えいただきますよう、お願いいたします。**

Ｉ．コーディネーターの役割や力量についてお尋ねします。

	①現状 まったく（実施）できていない ⇔ 十分（実施）できている / わからない	②お考え まったく重要でない ⇔ 最も重要である
例．誰もが住みやすい市区町にする	1 2 3 4 5 6 7 8 9 10 □□□☑□□□□□□ / 0 □	1 2 3 4 5 6 7 8 9 10 □□□□□□☑□□□
1．母親が集まりやすいところに出向く	1 2 3 4 5 6 7 8 9 10 □□□□□□□□□□ / 0 □	1 2 3 4 5 6 7 8 9 10 □□□□□□□□□□
2．医療機関と協働する	1 2 3 4 5 6 7 8 9 10 □□□□□□□□□□ / 0 □	1 2 3 4 5 6 7 8 9 10 □□□□□□□□□□
3．保育所と協働する	1 2 3 4 5 6 7 8 9 10 □□□□□□□□□□ / 0 □	1 2 3 4 5 6 7 8 9 10 □□□□□□□□□□
4．幼稚園と協働する	1 2 3 4 5 6 7 8 9 10 □□□□□□□□□□ / 0 □	1 2 3 4 5 6 7 8 9 10 □□□□□□□□□□

回答進捗状況　　さあ、はじめましょう

資料編

I．コーディネーターの役割や力量についてお尋ねします。（つづき）

	①現状 まったく できていない ⇔ 十分（実施）できている	わからない	②お考え まったく重要でない ⇔ 最も重要である
5．学校と協働する	1 2 3 4 5 6 7 8 9 10 ☐☐☐☐☐☐☐☐☐☐	0 ☐	1 2 3 4 5 6 7 8 9 10 ☐☐☐☐☐☐☐☐☐☐
6．民生児童委員、主任児童委員と協働する	1 2 3 4 5 6 7 8 9 10 ☐☐☐☐☐☐☐☐☐☐	0 ☐	1 2 3 4 5 6 7 8 9 10 ☐☐☐☐☐☐☐☐☐☐
7．児童相談所と協働する	1 2 3 4 5 6 7 8 9 10 ☐☐☐☐☐☐☐☐☐☐	0 ☐	1 2 3 4 5 6 7 8 9 10 ☐☐☐☐☐☐☐☐☐☐
8．警察と協働する	1 2 3 4 5 6 7 8 9 10 ☐☐☐☐☐☐☐☐☐☐	0 ☐	1 2 3 4 5 6 7 8 9 10 ☐☐☐☐☐☐☐☐☐☐
9．障害関係部署と協働する	1 2 3 4 5 6 7 8 9 10 ☐☐☐☐☐☐☐☐☐☐	0 ☐	1 2 3 4 5 6 7 8 9 10 ☐☐☐☐☐☐☐☐☐☐
10．保育系部署と協働する	1 2 3 4 5 6 7 8 9 10 ☐☐☐☐☐☐☐☐☐☐	0 ☐	1 2 3 4 5 6 7 8 9 10 ☐☐☐☐☐☐☐☐☐☐
11．教育系部署と協働する	1 2 3 4 5 6 7 8 9 10 ☐☐☐☐☐☐☐☐☐☐	0 ☐	1 2 3 4 5 6 7 8 9 10 ☐☐☐☐☐☐☐☐☐☐
12．医療保健部署と協働する	1 2 3 4 5 6 7 8 9 10 ☐☐☐☐☐☐☐☐☐☐	0 ☐	1 2 3 4 5 6 7 8 9 10 ☐☐☐☐☐☐☐☐☐☐
13．相談経路（どこから相談がきてどこにつなぐか）を把握する	1 2 3 4 5 6 7 8 9 10 ☐☐☐☐☐☐☐☐☐☐	0 ☐	1 2 3 4 5 6 7 8 9 10 ☐☐☐☐☐☐☐☐☐☐
14．虐待ケースについて緊急性の判断をする	1 2 3 4 5 6 7 8 9 10 ☐☐☐☐☐☐☐☐☐☐	0 ☐	1 2 3 4 5 6 7 8 9 10 ☐☐☐☐☐☐☐☐☐☐
15．利用者の精神的健康について緊急性の判断をする	1 2 3 4 5 6 7 8 9 10 ☐☐☐☐☐☐☐☐☐☐	0 ☐	1 2 3 4 5 6 7 8 9 10 ☐☐☐☐☐☐☐☐☐☐
16．家庭の生活状況について緊急性の判断をする	1 2 3 4 5 6 7 8 9 10 ☐☐☐☐☐☐☐☐☐☐	0 ☐	1 2 3 4 5 6 7 8 9 10 ☐☐☐☐☐☐☐☐☐☐

回答進捗状況

Ⅰ．コーディネーターの役割や力量についてお尋ねします。（つづき）

	①現状	②お考え
	まったくできていない（実施） ⇔ 十分（実施）できている ／ わからない	まったく重要でない ⇔ 最も重要である
17. コーディネートについて説明する	1 2 3 4 5 6 7 8 9 10　0	1 2 3 4 5 6 7 8 9 10
18. 書面または口頭で利用者と契約をする	1 2 3 4 5 6 7 8 9 10　0	1 2 3 4 5 6 7 8 9 10
19. 利用者のニーズの内容を把握する	1 2 3 4 5 6 7 8 9 10　0	1 2 3 4 5 6 7 8 9 10
20. 利用者が潜在的にもっている力を把握する	1 2 3 4 5 6 7 8 9 10　0	1 2 3 4 5 6 7 8 9 10
21. 利用者のニーズに対する利用可能な家族・親戚・友人などの私的なサポートを把握する	1 2 3 4 5 6 7 8 9 10　0	1 2 3 4 5 6 7 8 9 10
22. 利用者のニーズに対する公的なサービスを把握する	1 2 3 4 5 6 7 8 9 10　0	1 2 3 4 5 6 7 8 9 10
23. どの子育て支援サービスにつなげるか援助計画をたてる	1 2 3 4 5 6 7 8 9 10　0	1 2 3 4 5 6 7 8 9 10
24. 利用者の予算に見合ったサービス計画をたてる	1 2 3 4 5 6 7 8 9 10　0	1 2 3 4 5 6 7 8 9 10
25. 利用者が求めているサービスを紹介し、つなぐ	1 2 3 4 5 6 7 8 9 10　0	1 2 3 4 5 6 7 8 9 10
26. 利用者自身がサービスを選択できるようにする	1 2 3 4 5 6 7 8 9 10　0	1 2 3 4 5 6 7 8 9 10

回答進捗状況

I．コーディネーターの役割や力量についてお尋ねします。（つづき）

	①現状　まったく（実施）できていない ⇔ 十分（実施）できている	わからない	②お考え　まったく重要でない ⇔ 最も重要である
27. 利用者の潜在的にもつ力を高めることができるような計画をたてる	1 2 3 4 5 6 7 8 9 10	0	1 2 3 4 5 6 7 8 9 10
28. 利用者に必要なサービスの申請の仕方を伝える	1 2 3 4 5 6 7 8 9 10	0	1 2 3 4 5 6 7 8 9 10
29. 必要な場合は利用者と一緒にサービスの申請に出向く	1 2 3 4 5 6 7 8 9 10	0	1 2 3 4 5 6 7 8 9 10
30. 必要な場合は利用者に代わってサービスの申請をする	1 2 3 4 5 6 7 8 9 10	0	1 2 3 4 5 6 7 8 9 10
31. 必要な場合は他の機関・団体に連絡をとる	1 2 3 4 5 6 7 8 9 10	0	1 2 3 4 5 6 7 8 9 10
32. 家族・親戚・友人などの利用者の私的な資源に働きかける	1 2 3 4 5 6 7 8 9 10	0	1 2 3 4 5 6 7 8 9 10
33. 子育ての悩みについて相談に応じて助言をする	1 2 3 4 5 6 7 8 9 10	0	1 2 3 4 5 6 7 8 9 10
34. 夫婦関係の悩みについて相談に応じて助言をする	1 2 3 4 5 6 7 8 9 10	0	1 2 3 4 5 6 7 8 9 10
35. 利用者の生活全般の幅広い悩みについて相談に応じて助言をする	1 2 3 4 5 6 7 8 9 10	0	1 2 3 4 5 6 7 8 9 10
36. 利用者のサービス利用状況を把握する（利用者のモニタリング）	1 2 3 4 5 6 7 8 9 10	0	1 2 3 4 5 6 7 8 9 10

回答進捗状況

Ⅰ. コーディネーターの役割や力量についてお尋ねします。（つづき）

	①現状　まったく（実施）できていない ⇔ 十分（実施）できている	わからない	②お考え　まったく重要でない ⇔ 最も重要である
37. つないだサービスがどのように提供されているか把握する	1 2 3 4 5 6 7 8 9 10 □□□□□□□□□□	0 □	1 2 3 4 5 6 7 8 9 10 □□□□□□□□□□
38. サービスにつないだケースのその後を把握する（フォローアップ）	1 2 3 4 5 6 7 8 9 10 □□□□□□□□□□	0 □	1 2 3 4 5 6 7 8 9 10 □□□□□□□□□□
39. つないだサービスが適切でなかった場合、もう一度個別情報を把握する	1 2 3 4 5 6 7 8 9 10 □□□□□□□□□□	0 □	1 2 3 4 5 6 7 8 9 10 □□□□□□□□□□
40. 一般常識を持っている	1 2 3 4 5 6 7 8 9 10 □□□□□□□□□□	0 □	1 2 3 4 5 6 7 8 9 10 □□□□□□□□□□
41. 行政が行っている子育て関連事業を熟知する	1 2 3 4 5 6 7 8 9 10 □□□□□□□□□□	0 □	1 2 3 4 5 6 7 8 9 10 □□□□□□□□□□
42. 必要な法制度を理解する	1 2 3 4 5 6 7 8 9 10 □□□□□□□□□□	0 □	1 2 3 4 5 6 7 8 9 10 □□□□□□□□□□
43. コーディネーターの役割を熟知する	1 2 3 4 5 6 7 8 9 10 □□□□□□□□□□	0 □	1 2 3 4 5 6 7 8 9 10 □□□□□□□□□□
44. 虐待について専門的知識をもつ	1 2 3 4 5 6 7 8 9 10 □□□□□□□□□□	0 □	1 2 3 4 5 6 7 8 9 10 □□□□□□□□□□
45. 精神障害について専門的知識をもつ	1 2 3 4 5 6 7 8 9 10 □□□□□□□□□□	0 □	1 2 3 4 5 6 7 8 9 10 □□□□□□□□□□
46. 発達障害について専門的知識をもつ	1 2 3 4 5 6 7 8 9 10 □□□□□□□□□□	0 □	1 2 3 4 5 6 7 8 9 10 □□□□□□□□□□
47. コーディネートの専門性を認識する	1 2 3 4 5 6 7 8 9 10 □□□□□□□□□□	0 □	1 2 3 4 5 6 7 8 9 10 □□□□□□□□□□

回答進捗状況　　ちょっとひと休み…

資料編

Ⅰ．コーディネーターの役割や力量についてお尋ねします。（つづき）

	①現状	わからない	②お考え
	まったくできていない（実施）　⇔　十分（実施）できている		まったく重要でない　⇔　最も重要である
48. 子育て支援に関する専門的知識と技術をもつ	1 2 3 4 5 6 7 8 9 10	0	1 2 3 4 5 6 7 8 9 10
49. 利用者とサービスをつなぐための専門的知識と技術をもつ	1 2 3 4 5 6 7 8 9 10	0	1 2 3 4 5 6 7 8 9 10
50. コーディネートの目的・機能を熟知する	1 2 3 4 5 6 7 8 9 10	0	1 2 3 4 5 6 7 8 9 10
51. 利用者に対して共感できる	1 2 3 4 5 6 7 8 9 10	0	1 2 3 4 5 6 7 8 9 10
52. 利用者に対してあたたかく接することができる	1 2 3 4 5 6 7 8 9 10	0	1 2 3 4 5 6 7 8 9 10
53. 利用者に対して誠実である	1 2 3 4 5 6 7 8 9 10	0	1 2 3 4 5 6 7 8 9 10
54. 利用者と信頼関係を結ぶことができる	1 2 3 4 5 6 7 8 9 10	0	1 2 3 4 5 6 7 8 9 10
55. ケースにあわせて柔軟な対応ができる	1 2 3 4 5 6 7 8 9 10	0	1 2 3 4 5 6 7 8 9 10
56. 事務処理ができる	1 2 3 4 5 6 7 8 9 10	0	1 2 3 4 5 6 7 8 9 10
57. 人を思いやる気持ち（コンパッション）を持つことができる	1 2 3 4 5 6 7 8 9 10	0	1 2 3 4 5 6 7 8 9 10
58. 組織のルールに従って行動できる（コンプライアンス）	1 2 3 4 5 6 7 8 9 10	0	1 2 3 4 5 6 7 8 9 10

10

回答進捗状況　　　　さあ、はじめましょう

Ⅰ. コーディネーターの役割や力量についてお尋ねします。(つづき)

	①現状 まったく(実施)できていない ⇔ 十分(実施)できている / わからない	②お考え まったく重要でない ⇔ 最も重要である
59. 個別のケースにあわせて適切な距離を保つことができる	1 2 3 4 5 6 7 8 9 10　0	1 2 3 4 5 6 7 8 9 10
60. 親の視点に立って支援することができる	1 2 3 4 5 6 7 8 9 10　0	1 2 3 4 5 6 7 8 9 10
61. パソコンの基本的な操作ができる	1 2 3 4 5 6 7 8 9 10　0	1 2 3 4 5 6 7 8 9 10
62. ソーシャルワーカーとして十分な勤務経験がある	1 2 3 4 5 6 7 8 9 10　0	1 2 3 4 5 6 7 8 9 10
63. サービスをわかりやすく説明できる	1 2 3 4 5 6 7 8 9 10　0	1 2 3 4 5 6 7 8 9 10
64. 利用者を個人として尊重する	1 2 3 4 5 6 7 8 9 10　0	1 2 3 4 5 6 7 8 9 10
65. 利用者が感情表現をしやすい雰囲気づくりをする	1 2 3 4 5 6 7 8 9 10　0	1 2 3 4 5 6 7 8 9 10
66. 自分(コーディネーター)の感情の動きをよく自覚したうえで適切に表現する	1 2 3 4 5 6 7 8 9 10　0	1 2 3 4 5 6 7 8 9 10
67. 利用者をあるがままに受け止める	1 2 3 4 5 6 7 8 9 10　0	1 2 3 4 5 6 7 8 9 10
68. 利用者の秘密を守る	1 2 3 4 5 6 7 8 9 10　0	1 2 3 4 5 6 7 8 9 10
69. 利用者の行いや考えについて善悪の判断をしない	1 2 3 4 5 6 7 8 9 10　0	1 2 3 4 5 6 7 8 9 10

回答進捗状況

資料編

Ⅰ．コーディネーターの役割や力量についてお尋ねします。（つづき）

	①現状　まったくできて（実施）いない ⇔ 十分（実施）できている／わからない	②お考え　まったく重要でない ⇔ 最も重要である
70. 利用者が自己決定をできるように促す	1 2 3 4 5 6 7 8 9 10　0	1 2 3 4 5 6 7 8 9 10
71. コーディネートを行う際に倫理的配慮をする	1 2 3 4 5 6 7 8 9 10　0	1 2 3 4 5 6 7 8 9 10
72. 子どもの権利を尊重する	1 2 3 4 5 6 7 8 9 10　0	1 2 3 4 5 6 7 8 9 10
73. 地域住民の福祉のために活動しているという姿勢を示す	1 2 3 4 5 6 7 8 9 10　0	1 2 3 4 5 6 7 8 9 10
74. 子育てや子育て支援を尊重する姿勢を示す	1 2 3 4 5 6 7 8 9 10　0	1 2 3 4 5 6 7 8 9 10
75. ソーシャルワークの理念を尊重する	1 2 3 4 5 6 7 8 9 10　0	1 2 3 4 5 6 7 8 9 10
76. 援助に対するモチベーションを維持する	1 2 3 4 5 6 7 8 9 10　0	1 2 3 4 5 6 7 8 9 10
77. 情報管理に責任をもつ	1 2 3 4 5 6 7 8 9 10　0	1 2 3 4 5 6 7 8 9 10
78. 利用者に対して謙虚である	1 2 3 4 5 6 7 8 9 10　0	1 2 3 4 5 6 7 8 9 10
79. 地域の特性を把握する	1 2 3 4 5 6 7 8 9 10　0	1 2 3 4 5 6 7 8 9 10
80. ケース記録をつける	1 2 3 4 5 6 7 8 9 10　0	1 2 3 4 5 6 7 8 9 10
81. コーディネーター同士で連携する	1 2 3 4 5 6 7 8 9 10　0	1 2 3 4 5 6 7 8 9 10

12

回答進捗状況

Ⅰ．コーディネーターの役割や力量についてお尋ねします。（つづき）

	①現状　まったく（実施）できていない ⇔ 十分（実施）できている／わからない	②お考え　まったく重要でない ⇔ 最も重要である
82. 地域の子育て支援ニーズを把握する	1 2 3 4 5 6 7 8 9 10　0	1 2 3 4 5 6 7 8 9 10
83. 子育て支援ニーズに関わらず住民のニーズを把握する	1 2 3 4 5 6 7 8 9 10　0	1 2 3 4 5 6 7 8 9 10
84. 障害、要保護、育児相談などのニーズ別の社会資源を把握する	1 2 3 4 5 6 7 8 9 10　0	1 2 3 4 5 6 7 8 9 10
85. 相談件数や相談内容などの記録をつける	1 2 3 4 5 6 7 8 9 10　0	1 2 3 4 5 6 7 8 9 10
86. 援助の質を高めるための事例検討をする（ケース・スタディ）	1 2 3 4 5 6 7 8 9 10　0	1 2 3 4 5 6 7 8 9 10
87. コーディネートに関わる関係機関での検討会議に出席する	1 2 3 4 5 6 7 8 9 10　0	1 2 3 4 5 6 7 8 9 10
88. 連携機関のスタッフと飲み会などの非公式な交流の場を持つ	1 2 3 4 5 6 7 8 9 10　0	1 2 3 4 5 6 7 8 9 10
89. 利用者をどのサービスにつないだか記録する	1 2 3 4 5 6 7 8 9 10　0	1 2 3 4 5 6 7 8 9 10
90. つないだサービス提供者から実際の利用状況を問い、記録する	1 2 3 4 5 6 7 8 9 10　0	1 2 3 4 5 6 7 8 9 10
91. 他専門職に対して助言をする	1 2 3 4 5 6 7 8 9 10　0	1 2 3 4 5 6 7 8 9 10

回答進捗状況　　ちょっとひと休み…

資料編

Ⅱ．コーディネーターのおかれている環境についてお尋ねします。

	①現状 まったくできていない(実施) ⇔ 十分(実施)できている / わからない	②お考え まったく重要でない ⇔ 最も重要である
1．日報の書式を作成している	1 2 3 4 5 6 7 8 9 10　0	1 2 3 4 5 6 7 8 9 10
2．ケース記録の書式を作成している	1 2 3 4 5 6 7 8 9 10　0	1 2 3 4 5 6 7 8 9 10
3．ケース発見で他機関と協力するシステムがある	1 2 3 4 5 6 7 8 9 10　0	1 2 3 4 5 6 7 8 9 10
4．利用者と契約を交わすための様式がある	1 2 3 4 5 6 7 8 9 10　0	1 2 3 4 5 6 7 8 9 10
5．コーディネーターの継続的研修体制を整備する	1 2 3 4 5 6 7 8 9 10　0	1 2 3 4 5 6 7 8 9 10
6．コーディネーターが他専門職からの助言を受けることができる環境を用意する	1 2 3 4 5 6 7 8 9 10　0	1 2 3 4 5 6 7 8 9 10
7．現場で必要な時に指導が受けられる	1 2 3 4 5 6 7 8 9 10　0	1 2 3 4 5 6 7 8 9 10
8．子育て支援に関する情報をとりまとめ、整理する	1 2 3 4 5 6 7 8 9 10　0	1 2 3 4 5 6 7 8 9 10
9．子育て支援の窓口の一本化（ワンストップ）を図る	1 2 3 4 5 6 7 8 9 10　0	1 2 3 4 5 6 7 8 9 10
10．市区町担当者と現場コーディネーターの意思疎通を図る	1 2 3 4 5 6 7 8 9 10　0	1 2 3 4 5 6 7 8 9 10

回答進捗状況　　もうひとふんばり…

Ⅱ．コーディネーターのおかれている環境についてお尋ねします。(つづき)

	①現状 まったく(実施)できていない ⇔ 十分(実施)できている	わからない	②お考え まったく重要でない ⇔ 最も重要である
11. コーディネート事業を市区町が責任をもって推進する	1 2 3 4 5 6 7 8 9 10 ☐☐☐☐☐☐☐☐☐☐	0 ☐	1 2 3 4 5 6 7 8 9 10 ☐☐☐☐☐☐☐☐☐☐
12. 市区町が子育て支援事業に積極的に取り組む	1 2 3 4 5 6 7 8 9 10 ☐☐☐☐☐☐☐☐☐☐	0 ☐	1 2 3 4 5 6 7 8 9 10 ☐☐☐☐☐☐☐☐☐☐
13. 行政の縦割(例えば、福祉関係の課と教育関係の課など)によって子育て支援事業を分断しないようにする	1 2 3 4 5 6 7 8 9 10 ☐☐☐☐☐☐☐☐☐☐	0 ☐	1 2 3 4 5 6 7 8 9 10 ☐☐☐☐☐☐☐☐☐☐
14. 市区町の相談機関に子育て支援事業全体を見渡し、統括できる人材がいる	1 2 3 4 5 6 7 8 9 10 ☐☐☐☐☐☐☐☐☐☐	0 ☐	1 2 3 4 5 6 7 8 9 10 ☐☐☐☐☐☐☐☐☐☐
15. 子育て支援に関連する法改正に組織として対応する	1 2 3 4 5 6 7 8 9 10 ☐☐☐☐☐☐☐☐☐☐	0 ☐	1 2 3 4 5 6 7 8 9 10 ☐☐☐☐☐☐☐☐☐☐
16. コーディネーター同士の人間関係がうまくいく	1 2 3 4 5 6 7 8 9 10 ☐☐☐☐☐☐☐☐☐☐	0 ☐	1 2 3 4 5 6 7 8 9 10 ☐☐☐☐☐☐☐☐☐☐
17. コーディネーター事業管轄の上司と人間関係がうまくいく	1 2 3 4 5 6 7 8 9 10 ☐☐☐☐☐☐☐☐☐☐	0 ☐	1 2 3 4 5 6 7 8 9 10 ☐☐☐☐☐☐☐☐☐☐
18. コーディネーターとしての業務を明確にする	1 2 3 4 5 6 7 8 9 10 ☐☐☐☐☐☐☐☐☐☐	0 ☐	1 2 3 4 5 6 7 8 9 10 ☐☐☐☐☐☐☐☐☐☐
19. コーディネーター間の業務担当を明確にする	1 2 3 4 5 6 7 8 9 10 ☐☐☐☐☐☐☐☐☐☐	0 ☐	1 2 3 4 5 6 7 8 9 10 ☐☐☐☐☐☐☐☐☐☐

回答進捗状況

Ⅱ．コーディネーターのおかれている環境についてお尋ねします。（つづき）

	①現状 まったくできていない(実施) ⇔ 十分できている(実施) / わからない	②お考え まったく重要でない ⇔ 最も重要である
20．一定の職位を確立する	1 2 3 4 5 6 7 8 9 10　0	1 2 3 4 5 6 7 8 9 10
21．コーディネーターとしての権限を明確にする	1 2 3 4 5 6 7 8 9 10　0	1 2 3 4 5 6 7 8 9 10
22．職場がコーディネーターの役割を理解する	1 2 3 4 5 6 7 8 9 10　0	1 2 3 4 5 6 7 8 9 10
23．職場がコーディネーターの仕事を重要な役割として評価する	1 2 3 4 5 6 7 8 9 10　0	1 2 3 4 5 6 7 8 9 10
24．職場がコーディネーターを専門職として理解する	1 2 3 4 5 6 7 8 9 10　0	1 2 3 4 5 6 7 8 9 10
25．コーディネーターの資格要件を定める	1 2 3 4 5 6 7 8 9 10　0	1 2 3 4 5 6 7 8 9 10
26．コーディネーターに有資格者（社会福祉士・保育士等）を雇用する	1 2 3 4 5 6 7 8 9 10　0	1 2 3 4 5 6 7 8 9 10
27．コーディネート事業に対する予算措置がある	1 2 3 4 5 6 7 8 9 10　0	1 2 3 4 5 6 7 8 9 10
28．コーディネーターの人材育成費用を確保する	1 2 3 4 5 6 7 8 9 10　0	1 2 3 4 5 6 7 8 9 10
29．コーディネーターの人材にふさわしい給与を保証する	1 2 3 4 5 6 7 8 9 10　0	1 2 3 4 5 6 7 8 9 10

回答進捗状況

Ⅱ．コーディネーターのおかれている環境についてお尋ねします。（つづき）

	①現状 まったく（実施）できていない ⇔ 十分（実施）できている	わからない	②お考え まったく重要でない ⇔ 最も重要である
30. コーディネーター専有の電話を設置する	1 2 3 4 5 6 7 8 9 10 ☐☐☐☐☐☐☐☐☐☐	0 ☐	1 2 3 4 5 6 7 8 9 10 ☐☐☐☐☐☐☐☐☐☐
31. コーディネーター専有のパソコンを設置する	1 2 3 4 5 6 7 8 9 10 ☐☐☐☐☐☐☐☐☐☐	0 ☐	1 2 3 4 5 6 7 8 9 10 ☐☐☐☐☐☐☐☐☐☐
32. コーディネーターを利用者にわかりやすい場所に配置する	1 2 3 4 5 6 7 8 9 10 ☐☐☐☐☐☐☐☐☐☐	0 ☐	1 2 3 4 5 6 7 8 9 10 ☐☐☐☐☐☐☐☐☐☐
33. 利用者がコーディネーターと話しやすい空間設定をする	1 2 3 4 5 6 7 8 9 10 ☐☐☐☐☐☐☐☐☐☐	0 ☐	1 2 3 4 5 6 7 8 9 10 ☐☐☐☐☐☐☐☐☐☐
34. コーディネーターの適切な配置体制をとる	1 2 3 4 5 6 7 8 9 10 ☐☐☐☐☐☐☐☐☐☐	0 ☐	1 2 3 4 5 6 7 8 9 10 ☐☐☐☐☐☐☐☐☐☐
35. コーディネート専任職員を確保する	1 2 3 4 5 6 7 8 9 10 ☐☐☐☐☐☐☐☐☐☐	0 ☐	1 2 3 4 5 6 7 8 9 10 ☐☐☐☐☐☐☐☐☐☐
36. コーディネート専任職員を常駐する	1 2 3 4 5 6 7 8 9 10 ☐☐☐☐☐☐☐☐☐☐	0 ☐	1 2 3 4 5 6 7 8 9 10 ☐☐☐☐☐☐☐☐☐☐
37. コーディネーターの福利厚生を保証する	1 2 3 4 5 6 7 8 9 10 ☐☐☐☐☐☐☐☐☐☐	0 ☐	1 2 3 4 5 6 7 8 9 10 ☐☐☐☐☐☐☐☐☐☐
38. 異動による引き継ぎを保証する	1 2 3 4 5 6 7 8 9 10 ☐☐☐☐☐☐☐☐☐☐	0 ☐	1 2 3 4 5 6 7 8 9 10 ☐☐☐☐☐☐☐☐☐☐
39. 適切な勤務時間を確保する	1 2 3 4 5 6 7 8 9 10 ☐☐☐☐☐☐☐☐☐☐	0 ☐	1 2 3 4 5 6 7 8 9 10 ☐☐☐☐☐☐☐☐☐☐

回答進捗状況　あと少し…

Ⅱ. コーディネーターのおかれている環境についてお尋ねします。(つづき)

	①現状 まったく(実施)できていない ⇔ 十分(実施)できている / わからない	②お考え まったく重要でない ⇔ 最も重要である
40. コーディネート事業を子育て家庭に広報する	1 2 3 4 5 6 7 8 9 10 / 0	1 2 3 4 5 6 7 8 9 10
41. コーディネーターの存在を住民にわかりやすく広報する	1 2 3 4 5 6 7 8 9 10 / 0	1 2 3 4 5 6 7 8 9 10
42. 子育て支援事業を子育て家庭に広報する	1 2 3 4 5 6 7 8 9 10 / 0	1 2 3 4 5 6 7 8 9 10
43. ケース記録を電子化し、蓄積(データベース化)する	1 2 3 4 5 6 7 8 9 10 / 0	1 2 3 4 5 6 7 8 9 10
44. コーディネート業務のマニュアル化を図る	1 2 3 4 5 6 7 8 9 10 / 0	1 2 3 4 5 6 7 8 9 10
45. コーディネート業務のICT化(電子化)を図る	1 2 3 4 5 6 7 8 9 10 / 0	1 2 3 4 5 6 7 8 9 10
46. 情報提供ツール(広報誌・子育てマップ・HPなど)をもつ	1 2 3 4 5 6 7 8 9 10 / 0	1 2 3 4 5 6 7 8 9 10
47. 子育て支援サービスに関する情報のデータベース化を図る	1 2 3 4 5 6 7 8 9 10 / 0	1 2 3 4 5 6 7 8 9 10
48. 市区町としてコーディネート事業の事業評価をする	1 2 3 4 5 6 7 8 9 10 / 0	1 2 3 4 5 6 7 8 9 10
49. 相談ケースの情報を集計し、分析(統計処理)する	1 2 3 4 5 6 7 8 9 10 / 0	1 2 3 4 5 6 7 8 9 10

ラストスパート！

回答進捗状況

Ⅱ．コーディネーターのおかれている環境についてお尋ねします。（つづき）

	①現状 まったく（実施）できていない ⇔ 十分（実施）できている / わからない	②お考え まったく重要でない ⇔ 最も重要である
50．コーディネートの手引き・ガイドラインがある	1 2 3 4 5 6 7 8 9 10　0	1 2 3 4 5 6 7 8 9 10
51．利用者がコーディネート事業を評価する	1 2 3 4 5 6 7 8 9 10　0	1 2 3 4 5 6 7 8 9 10

■最後に

本質問紙、子育て支援総合コーディネート事業について等、何でも結構です。
ご意見等ございましたらお書きください。

質問は以上です。最後に記入漏れがないかもう一度お確かめください。
お答えいただきましてありがとうございました。

索　引

あ行

アウトリーチ　48, 86
アセスメント　45, 49
一元配置分散分析　150-152
一般的サービス　61, 64
インテーク　87
岡村理論　40, 60
親の福祉　10

か行

回収率　100, 110
確証的因子分析　117, 122
核となる機関　52
家族　9
家庭　9
間隔尺度　96
間接的援助　143
危機介入　49
記述統計　131
基本型　27
客体的な視点　61
強制投入法　146, 147
クライエント・ドリブンモデル　43, 44
ケアマネージャー　56
ケアマネジメント　56
ケースマネージャー　42
ケースマネジメント　2, 6, 14, 39, 41, 48, 56, 58
　　──援助技術　127, 128
ケースワーク　59
現任研修　55
コーディネーション　14, 47, 48, 70-72
コーディネーター　33
コーディネート　15
国際ソーシャルワーカー連盟（IFSW）のソー
　　シャルワークの定義　57

COS運動　59
子育て支援員研修　30
子育て支援コーディネーター　7
　　──対象の調査　97, 99
子育て支援コーディネート　1, 3, 4, 7
　　──の定義　77
　　──理論仮説　2, 84, 85, 127, 145
子育て支援総合コーディネーター　7, 16
子育て支援総合コーディネート　7
　　──事業　3, 32, 81
　　──事業実施要綱　32
子育て支援総合推進モデル市町村事業　18, 32
子育て総合支援コーディネーター　23, 24
子ども・子育て関連3法　25
子ども・子育て新システム　25
子ども・子育て支援新制度　24, 25
子ども・子育て支援法　24, 26
子ども・子育て新システム関連3法案　25
子ども家庭福祉　8
子ども虐待ソーシャルワーク　86
子どもの福祉　10
コンサルテーション　91

さ行

サービス指向アプローチ　42
サービス統合プロジェクト　41
採用基準　153
資格要件　114
市区町担当者対象の調査　97, 99
次世代育成支援人材養成事業　22, 23, 37
実践モデル　4
児童家庭福祉　8
児童の権利に関する条約　9
児童福祉　8
社会診断　59
社会生活上の基本的要求　60

235

社会生活上の困難　60
社会福祉　10
社会福祉士　72, 73
　──及び介護福祉士法　73
社会福祉実践モデル　75
社会保障・税一体改革　25
主因子法　133, 134
重回帰分析　146-148
従属変数　97, 146-148
10件法　96
主体的な視点　61
順序尺度　96
情報提供　14, 69, 70
スーパーバイザー　54
スーパービジョン　54
スクリーニング　86
セルフ・コーディネーション　47, 70
専門職　50, 149, 160, 161
専門性　153, 158, 159
専門分業制度的サービス　130
ソーシャルワーク　6, 58
第1次予防　65
第2次予防　65
第3次予防　65

た　行

多変量解析　133
単回帰分析　148
探索的因子分析　133, 134, 138, 139, 141, 143
担当ケース数　53
地域機能強化型　27
地域子育て支援拠点事業　18
地域子育て支援コース　30
地域子育て支援事業　13
地域子育て支援センター事業　15, 33
地域連携　27
調査期間　100
直接的援助　144
直接的サービス　49
データベース　17
特殊的サービス　61

特定型　27
独立変数　146, 147

な　行

内的一貫性　136, 139, 141
ニーズ指向アプローチ　42
ニーズの把握　87

は　行

パールマン　59
媒介要因　148
バイスティックの7原則　51, 90
バリマックス回転　132, 133
ブライヤー　59
プランニング　45
ブレインストーミング　80
プロセティック・アプローチ　48
プロバイダー・ドリブンモデル　43, 44
保育士　74
保育所地域子育てモデル事業　15
保育所保育指針解説書　74
保護の社会福祉　62
母子保健型　29

ま　行

マイ保育園登録制度　111
マンホイットニー検定　151, 152
ミラー　59
モニタリング　46

や・ら　行

予防　40
予防的社会福祉　2, 60, 62, 63, 66
リッチモンド　59
利用者　9, 11
利用者支援　27
　──事業　3, 26, 37
　──専門員　30
リンキング　45, 46
倫理的配慮　100

《著者紹介》

平田祐子（ひらた・ゆうこ）

1983年　生まれ。
2008年　滋賀大学大学院教育学研究科修士課程学校教育専攻修了。修士（教育学）。
2013年　関西学院大学大学院人間福祉研究科博士課程後期課程人間福祉専攻修了。
　　　　博士（人間福祉）。
現　在　滋賀大学教育学部特任講師。
主　著　『ソーシャルワークとしての子育て支援コーディネート――子育てコンシェル
　　　　ジュのための実践モデル開発』（共著）関西学院大学出版会、2013年。
　　　　『児童家庭福祉の相談援助』（共著）建帛社、2014年。

MINERVA 社会福祉叢書㊾
ケースマネジメントによる子育て支援コーディネート
――効果的なサービス提供のために――

2015年5月30日　初版第1刷発行　　〈検印省略〉

定価はカバーに
表示しています

著　者　平田祐子
発行者　杉田啓三
印刷者　中村勝弘

発行所　株式会社　ミネルヴァ書房
607-8494　京都市山科区日ノ岡堤谷町1
電話代表　(075)-581-5191
振替口座　01020-0-8076

© 平田祐子，2015　　　　　　　　中村印刷・新生製本

ISBN978-4-623-07296-5
Printed in Japan

―――― MINERVA 社会福祉叢書 ――――

ソーシャルワークにおける「生活場モデル」の構築
空閑浩人著　Ａ５判　256頁　本体6000円

ケアワーカーが行う高齢者のアセスメント
笠原幸子著　Ａ５判　256頁　本体6000円

対話的行為を基礎とした地域福祉の実践
小野達也著　Ａ５判　268頁　本体5000円

福祉哲学の継承と再生
中村　剛著　Ａ５判　584頁　本体8000円

―――― ミネルヴァ書房 ――――
http://www.minervashobo.co.jp/